ŒUVRES
DE
DENIS DIDEROT.
TOME XIII.

LE SALON DE 1765.
ESSAI SUR LA PEINTURE.

ŒUVRES

DE

DENIS DIDEROT,

publiées sur les manuscrits de l'Auteur,

PAR JACQUES-ANDRÉ NAIGEON,

de l'Institut national des sciences, etc.

TOME TREIZIÈME.

A PARIS,

Chez DETERVILLE, Libraire, rue
du Battoir, N.º 16.

AN VIII.

AVERTISSEMENT DE L'ÉDITEUR.

CETTE nouvelle édition du salon de 1765 diffère beaucoup de la première (1). Sans parler de quelques passages tronqués à dessein dans celle-ci, on n'y trouve point plusieurs articles importans; d'autres sont incomplets, tels entr'autres que celui de Vernet, auquel il manque un très-beau préambule. Enfin l'article de Greuze, si étendu dans l'édition que je publie aujourd'hui, se réduit dans celle de Buisson à la simple description du tableau de la jeune Fille qui pleure son oiseau. Voici la raison de ces différences plus ou moins essentielles. Grimm étoit à Paris le correspondant littéraire de plusieurs princes et princesses du Nord, et il leur envoyoit ses feuilles, dont chaque copie étoit proportionnée, et pour ainsi dire appropriée (2) aux lumières, à l'instruction, au caractère, aux intérêts particuliers, aux préjugés

---

(1) Imprimée chez Buisson, l'an 5 nouveau style.
(2) Le manuscrit de Buisson étoit une de ces

politiques ou religieux, aux petites vues, aux petites passions de ces différentes puissances. Il faut avouer qu'il étoit assez difficile de ne pas se briser contre quelques-uns de ces écueils: mais pour marcher sûrement entre ces précipices Grimm le cauteleu, que certes on n'appellera pas Grimm le philosophe, se conformoit à cette maxime, plus digne d'un courtisan que du sage (*) auquel on l'attribue, qu'*il faut ou ne s'approcher point des rois, ou ne leur dire que des choses qui leur soient agréables*. Il envoyoit donc à chacune de ses *pratiques*, pour me servir de son expression, les papiers dont Diderot enrichissoit depuis trente ans sa correspondance. Mais de ces papiers, presque tous le jet heureux du moment, et qui n'en ont souvent que plus de sève, plus de verve et d'originalité, il retranchoit ce qui lui paroissoit trop hardi pour tel ou tel

---

copies, comme on le voit par les notes que Grimm y avoit jointes, pour expliquer certains passages, *vel jactandi ingenii*.

(*) Esope. *Voyez* Plutarque *in Solon*. page 94, C. édit. Ruald. Paris, 1624. On peut voir là même, dans la réponse de Solon à ce lâche conseil d'Esope.

souverain ; trop irréligieux pour celle-ci, trop libre et trop cynique pour celle-là ; trop abstrait et trop profond pour tous. Ici il changeoit et ajoutoit un mot ; là il supprimoit une ligne ou même une phrase entière ; ailleurs il sacrifioit une, deux, trois et quatre pages ; enfin il usoit par-tout du travail de Diderot, comme de son propre bien ; et, ce qui n'est pas aussi facile à excuser, il faisoit dire quelquefois au pauvre philosophe précisément le contraire de ce qu'il avoit pensé et écrit ; de sorte que celui-ci, en se voyant ainsi affoibli, mutilé, éteint, auroit pu lui dire comme le Scythe de la fable :

Quittez-moi votre serpe, instrument de dommage.

Pour moi, qui n'ai pas pour les titres, les dignités et les cordons, ce respect servile et presque religieux par lequel Grimm s'est sur-tout illustré, soit à Paris, soit dans les pays étrangers ; pour moi, qui ne desire, n'espère et ne crains rien des rois, des grands et des prêtres, j'ai conservé scrupuleusement ici et ailleurs les divers passages qui peuvent constater la juste et profonde haine que Diderot avoit vouée depuis long-temps à tous ces fléaux, plus ou moins destructeurs, de l'espèce humaine. Les changemens, les suppressions, les omissions, en un mot, les différentes sortes d'altérations que Grimm s'étoit permis de faire au texte, tantôt sous un prétexte, et tantôt sous un autre, c'est-à-dire, en dernière analyse, dans la crainte de déplaire aux grands dont il étoit l'esclave et le flatteur gagé, tout cela a été réparé : ce que Diderot a pensé, ce qu'il a eu le courage de dire, a été rétabli conformément à son manuscrit autographe, qui a même servi de copie pour cette nouvelle édition de ce Salon.

LE SALON DE 1765,

A MON AMI M. GRIMM.

LE SALON DE 1765,

A MON AMI M. GRIMM.

Non fumum ex fulgore, sed ex fumo dare lucem Cogitat.

Si j'ai quelques notions réfléchies de la peinture et de la sculpture, c'est à vous, mon ami, que je les dois ; j'aurois suivi au Salon la foule des oisifs ; j'aurois accordé, comme eux, un coup-d'œil superficiel et distrait aux productions de nos artistes ; d'un mot, j'aurois jeté dans le feu un morceau précieux, ou porté jusqu'aux nues un ouvrage médiocre, approuvant, dédaignant, sans rechercher les motifs de mon engouement ou de mon dédain. C'est la tâche que vous m'avez proposée, qui a fixé mes yeux sur la toile, et qui m'a fait tourner autour du marbre. J'ai donné le temps à l'impression d'arriver et d'entrer. J'ai ouvert mon ame aux effets. Je m'en suis laissé pénétrer. J'ai recueilli la sentence du vieillard et la pensée de l'enfant, le jugement de l'homme de lettres, le mot de l'homme du monde, et les propos du peuple ; et s'il m'arrive de blesser l'artiste, c'est souvent avec l'arme qu'il a lui-même aiguisée. Je l'ai interrogé ; et j'ai compris ce que c'étoit que finesse de dessin et vérité de nature. J'ai conçu la magie de la lumière et des ombres.

J'ai connu la couleur. J'ai acquis le sentiment de la chair. Seul, j'ai médité ce que j'ai vu et entendu ; et ces termes de l'art, unité, variété, contraste, symmétrie, ordonnance, composition, caractères, expression, si familiers dans ma bouche, si vagues dans mon esprit, se sont circonscrits et fixés.

O mon ami, que ces arts, qui ont pour objet d'imiter la nature, soit avec le discours, comme l'éloquence et la poësie; soit avec les sons, comme la musique; soit avec les couleurs et le pinceau, comme la peinture; soit avec le crayon, comme le dessin; soit avec l'ébauchoir et la terre molle, comme la sculpture; le burin, la pierre et les métaux, comme la gravure; le touret, comme la gravure en pierres fines; les poinçons, le mattoir et l'échoppe, comme la ciselure, sont des arts longs, pénibles et difficiles.

Rappelez-vous ce que Chardin nous disoit au Salon : « Messieurs, messieurs, de la douceur.
» Entre tous les tableaux qui sont ici, cherchez le
» plus mauvais; et sachez que deux mille malheu-
» reux ont brisé entre leurs dents le pinceau, de
» désespoir de faire jamais aussi mal. Parocel, que
» vous appelez un barbouilleur, et qui l'est en effet,
» si vous le comparez à Vernet; ce Parocel est
» pourtant un homme rare, relativement à la mul-
» titude de ceux qui ont abandonné la carrière dans
» laquelle ils sont entrés avec lui. Le Moine disoit
» qu'il falloit trente ans de métier pour savoir con-

» server son esquisse ; et Le Moine n'étoit pas un
» sot. Si vous voulez m'écouter, vous apprendrez
» peut-être à être indulgens ».

Chardin sembloit douter qu'il y eût une éducation plus longue et plus pénible que celle du peintre, sans en excepter celle du médecin, du jurisconsulte, ou du docteur de Sorbonne. « On nous
» met, disoit-il, à l'âge de sept à huit ans, le porte-
» crayon à la main. Nous commençons à dessiner,
» d'après l'exemple, des yeux, des bouches, des
» nés, des oreilles, ensuite des pieds, des mains.
» Nous avons eu long-temps le dos courbé sur le
» porte-feuille, lorsqu'on nous place devant l'Her-
» cule ou le torse ; et vous n'avez pas été témoins
» des larmes que ce satyre, ce gladiateur, cette
» Vénus de Médicis, cet Antinoüs ont fait couler.
» Soyez sûrs que ces chefs-d'œuvres des artistes
» grecs n'exciteroient plus la jalousie des maîtres,
» s'ils avoient été livrés au dépit des élèves. Après
» avoir séché des journées et passé des nuits à la
» lampe, devant la nature immobile et inanimée,
» on nous présente la nature vivante ; et tout-à-coup
» le travail de toutes les années précédentes semble
» se réduire à rien : on ne fut pas plus emprunté la
» première fois qu'on prit le crayon. Il faut ap-
» prendre à l'œil à regarder la nature ; et combien
» ne l'ont jamais vue et ne la verront jamais ! C'est
» le supplice de notre vie. On nous a tenus cinq à
» six ans devant le modèle, lorsqu'on nous livre à

» notre génie, si nous en avons. Le talent ne se
» décide pas en un moment. Ce n'est pas au pre-
» mier essai, qu'on a la franchise de s'avouer son
» incapacité. Combien de tentatives tantôt heu-
» reuses, tantôt malheureuses! Des années pré-
» cieuses se sont écoulées, avant que le jour de dé-
» goût, de lassitude et d'ennui soit venu. L'élève
» est âgé de dix-neuf à vingt ans, lorsque la palette
» lui tombant des mains, il reste sans état, sans
» ressources et sans mœurs ; car d'avoir sans cesse
» sous les yeux la nature toute nue, être jeune et
» sage, cela ne se peut. Que faire, que devenir ?
» Il faut se jeter dans quelques-unes de ces condi-
» tions subalternes, dont la porte est ouverte à la
» misère, ou mourir de faim. On prend le premier
» parti ; et à l'exception d'une vingtaine, qui vien-
» nent ici tous les deux ans s'exposer aux bêtes, les
» autres, ignorés et moins malheureux, peut-être,
» ont le plastron sur la poitrine dans une salle
» d'armes, ou le mousquet sur l'épaule dans un
» régiment, ou l'habit de théâtre sur les tréteaux.
» Ce que je vous dis là, c'est l'histoire de Bel-
» court, de Le Kain et de Brisart, mauvais
» comédiens, de désespoir d'être médiocres pein-
» tres ».

Chardin nous raconta, s'il vous en souvient,
qu'un de ses confrères, dont le fils étoit tambour
dans un régiment, répondoit à ceux qui lui en de-
mandoient des nouvelles, qu'il avoit quitté la pein-

ture pour la musique; puis, reprenant le ton sérieux, il ajouta : « Tous les pères de ces enfans in-
» capables et déroutés, ne prennent pas la chose
» aussi gaîment. Ce que vous voyez est le fruit des
» travaux du petit nombre de ceux qui ont lutté
» avec plus ou moins de succès. Celui qui n'a pas
» senti la difficulté de l'art, ne fait rien qui vaille ;
» celui qui, comme mon fils, l'a sentie trop tôt,
» ne fait rien du tout. Et croyez que la plûpart
» des hautes conditions de la société seroient vides,
» si l'on n'y étoit admis qu'après un examen aussi
» sévère que celui que nous subissons ».

Mais, lui dis-je, M. Chardin, il ne faut pas s'en prendre à nous, si *mediocribus esse poetis, non di, non homines, non concessere columnæ* ; et cet homme, qui irrite les dieux, les hommes et les colonnes contre les médiocres imitateurs de la nature, n'ignoroit pas la difficulté du métier.

« Eh bien ! me répondit-il, il vaut mieux croire
» qu'il avertit le jeune élève du péril qu'il court,
» que de le rendre apologiste des dieux, des hom-
» mes et des colonnes. C'est comme s'il lui disoit :
» Mon ami, prends garde, tu ne connois pas ton
» juge. Il ne sait rien, et n'en est pas moins
» cruel. Adieu, messieurs. De la douceur, de la
» douceur ».

Je crains bien que l'ami Chardin n'ait demandé l'aumône à des statues. Le goût est sourd à la prière. Ce que Malherbes a dit de la mort, je le dirois presque de la critique. Tout est soumis à sa loi.

> Et la garde qui veille aux barrières du Louvre,
> N'en défend pas nos rois.

Je vous décrirai les tableaux ; et ma description sera telle, qu'avec un peu d'imagination et de goût on les réalisera dans l'espace, et qu'on y posera les objets à-peu-près comme nous les avons vus sur la toile ; et afin qu'on juge du fond qu'on peut faire sur ma censure ou sur mon éloge, je finirai le salon par quelques réflexions sur la peinture, la sculpture, la gravure et l'architecture. Vous me lirez comme un auteur ancien à qui l'on passe une page commune en faveur d'une bonne ligne.

Il me semble que je vous entends d'ici vous écrier douloureusement : « Tout est perdu. Mon » ami, arrange, ordonne, nivelle : on n'emprunte » les béquilles de l'abbé Morellet, que quand on » manque de génie ».

Il est vrai que ma tête est lasse. Le fardeau que j'ai porté (*) pendant vingt ans m'a si bien courbé, que je désespère de me redresser. Quoi

---

(*) L'édition de l'Encyclopédie, dont tout le travail retomba sur lui, après la retraite de d'Alembert. Voyez à ce sujet mes *Mémoires hist. et philos. sur la vie et les ouvrages de Diderot.*

NOTE DE L'ÉDITEUR.

qu'il en soit, rappelez-vous mon épigraphe : *Non fumum ex fulgore, sed ex fumo dare lucem*. Laissez-moi fumer un moment, et puis nous verrons.

Avant que d'entrer en chantier, il faut, mon ami, que je vous prévienne de ne pas regarder simplement comme mauvais les tableaux sur lesquels je glisserai. Tenez pour détestables, infâmes, les productions de Boizot, Nonnotte, Francisque, Antoine Lebel, Amand, Parocel, Adam, Deschamp, Deshayes le jeune, et d'autres. N'exceptez d'Amand qu'un morceau médiocre, Argus et Mercure, qu'il a peint à Rome; et de Deshayes le jeune, qu'une ou deux têtes, que son fripon de frère lui a croquées pour le pousser à l'académie.

Quand je relève les défauts d'une composition, entendez, si elle est mauvaise, qu'elle restera mauvaise, son défaut fût-il corrigé ; et quand elle est bonne, qu'elle seroit parfaite, si l'on en corrigeoit le défaut.

Nous avons perdu cette année deux grands peintres et deux habiles sculpteurs, Carles Vanloo et Deshayes l'aîné, Bouchardon et Slotz. En revanche, la mort nous a délivrés du plus cruel des amateurs, le comte de Caylus.

Nous n'avons pas été cette année aussi riches en grands tableaux qu'il y a deux ans ; mais en revanche, nous l'avons été davantage en petites compositions ; et ce qui console, c'est que quelques-uns de nos artistes ont montré des talens qui peuvent s'élever à tout. Et qui sait ce que deviendra La-Grenée ? Je me trompe fort, ou l'école françoise, la seule qui subsiste, est encore loin de son déclin. Rassemblez, si vous pouvez, tous les ouvrages des peintres et des statuaires de l'Europe ; et vous n'en formerez point notre Salon. Paris est la seule ville du monde, où l'on puisse tous les deux ans jouir d'un spectacle pareil.

Feu CARLES VANLOO.

Carles Vanloo seul a laissé douze morceaux. Auguste qui fait fermer le temple de Janus, les Graces, une Susanne, sept esquisses de la vie de saint Grégoire, l'étude d'une tête d'Ange, un tableau allégorique.

M. du Houx (*) toujours verd, vous ressem-

(*) Diderot, par une de ces plaisanteries innocentes et gaies que l'on se permet avec ses amis, et qui seroient déplacées dans toute autre société, avoit envoyé à Grimm, pour ses étrennes, une enseigne représentant un houx, avec l'inscription au-dessus, en demi-cercle : *Au Houx toujours verd* ; et en bas, l'épigraphe ondoyante : *Semper frondescit.* C'est à cette même épigraphe que Diderot fait encore allusion dans les réflexions préliminaires qui servent d'introduction au Salon de 1767. Voyez la page 26 de cette introduction.

NOTE DE L'ÉDITEUR.

blez à la feuille de votre enseigne, qui pique de tout côté. Il y a huit jours que l'article de Vanloo étoit trop court; aujourd'hui il est trop long. Il restera, s'il vous plaît, comme il est.

1. AUGUSTE *fait fermer le temple de Janus.*

Tableau de neuf pieds huit pouces de haut, sur huit pieds quatre pouces de large. Il est destiné pour la galerie de Choisi.

A droite de celui qui regarde, le temple de Janus placé de manière qu'on en voit les portes. Au-delà des portes, contre la façade du temple, la statue de Janus sur un piédestal. En deçà, un trépied avec son couvercle, à terre. Un prêtre vêtu de blanc, les deux mains passées dans un gros anneau de fer, ferme les portes couvertes en haut, en bas et dans leur milieu, de larges bandes de tôle. A côté de ce prêtre, plus sur le fond, deux autres prêtres vêtus comme le premier. En face du prêtre qui ferme, un enfant portant une urne, et regardant la cérémonie. Au milieu de la scène, et sur le devant, Auguste seul, debout, en habit militaire, en silence, une branche d'olivier à la main. Aux pieds d'Auguste, sur le même plan, un enfant, un genou en terre, une corbeille sur son autre genou, et tenant des fleurs. Derrière l'empereur, un jeune prêtre dont on ne voit presque que la tête. Sur la gauche, à quelque distance une troupe mêlée de peuple et de soldats. Du même côté, tout-à-fait à l'extrémité de la toile, et sur le devant un sénateur vu par le dos et tenant un rouleau de papier. Voilà ce qu'il plaît à Vanloo d'appeler une fête publique.

Il me semble que, le temple n'étant pas ici un pur accessoire, une simple décoration de fond, il falloit le montrer davantage et n'en pas faire une fabrique pauvre et mesquine. Ces bandes de fer qui couvrent les portes, sont larges et de bon effet. Pour ce Janus, il a l'air de deux mauvaises figures égyptiennes accolées. Pourquoi plaquer ainsi contre un mur le saint du jour. Ce prêtre qui tire les portes, les tire à merveille ; il est beau d'action, de draperie et de caractère. J'en dis autant de ses voisins. Les têtes en sont belles, peintes d'une manière grande, simple et vraie. La touche en est mâle et forte. S'il y a un autre artiste capable d'en faire autant, qu'on me le nomme. Le petit porteur d'urne est lourd, et peut-être superflu. Cet autre qui jette des fleurs est charmant, bien imaginé, et on ne peut mieux ajusté. Il jette ses fleurs avec grace, et trop de grace peut-être : on diroit de l'Aurore qui les secoue du bout de ses doigts. Pour votre Auguste, M. Vanloo, il est misérable. Est-ce qu'il ne s'est pas trouvé dans votre atelier un élève qui ait osé vous dire qu'il étoit roide, ignoble et court ; qu'il étoit fardé comme une actrice ; et que cette draperie rouge, dont vous l'avez chamarré, blessoit l'art et désaccordoit le tableau. Cela, c'est un empereur! Avec cette longue palme qu'il tient collée contre son épaule gauche, c'est un *quidam* de la confrérie de Jérusalem, qui revient de la procession. Et ce prêtre que j'apperçois derrière lui, que me veut-il avec son coffret et son action niaise et gênée ? Ce sénateur embarrassé de sa robe et de son papier, qui me tourne le dos, figure de remplissage que l'ampleur de son vêtement par en bas rend mince et fluet par en haut. Et le tout que signifie-t-il ? où est l'intérêt ? où est le sujet ?

Fermer le temple de Janus, c'est annoncer une paix générale dans l'empire, une réjouissance, une fête ; et j'ai beau parcourir la toile, je n'y vois pas le moindre vestige de joie. Cela est froid ; cela est insipide ; tout est d'un silence morne, d'un triste à périr. C'est un enterrement de Vestale.

Si j'avois eu ce sujet à exécuter, j'aurois montré le temple davantage. Mon Janus eût été grand et beau. J'aurois placé un trépied à la porte du temple ; de jeunes enfans couronnés de fleurs y auroient brûlé des parfums. Là, on auroit vu un grand-prêtre, vénérable d'expression, de draperie et de caractère. Derrière ce prêtre, j'en aurois grouppé quelques autres. Les prêtres ont été de tout temps observateurs jaloux des souverains ; ceux-ci auroient cherché à démêler ce qu'ils avoient à craindre ou à espérer du nouveau maître. J'aurois attaché sur lui leurs regards attentifs. Auguste, accompagné d'Agrippe et de Mécène, auroit ordonné qu'on fermât le temple; il en auroit eu le geste. Les prêtres, les mains passées dans l'anneau, auroient été prêts à obéir. J'aurois assemblé une foule tumultueuse de peuple, que les soldats auroient eu bien de la peine à contenir. J'aurois voulu sur-tout que ma scène fût bien éclairée. Rien n'ajoute à la gaîté, comme la lumière d'un beau jour. La procession de Saint-Sulpice ne seroit pas sortie par un temps sombre et nébuleux comme celui-là.

Cependant, si dans l'absence de l'artiste le feu eût pris à cette composition, et n'eût épargné que le grouppe des prêtres, et quelques têtes éparses par-ci, par-là; nous nous serions tous écrié à l'aspect de ces précieux restes : quel dommage !

LES GRACES.

Tableau de sept pieds six pouces de haut, sur six pieds deux pouces de large.

Parce que ces figures se tiennent, le peintre a cru qu'elles étoient grouppées. L'aînée des trois Sœurs occupe le milieu ; elle a le bras droit posé sur les reins de celle qui est à gauche, et le bras gauche entrelacé avec le bras droit de celle qui est à droite. Elle est toute de face. La scène, si c'en est une, est dans un paysage. On voit un nuage qui descend du ciel, passe derrière les figures, et se répand à terre. Celle des Graces qui est à gauche, de deux tiers pour la tête et pour le dos, a le bras gauche posé sur l'épaule de celle du milieu, et tient un flacon dans sa main droite. C'est la plus jeune. La seconde, de deux tiers pour le dos et de profil pour la tête, a dans sa main gauche une rose; à l'aînée, c'est une branche de myrte qu'on a donnée et qu'elle tient dans sa main droite. Le site est jonché de quelques fleurs.

Il est difficile d'imaginer une composition plus froide, des Graces plus insipides, moins légères, moins agréables. Elles n'ont ni vie, ni action, ni caractère. Que font-elles là ? je veux mourir si elles en savent rien. Elles se montrent. Ce n'est pas ainsi que le poëte les a vues. C'étoit au printemps. Il faisoit un beau clair de lune. La verdure nouvelle couvroit les montagnes. Les ruisseaux murmuroient. On entendoit, on voyoit jaillir leurs eaux argentées. L'éclat de l'astre de la nuit onduloit à leur surface. Le lieu étoit solitaire et tranquile. C'étoit sur l'herbe molle de la prairie, au voisinage d'une forêt, qu'elles chantoient et qu'elles dansoient. Je les vois, je les entends aussi. Que leurs chants sont doux! qu'elles sont belles! que leurs chairs sont fermes! la lumière tendre de la lune adoucit encore la blancheur de leur peau. Que leurs mouvemens sont faciles et légers! C'est le vieux Pan qui joue de la flûte. Les deux jeunes faunes qui sont à ses côtés, ont dressé leurs oreilles pointues. Leurs yeux ardens parcourent les charmes les plus secrets des jeunes danseuses. Ce qu'ils voyent ne les empêche pas de regretter ce que la variété des mouvemens de la danse leur dérobe. Les nymphes des bois se sont approchées. Les nymphes des eaux ont sorti leurs têtes d'entre les roseaux. Bientôt elles se joindront aux jeux des aimables Sœurs.

> Junctæque nymphis Gratiæ decentes
> Alterno terram quatiunt pede. . . . .

Mais revenons à celles de Vanloo, qui ne valent pas celles que je quitte. Celle du milieu est roide ; on diroit qu'elle a été arrangée par Marcel. Sa tête est trop forte ; elle a peine à la soutenir. Et ces petits lambeaux de draperies qu'on a collées sur les fesses de l'une et sur le haut des cuisses de l'autre, qu'est-ce qui les attache là ? Rien que le mauvais goût de l'artiste et les mauvaises mœurs du peuple. Ils ne savent pas que c'est une femme découverte, et non une femme nue qui est indécente. Une femme indécente, c'est celle qui auroit une cornette sur sa tête, ses bas à ses jambes, et ses mules aux pieds. Cela me rappelle la manière dont madame Hocquet avoit rendu la Vénus pudique, la plus déshonnête créature possible. Un jour elle imagina que la déesse se cachoit mal avec sa main inférieure; et la voilà qui fait placer un linge en plâtre entre cette main et la partie correspondante de la statue, qui eut tout-de-suite l'air d'une femme qui s'essuie. Croyez-vous, mon ami, qu'Apelle se fût avisé de placer grand de draperie comme la main sur tout le corps des trois Graces ? Hélas ! depuis qu'elles sortirent nues de la tête du vieux poëte jusqu'à Apelle, si quelque peintre les a vues, je vous jure que ce n'est pas Vanloo.

Celles de Vanloo sont longues et grêles, surtout à leurs parties supérieures. Ce nuage, qui tombe de la droite et qui vient s'étendre à leurs pieds, n'a pas le sens commun. Pour des natures douces et molles, comme celles-ci, la touche est trop ferme, trop rigoureuse; et puis tout autour un beau verd imaginaire qui les noircit et les enfume. Nul effet ; nul intérêt ; peint et dessiné de pratique. C'est une composition fort inférieure à celle qu'il avoit exposée au Salon précédent, et qu'il a mise en pièces. Sans-doute, puisque les Graces sont sœurs, il faut qu'elles aient un air de famille; mais faut-il qu'elles aient la même tête ?

Avec tout cela, la plus mauvaise de ces trois figures vaut mieux que les minauderies, les afféteries, et les culs rouges de Boucher. C'est du moins de la chair, et même de la belle chair, avec un caractère de sévérité qui déplaît moins encore que le libertinage et les mauvaises mœurs. S'il y a de la manière ici, elle est grande.

A *

LA CHASTE SUSANNE.

Tableau de sept pieds six pouces de haut, sur six pieds deux pouces de large.

On voit au centre de la toile la Susanne assise; elle vient de sortir du bain. Placée entre les deux vieillards, elle est penchée vers celui qui est à gauche, et abandonne aux regards de celui qui est à droite son beau bras, ses belles épaules, ses reins, une de ses cuisses, toute sa tête, les trois quarts de ses charmes. Sa tête est renversée. Ses yeux, tournés vers le ciel, en appellent du secours; son bras gauche retient les linges qui couvrent le haut de ses cuisses; sa main droite écarte, repousse le bras gauche du vieillard qui est de ce côté. La belle figure! la position en est grande; son trouble, sa douleur, sont fortement exprimés; elle est dessinée de grand goût; ce sont des chairs vraies, la plus belle couleur, et tout plein de vérités de nature répandues sur le cou, sur la gorge, aux genoux. Ses jambes, ses cuisses, tous ses membres ondoyans sont on ne sauroit mieux placés. Il y a de la grace, sans nuire à la noblesse; de la variété, sans aucune affectation de contraste. La partie de la figure qui est dans la demi-teinte est du plus beau faire. Ce linge blanc, qui est étendu sur les cuisses, réflète admirablement sur les chairs; c'est une masse de clair qui n'en détruit point l'effet ; magie difficile , qui montre et l'habileté du maître et la vigueur de son coloris.

Le vieillard qui est à gauche est vu de profil. Il a la jambe gauche fléchie, et de son genou droit il semble presser le dessous de la cuisse de la Susanne. Sa main gauche tire le linge qui couvre les cuisses, et sa main droite invite Susanne à céder. Ce vieillard a un faux air de Henri IV. Ce caractère de tête est bien choisi ; mais il falloit y joindre plus de mouvement, plus d'action, plus de desir, plus d'expression. C'est une figure froide, lourde, et n'offrant qu'un grand vêtement roide, uniforme, sans pli, sous lequel rien ne se dessine. C'est un sac d'où sortent une tête et deux bras. Il faut draper large, sans-doute ; mais ce n'est pas ainsi. L'autre vieillard est debout, et vu presque de face. il a écarté avec sa main gauche tous les voiles qui lui déroboient la Susanne de son côté. Il tient encore ces voiles écartés. Sa droite et son bras étendus devant la femme ont le geste menaçant. C'est aussi l'expression de sa tête. Celui-ci est encore plus froid que l'autre. Couvrez le reste de la toile ; et cette figure ne vous montrera plus qu'un Pharisien qui propose quelque difficulté à Jésus-Christ.

Plus de chaleur, plus de violence, plus d'emportement dans les vieillards, auroient donné un intérêt prodigieux à cette femme innocente et belle, livrée à la merci de deux vieux scélérats. Elle-même en auroit pris plus de terreur et d'expression ; car tout s'entraîne. Les passions sur la toile s'accordent et se désaccordent comme les couleurs. Il y a dans l'ensemble une harmonie de sentimens comme de tons. Les vieillards plus pressans, le peintre eût senti que la femme devoit être plus effrayée ; et bientôt ses regards auroient fait au ciel une toute autre instance.

On voit à droite une fabrique en pierre grisâtre : c'est apparemment un réservoir, un appartement de bain. Sur le devant, un canal d'où jaillit vers la droite un petit jet-d'eau mesquin, de mauvais goût, et qui rompt le silence. Si les vieillards avoient eu tout l'emportement imaginable, et la Susanne toute la terreur analogue, je ne sais si le sifflement, le bruit d'une masse d'eau s'élançant avec force, n'auroit pas été un accessoire très-vrai.

Avec ces défauts, cette composition de Vanloo est encore une belle chose. De Troye a peint le même sujet. Il n'y a presqu'aucun peintre ancien dont il n'ait frappé l'imagination et occupé le pinceau ; et je gage que le tableau de Vanloo se soutient au milieu de tout ce qu'on a fait. On prétend que la Susanne est académisée ; seroit-ce qu'en effet son action auroit quelqu'apprêt ? que les mouvemens en seroient un peu trop cadencés pour une situation violente ? ou seroit-ce plutôt qu'il arrive quelquefois de poser si bien le modèle, que cette position d'étude peut être transportée sur la toile avec succès, quoiqu'on la reconnoisse? S'il y a une action plus violente de la part des vieillards, il peut y avoir aussi une action plus naturelle et plus vraie de la Susanne. Mais telle qu'elle est, j'en suis content; et si j'avois le malheur d'habiter un palais, ce morceau pourroit bien passer de l'atelier de l'artiste dans ma galerie.

Un peintre italien a composé très-ingénieusement ce sujet. Il a placé les deux vieillards du même côté. La Susanne porte toute sa draperie de ce côté; et pour se dérober aux regards des vieillards, elle se livre entièrement aux yeux du spectateur. Cette composition est très-libre; et personne n'en est blessé. C'est que l'intention évidente sauve tout, et que le spectateur n'est jamais du sujet.

Depuis que j'ai vu cette Susanne de Vanloo, je ne saurais plus regarder celle de notre ami le baron d'Holbach. Elle est pourtant *du Bourdon*(*).

LES ARTS SUPPLIANS.

Tableau allégorique de deux pieds cinq pouces de haut, sur deux pieds de large. Il appartient à M. de Marigny.

Les Arts désolés s'adressent au Destin, pour obtenir la conservation de madame de Pompadour,

---

(*) Aussi est-elle beaucoup plus belle, quoi qu'en dise ici Diderot. Le tableau de Bourdon est

qui les protégeoit en effet. Elle aimoit Carles Vanloo. Elle a été la bienfaitrice de Cochin. Le graveur Gai avoit son touret chez elle. Trop heureuse la nation, si elle se fut bornée à délasser le souverain par des amusemens, et à ordonner aux artistes des tableaux et des statues ! On voit à la partie inférieure et droite de la toile la Peinture, la Sculpture, l'Architecture, la Musique, les Beaux-Arts, caractérisés chacun par leurs vêtemens, leurs têtes et leurs attributs, presque tous à genoux, et les bras levés vers la partie supérieure et gauche, où le peintre a placé le Destin et les trois Parques. Le Destin est appuyé sur le Monde. Le livre fatal est à sa gauche, et à sa droite l'urne d'où il tire la chance des humains. Une des Parques tient la quenouille, une autre file, la troisième va couper le fil de la vie chère aux Arts ; mais le Destin lui arrête la main.

C'est un morceau très-précieux que celui-ci. Il est du plus beau fini. Belles attitudes, beaux caractères, belles draperies, belles passions, beau coloris, et composé on ne peut mieux. La Peinture devoit se distinguer entre les autres arts ; aussi le fait-elle. La plus violente allarme est sur

---

d'un effet plus piquant ; et le coloris en est meilleur que celui de Vanloo, qui dessinoit et peignoit presque toujours de pratique.

NOTE DE L'ÉDITEUR.

son visage. Elle s'élance. Elle a la bouche ouverte ; elle crie. Les Parques sont ajustées à ravir. Leur action et leurs attitudes sont tout-à-fait naturelles. Il n'y a rien à desirer ni pour la correction du dessin, ni pour l'ordonnance, ni pour la vérité. La touche est par-tout franche et spirituelle. Les juges difficiles disent que la couleur trop entière des figures nuit à l'harmonie de l'ensemble. La seule chose que je reprendrois, si j'osois, c'est que le grouppe du Destin et des Parques, au-lieu de fuir, vient en devant. La loi des plans n'est pas observée. Ils accusent encore les parties inférieures des Parques d'être un peu grêles. Cela se peut. Ce qui m'a semblé de ces figures, c'est qu'elles étoient d'un excellent goût de dessin. Peut-être que Vernet demanderoit que les nuages sur lesquels elles sont assises fussent plus aériens. Mais qui est-ce qui fera des ciels et des nuages au gré de Vernet, si la nature ou Dieu ne s'en mêle ? Une lueur sombre et rougeâtre s'échappe de dessous les vêtemens et les pieds de la Parque au ciseau ; ce qui fait concevoir une scène qui se passe au bruit du tonnerre et aux cris des Arts éplorés. On voit au côté gauche du tableau, au-dessous des Parques, une foule de figures accablées, désolées, prosternées; c'est la Gravure, avec des élèves.

Cela est beau, très-beau ; et par-tout les tons de couleur les mieux fondus et les plus suaves. C'est le morceau qu'un artiste emporteroit du Salon par préférence ; mais nous en aimerions un autre, vous et moi, parce que le sujet est froid, et qu'il n'y a rien là qui s'adresse fortement à l'ame. Cochin, prenez l'allégorie de Vanloo, j'y consens; mais laissez-moi la pleureuse de Greuze. Tandis que vous resterez extasié sur la science de l'artiste et sur les effets de l'art; moi, je parlerai à ma petite affligée, je la consolerai, je baiserai ses mains, j'essuierai ses larmes; et quand je l'aurai quittée, je méditerai quelques vers bien doux sur la perte de son oiseau.

Les Supplians de Vanloo n'obtinrent rien du Destin, plus favorable à la France qu'aux Arts. Madame de Pompadour mourut au moment où on la croyoit hors de péril. Eh bien ! qu'est-il resté de cette femme, qui nous a épuisés d'hommes et d'argent, laissés sans honneur et sans énergie, et qui a boulversé le système politique de l'Europe ? Le traité de Versailles, qui durera ce qu'il pourra; l'Amour de Bouchardon, qu'on admirera à jamais; quelques pierres gravées de Gai, qui étonneront les antiquaires à venir; un bon petit tableau de Vanloo, qu'on regardera quelquefois; et une pincée de cendres.

5. *Esquisses pour la chapelle de S.-Grégoire, aux Invalides.*

Carles n'auroit laissé que ces esquisses, qu'elles lui feroient un rang parmi les grands peintres. Mais pourquoi les a-t-il appelées des esquisses ? Elles sont colorées ; ce sont des tableaux, et de beaux tableaux, qui ont encore ce mérite, que le regret de la main qui défaillit en les exécutant se joint à l'admiration et la rend plus touchante (*).

Il y en a sept. Le saint vend son bien, et le distribue aux pauvres. Il obtient par ses prières la cessation de la peste. Il convertit une femme hérétique. Il refuse le pontificat. Il reçoit les hommages de son clergé. Il dicte ses homélies à un secrétaire. Il est enlevé aux cieux.

On voit dans la première le saint à gauche, placé sur la rampe d'un péristile. Il a derrière lui un assistant. A terre, sur le devant, c'est une pauvre mère grouppée avec ses deux enfans. Qu'elle est touchante cette mère ! comme cette petite fille sollicite bien la charité du saint ! Voyez l'avidité de ce petit garçon à manger son morceau de pain, et l'intérêt que ces figures jettent sur la partie la plus avancée du sujet ! Une foule d'autres mendians sont répandus autour de la balustrade, en tournant sur le fond ; c'est une masse

―――――――――――――――――――――――――――
(*) Diderot imite ici, sans le citer, un beau passage de Pline le naturaliste.

Salon de 1765.

de demi-teinte sur un fond clair. Une lumière, qui s'échappe de dessous une arcade percée, vient éclairer toute la scène, et y établir la plus douce harmonie.

C'est là qu'il faut voir comment on peint la mendicité, comment on la rend intéressante sans la montrer hideuse; jusqu'où il est permis de la vêtir, sans la rendre ni opulente ni guenilleuse; quelle est l'espèce de beauté qui convient aux hommes, aux femmes et aux enfans qui ont souffert la faim, et senti long-temps et par état les besoins urgens de la vie. Il y a une ligne étroite sur laquelle il est difficile de se tenir. Belle chose, mon ami ! belle de caractère, d'expression et de composition.

Dans la seconde, le saint se promène à pieds nus dans les rues, pour fléchir le ciel et arrêter la peste. Il est suivi et précédé de son clergé. Un grouppe d'acolytes vêtus de blanc fixe la lumière au centre. La procession s'avance de gauche à droite vers le temple. Le saint et son assistant terminent la marche du clergé. Le saint a les yeux tournés vers le ciel; il est en habit de diacre. Une douce clarté répandue autour de sa tête le désigne, mais plus encore sa simplicité, sa noblesse et sa piété. Mais comme tous ces jeunes acolytes sont beaux ! comme ces torches allumées impriment la terreur ! comme un seul incident suffit au génie pour montrer toute la désolation d'une ville ! Il ne lui faut qu'une jeune fille qui soulève un vieillard moribond, et qui l'exhorte à bien espérer. Le geste du saint attache les regards sur ce grouppe. Quelle défaillance dans ce moribond ! Quelle confiance dans la jeune fille ! Belle chose, mon ami ! belle chose ! Un ciel orageux, qui s'éclaircit, semble annoncer la fin prochaine du fléau.

Dans la troisième, le saint, vêtu de blanc, ferme l'oreille, et éloigne du bras l'envoyé du clergé, qui vient lui proposer la tiare. Il est évident que le saint, retiré sous cette voûte, étoit en prière, lorsque l'envoyé est venu ; car il est courbé, et sa main touche encore à la pierre dont il s'est appuyé pour se relever. Que cela est simple ! comme cet homme refuse bien ! comme il est bien pénétré de son insuffisance ! Ce n'est pas là l'hypocrite *nolo episcopari* de nos prestolets. La progression de l'âge a été gardée sans nuire à la ressemblance. Belle chose, mon ami ! Et l'effet de cette nuée claire sur le fond, et de cet antre obscur sur le devant, qui est-ce qui ne le sent pas ?

La quatrième nous le montre, la tête couverte de la tiare, la croix pontificale à la main, assis sur la chaire de saint Pierre, et vêtu des habits sacerdotaux. Il étend la main ; il bénit son clergé prosterné. La scène ne s'est pas passée autrement ; j'en suis sûr. Le bon saint avoit ce caractère vé=

nérable et doux. C'est ainsi que tous ces prêtres étoient prosternés. Ce cardinal assistant étoit à sa gauche; il avoit à sa droite ces autres prélats : il étoit sous un baldaquin. L'ombre du baldaquin le couvroit ; et il se détachoit en demi-teinte sur cette architecture grisâtre. Il n'y avoit dans la position de tous ces personnages d'autre contraste que celui de l'action. Regardez cette scène ; et dites-moi s'il y a une seule circonstance qui décèle la fausseté ? Les caractères de têtes sont pris de la vie ordinaire et commune. Je les ai vus cent fois dans nos églises. Ils font foule, sans confusion. Ces expressions de visage et de dos sont tout-à-fait vraies. Voilà la tête qui convient au père commun des croyans. Et ce gros assistant, si bien nourri, si bien vêtu, qu'on voit sur le devant, au-dessous du trône, qu'en dites-vous ? Ne nous rappelle-t-il pas notre vieux, beau et bon cardinal de Polignac ? Aucunement. Celui-ci eût été une trouvaille pour un buste ou pour un portrait de nos jours; mais pour des temps rustes et gothiques, il falloit plus de simplicité et moins de noblesse. Voulez-vous que je vous dise une idée vraie ? c'est que ces visages réguliers, nobles et grands font aussi mal dans une composition historique, qu'un bel et grand arbre bien droit, bien arrondi, dont le tronc s'élève sans fléchir, dont l'écorce n'offre ni rides, ni crevasses, ni gerçures, et dont les branches, s'étendant également en tout sens, forment une vaste cime régulière. Dans un paysage, cela est trop monotone, trop symmétrique. Tournez autour de cet arbre, il ne vous présentera rien de nouveau; on l'a tout vu sous un aspect : c'est de tout côté l'image du bonheur et de la prospérité. Il n'y a point d'humeur ni dans cette belle tête, ni dans ce bel arbre. Comme ce cardinal de l'esquisse est attentif ! comme il regarde bien ! Le beau corps ! la belle attitude ! qu'elle est naturelle et simple ! Ce n'est pas à l'académie qu'on l'a prise ; et puis un intérêt, un ; une action, une. Tous les points de la toile disent la même chose : chacun a sa façon. Belle chose, mon ami ! belle chose !

Mais savez-vous une anecdote ? c'est qu'on a voulu les avoir ces esquisses, et que le ministère en a fait offrir cent louis.... D'une ?... Non, mon ami, de toutes ; oui, de toutes, c'est-à-dire, le prix de chacune, et à-peu-près la moitié de ce qu'il en a coûté à l'artiste en études (*). Ils sont toujours magnifiques à leur

---

(*) Diderot étoit mal instruit sur ce point. Vanloo ne dépensoit rien en études ; il faisoit tout de *pratique*, comme je l'ai dit ci-dessus. J'ai connu très-particulièrement ce grand peintre, et je n'avance rien ici dont je ne sois très-sûr. Ses élèves, dont la plûpart vivent encore, parleront mieux que moi du même fait ; mais ils ne le contrediront pas. **NOTE DE L'ÉDITEUR.**

ordinaire. Les héritiers les ont retirées à la vente, pour six ou sept mille deux cent livres. Cela s'en ira, quelque jour, trouver la *Famille de Lycomède* et le *Mercure* de Pigal.

Il est surprenant qu'avec toutes les précautions qu'on prend ici pour étouffer les sciences, les arts et la philosophie, on n'y réussisse pas. Cela confirmeroit dans l'opinion, qu'on verseroit des sacs d'or aux pieds du génie, qu'on n'en obtiendroit rien, parce que l'or n'est pas sa véritable récompense ; c'est sa vanité, et non son avarice, qu'il faut satisfaire. Réduisez-le à dormir dans un grenier, sur un grabat ; ne lui laissez que de l'eau à boire et des croutes à ronger ; vous l'irriterez, mais ne l'éteindrez pas. Or il n'y a pas de lieu au monde où il obtienne plus promptement, plus pleinement qu'ici le tribut de la considération. Le ministère écrase ; mais la nation porte aux nues. Le génie travaille, en enrageant et mourant de faim.

Dans la cinquième, Saint-Grégoire célèbre la messe. Le trône pontifical est à droite dans la précédente ; l'autel est à gauche dans celle-ci. On voit entre les mains du saint le pain eucharistique rayonnant et lumineux. La femme hérétique, à genoux sur les marches de l'autel, regarde la merveille avec surprise. Au-dessous de cette femme, le peintre a placé le clergé et des assistans. Même éloge que des précédentes ; même exclamation ; composition riche, sans confusion.

La sixième est, à mon avis, la plus belle. Il n'y a cependant que deux figures ; le saint qui dicte ses homélies, et son secrétaire qui les écrit. Le saint est assis, le coude appuyé sur la table. Il est en surplis et en rochet, la tête couverte de la barrète. La belle tête ! on ne sait si l'on arrêtera les yeux sur elle ou sur l'attitude si simple, si naturelle et si vraie du secrétaire. On va de l'un à l'autre de ces personnages ; et toujours avec le même plaisir. La nature, la vérité, la solitude, le silence de ce cabinet, la lumière douce et tendre qui l'éclaire de la manière la plus analogue à la scène, à l'action, aux personnages, voilà, mon ami, ce qui rend sublime cette composition, et ce que Boucher n'a jamais conçu. Cette esquisse est surprenante. Mais dites-moi où cette brute de Vanloo a trouvé cela ; car c'étoit une brute. Il ne savoit ni penser, ni parler, ni écrire, ni lire. Méfiez-vous de ces gens qui ont leurs poches pleines d'esprit, et qui le sèment à tout propos. Ils n'ont pas le démon. Ils ne sont pas tristes, sombres, mélancoliques et muets. Ils ne sont jamais ni gauches, ni bêtes. Le pinson, l'alouette, la linotte, le serin, jasent et babillent tant que le jour dure. Le soleil couché, ils fourrent leur tête sous l'aîle, et les voilà endormis. C'est alors que le génie prend sa lampe et l'allume, et que l'oiseau solitaire, sauvage, inapprivoisable, brun et triste de plumage, ouvre son gosier, commence son chant, fait retentir le bocage, et rompt mélodieusement le silence et les ténèbres de la nuit.

Dans la septième, on voit le saint les mains jointes et les yeux tournés vers le ciel, où il est porté par une multitude d'anges. Il y en a sept ou huit au-moins grouppés de la manière la plus variée et la plus hardie. Une gloire éclatante perce le dôme, et montre les demeures éternelles : et les anges et le saint ne forment qu'une masse, mais une masse où tout se sépare et se distingue par la variété et l'effet des accidens de la lumière et de la couleur. On voit le saint et son cortège aller et s'élever verticalement. Cette esquisse n'est pas la moindre. Les autres sont un peu grisâtres, comme il convient à des esquisses ; celle-ci est coloriée.

Le temps que Vanloo avoit passé dans l'atelier du statuaire Le Gros n'avoit pas été perdu pour le peintre, sur-tout lorsqu'il s'agissoit d'exécuter ces morceaux aëriens, où l'on saisit difficilement la vérité par la seule force de l'imagination, et où le pinceau se refuse ensuite à l'image idéale la plus nette et la mieux conçue. Carles modeloit (*) sa machine ; et il en étudioit les lumières, les rac-

---

(*) Voici encore un fait, sur lequel on en avoit imposé à Diderot. Jamais Vanloo n'a fait en terre un modèle de ses figures : il avoit tout simplement un mannequin à ressorts, qu'il posoit d'abord, qu'il drapoit ensuite avec des étoffes diverses et de couleurs différentes, et d'après lequel il peignoit ; mais le plus souvent il ne se servoit pas même de mannequin, et il exécutoit en grand d'après une esquisse plus ou moins terminée, et faite de verve. Tout ce que je dis ici, je l'ai vu presque tous les jours pen-

courcis, les effets, dans le vague même de l'air. S'il y découvroit un point de vue plus favorable qu'un autre, il s'y arrêtoit, et retournoit toute sa composition d'une manière plus piquante, plus hardie, et plus pittoresque.

Ah! monsieur Doyen, quelle tâche ces esquisses vous imposent! Je vous attends au Salon prochain. Malgré tout ce que vous avez fait depuis votre Diomède, vos Bacchantes et votre Virginie, pour m'ôter la bonne opinion que j'avois de votre talent; quoique je sache que vous vous piquez de bel esprit, la pire de toutes les qualités dans un grand artiste; que vous fréquentiez la bonne compagnie et les agréables; et que vous soyez une espèce d'agréable vous-même, je vous estime encore; mais je n'en suis pas moins d'avis que vous devriez un remercîment à celui qui brûleroit les esquisses de Vanloo, remercîment que vous ne feriez pas, parce que vous êtes présomptueux et vain : autre fâcheux symptôme.

6. UNE VESTALE.

Tableau de deux pieds de large, sur deux et demi de haut.

Mais pourquoi est-ce que ces figures des Vestales nous plaisent presque toujours? C'est qu'elles

---

dant plus de vingt ans; et ces vingt dernières années ont été l'époque la plus brillante de la vie de ce peintre célèbre. NOTE DE L'ÉDITEUR.

supposent de la jeunesse, des graces, de la modestie, de l'innocence et de la dignité; c'est qu'à ces qualités données d'après les modèles antiques, il se joint des idées accessoires de temple, d'autel, de recueillement, de retraite et de sacré; c'est que leur vêtement blanc, large, à grands plis, qui ne laisse appercevoir que les mains et la tête, est d'un goût excellent; c'est que cette draperie, ou ce voile qui retombe sur le visage, et qui en dérobe une partie, est original et pittoresque; c'est qu'une vestale est un être en-même-temps historique, poétique et moral.

Celle-ci est coiffée de son voile; elle porte une corbeille de fleurs. On la voit de face. Elle a tous les charmes de son état. Il s'échappe à droite et à gauche, de dessous son voile, deux boucles de cheveux noirs. Ces boucles parallèles font mal; elles lui rendent le cou trop petit, sur-tout regardée à une certaine distance.

7. *Etude de la tête d'un ange.*

Elle est vigoureusement peinte cette tête; elle regarde le ciel : mais on est tenté de lui trouver trop peu de hauteur de front, pour son volume et l'énorme étendue du bas du visage. De près, tranchons le mot, elle paroît maussade et sans graces. Reste à savoir si, destinée pour une coupole de cent, deux cents pieds d'élévation, on en juge bien à quatre pas de distance.

Voilà tout ce que Carles Vanloo nous a laissé. Il naquit le 15 février 1705, à Nice en Provence. L'année suivante, le maréchal de Berwick assiégea cette ville ; on descendit l'enfant dans une cave ; une bombe tomba sur la maison, traversa les plafonds, consuma le berceau ; mais l'enfant n'y étoit plus. Il avoit été transporté ailleurs par son jeune frère. Benedetto Lutti donna les premiers principes de l'art à Jean et Carles Vanloo. Celui-ci fit connoissance avec le statuaire Le Gros, et prit du goût pour la sculpture. Le Gros meurt en 1719 ; et Carles laisse l'ébauchoir pour le pinceau. Son goût, dans les premiers temps, se ressentoit de la fougue de son caractère. Jean son frère, plus tranquile, lui prêchoit sans cesse la sagesse et la sévérité. Ils travaillèrent ensemble ; mais Carles quitta Jean pour se faire décorateur d'opéra. S'il se dégoûta de ce mauvais genre, ce fut pour se livrer à des petits portraits dessinés, genre plus misérable encore. C'étoit les écarts d'un jeune homme qui aimoit éperdûment le plaisir, et pour qui les moyens les plus prompts d'avoir de l'argent étoient les meilleurs. En 1727, il fait le voyage de Rome avec Louis et François Vanloo, ses neveux. A Rome, il remporte le prix du dessin ; il est admis à la pension ; on reconnoît son talent ; l'étranger recherche ses ouvrages ; et il peint pour l'Angleterre une femme orientale à sa toilette, avec un bracelet à la cuisse, singularité qui a rendu le morceau célèbre. De Rome il passe à Turin. Il décore les églises, il embellit les palais ; et les compositions des premiers maîtres ne déparent pas les siennes. Il se montre à Paris, avec la fille du musicien Somis, qu'il avoit épousée. Il ambitionne l'entrée de l'académie ; il y est reçu. Il devient rapidement adjoint à professeur, professeur, cordon de Saint-Michel, premier peintre du roi, directeur de l'école. Voilà comment on encourage le talent. Parmi ses tableaux de cabinet, on vante une Résurrection, son allégorie des Parques, sa Conversation espagnole, un Concert d'instrumens. Son Saint-Charles Borromée communiant les Pestiférés, sa Prédication de Saint-Augustin, sont distingués parmi ses tableaux publics. Carles dessinoit facilement, rapidement et grandement. Il a peint large ; son coloris est vigoureux et sage ; beaucoup de technique, peu d'idéal. Il se contentoit difficilement ; et les morceaux qu'il détruisoit étoient souvent les meilleurs. Il ne savoit ni lire, ni écrire ; il étoit né peintre, comme on naît apôtre. Il ne dédaignoit pas le conseil de ses élèves, dont il payoit quelquefois la sincérité d'un soufflet ou d'un coup de pied ; mais le moment d'après, et l'incartade de l'artiste et le défaut de l'ouvrage étoient réparés. Il mourut le 15 juillet 1765, d'un coup de sang, à ce qu'on dit ; et j'y consens, pourvu qu'on m'accorde que les Graces maussades qu'il avoit exposées au Salon précédent (*), ont accéléré sa fin. S'il eût échappé à celles-ci, les dernières qu'il a peintes n'auroient pas manqué leur coup. Sa mort est une perte réelle pour Doyen et pour La Grénée.

MICHEL VANLOO.

Le plus remarquable de ses portraits au Salon étoit celui de *Carles, son oncle*. Il étoit placé sur la face la plus éclairée. On voyoit au-dessus la Susanne, l'Auguste et les Graces ; de chaque côté, trois des esquisses ; au-dessous, les Anges qui sembloient porter au ciel Saint Grégoire et le peintre ; plus bas, à quelque distance, la Vestale et les Arts supplians. C'étoit un mausolée que Chardin avoit élevé à son confrère. Carles, en robe-

---

(*) Diderot se trompe : Vanloo est mort tout naturellement d'apoplexie ; et le peu de succès de son tableau des Graces n'a eu aucune part à cet accident malheureusement très-commun, sur-tout à son âge, et dans les hommes d'une constitution physique telle que la sienne. Au reste, je supprime ici une longue note de Grimm, dans laquelle ce faiseur de feuilles parle de Carles Vanloo, comme on parle d'un homme qu'on n'a jamais ni vu ni connu. Quelqu'un mal instruit, ou peut-être pour s'amuser, lui avoit fait sur cet habile artiste de mauvais contes, qu'il a répétés ensuite avec une confiance qui surprend dans un homme d'ailleurs aussi cauteleux. Il a cru sans-doute que ce tableau de la vie et du caractère de

de-chambre, en bonnet d'atelier, le corps de profil, la tête de face, sortoit du milieu de ses propres ouvrages. On dit qu'il ressembloit, à étonner. La veuve ne put le regarder sans verser des larmes. La touche en est vigoureuse. Il est peint de grande manière, cependant un peu rouge. En général, Michel fait les portraits d'homme largement, et les dessine bien. Pour ceux de femmes, c'est autre chose ; il est lourd, il est sans finesse de ton, il vise à la craie de Drouais. Michel est un peu froid ; Drouais est tout-à-fait faux. Quand on tourne les yeux sur toutes ces figures mornes qui tapissent le salon, on s'écrie : La Tour, La Tour, *ubi es* ?

BOUCHER.

Je ne sais que dire de cet homme-ci. La dégradation du goût, de la couleur, de la composition, des caractères, de l'expression, du dessin, a

---

Vanloo, aussi peint de fantaisie, paroîtroit très-piquant aux yeux de ceux auxquels il envoyoit ses feuilles. Mais au-lieu de chercher à plaire par des caricatures toujours déplacées dans un ouvrage destiné à éclairer le goût et à perfectionner le jugement des lecteurs, cet Aristarque, souvent si sévère envers les autres, et qui se croyoit doué sur-tout du tact le plus exquis des convenances, auroit dû sentir que dans ses discours ou dans ses écrits, dans ses tableaux ou dans ses actions, le point essentiel, le premier devoir est d'être vrai ; et l'on est plaisant après, si on le peut. NOTE DE L'ÉDITEUR.

suivi pas-à-pas la dépravation des mœurs. Que voulez-vous que cet artiste jette sur la toile ? ce qu'il a dans l'imagination ; et que peut avoir dans l'imagination un homme qui passe sa vie avec les prostituées du plus bas étage ? La grace de ses Bergères est la grace de la Favart dans Rose et Colas ; celle de ses Déesses est empruntée de la Deschamps. Je vous défie de trouver dans toute une campagne un brin d'herbe de ses paysages. Et puis une confusion d'objets entassés les uns sur les autres, si déplacés, si disparates, que c'est moins le tableau d'un homme sensé que le rêve d'un fou. C'est de lui qu'il a été écrit :

.... velut ægri somnia, vanæ
Fingentur species : ut nec pes, nec caput. . . .

J'ose dire que cet homme ne sait vraiment ce que c'est que la grace ; j'ose dire qu'il n'a jamais connu la vérité ; j'ose dire que les idées de délicatesse, d'honnêteté, d'innocence, de simplicité, lui sont devenues presqu'étrangères ; j'ose dire qu'il n'a pas vu un instant la nature, du-moins celle qui est faite pour intéresser mon ame, la vôtre, celle d'un enfant bien né, celle d'une femme qui sent ; j'ose dire qu'il est sans goût. Entre une infinité de preuves que j'en donnerois, une seule suffira ; c'est que dans la multitude de figures d'hommes et de femmes qu'il a peintes, je défie qu'on en trouve quatre de caractère propre au bas-relief, encore moins à la statue. Il y a trop de mines, de petites mines, de manière, d'afféterie pour un art sévère. Il a beau me les montrer nues, je leur vois toujours le rouge, les mouches, les pompons, et toutes les fanfioles de la toilette. Croyez-vous qu'il ait jamais eu dans sa tête quelque chose de cette image honnête et charmante de Pétrarque ?

E'l riso, e'l canto, e'l parlar dolce, humano.

Ces analogies fines et déliées qui appellent sur la toile les objets, et qui les y lient par des fils imperceptibles; sur mon Dieu, il ne sait ce que c'est. Toutes ses compositions font aux yeux un tapage insupportable. C'est le plus mortel ennemi du silence, que je connoisse; il en est aux plus jolies marionnettes du monde ; il tombera à l'enluminure. Eh bien ! mon ami, c'est au moment où Boucher cesse d'être un artiste, qu'il est nommé premier peintre du roi. N'allez pas croire qu'il soit en son genre ce que Crébillon le fils est dans le sien. Ce sont bien à-peu-près les mêmes mœurs ; mais le littérateur a tout un autre talent que le peintre. Le seul avantage de celui-ci sur l'autre, c'est une fécondité qui ne s'épuise point, une facilité incroyable, sur-tout dans les accessoires de ses pastorales. Quand il fait des enfans, il les grouppe bien ; mais qu'ils restent à folâtrer sur des nuages. Dans toute cette innombrable famille, vous n'en trouverez pas un à employer aux actions réelles de la vie, à étudier sa leçon, à lire, à écrire, à tiller du chanvre. Ce sont des natures romanesques, idéales; de petits bâtards de Bacchus et de Silène. Ces enfans-là, la sculpture s'en accommoderoit assez sur le tour d'un vase antique. Ils sont gras, joufflus, potelés. Si l'artiste sait pétrir le marbre, on le verra. En un mot, prenez tous les tableaux de cet homme; et à-peine y en aura-t-il un, à qui vous ne puissiez dire comme Fontenelle à la Sonate : Sonate, que me veux-tu ? Tableau, que me veux-tu ? N'a-t-il pas été un temps où il étoit pris de la fureur de faire des vierges ? Eh bien ! qu'étoit-ce que ses vierges ? de gentilles petites caillettes. Et ses anges ? de petits satyres libertins. Et puis, il est, dans ses paysages, d'un gris de couleur et d'une uniformité de ton qui vous feroit prendre sa toile, à deux pieds de distance, pour un morceau de gazon ou d'une couche de persil coupé en quarré. Ce n'est pas un sot pourtant. C'est un faux bon-peintre, comme on est un faux bel-esprit. Il n'a pas la pensée de l'art; il n'en a que le *concetti*.

8. JUPITER *transformé en Diane pour surprendre Calisto.*

Tableau ovale d'environ deux pieds de haut, sur un pied et demi de large.

On voit au centre le Jupiter métamorphosé ; il est de profil ; il se penche sur les genoux de Calisto : d'une main il cherche à écarter doucement son linge ; cette main, c'est la droite. Il lui passe la main gauche sous le menton. Voilà deux mains bien occupées. Calisto est peinte de face ; elle éloigne foiblement la main qui s'occupe à la dévoiler. Au-dessous de cette figure, le peintre a répandu de la draperie, un carquois. Des arbres occupent le fond. On voit à gauche un grouppe d'enfans qui jouent dans les airs ; au-dessus de ce grouppe, l'aigle de Jupiter.

Mais est-ce que les personnages de la mythologie ont d'autres pieds et d'autres mains que nous ? Ah ! La Grénée, que voulez-vous que je pense de cela, lorsque je vous vois tout à côté, et que je suis frappé de votre couleur ferme, de la beauté de vos chairs, et des vérités de nature qui percent tous les points de votre composition ? Des pieds, des mains, des bras, des épaules, une gorge, un cou, s'il vous en faut, comme vous en avez baisé quelquefois, La Grénée vous en fournira. Pour Boucher, non ; passé cinquante ans, mon ami, il n'y a presque pas un peintre qui appelle le modèle, ils ne font plus que de pratique ; et Boucher en est là : ce sont ses anciennes figures tournées et retournées. Est-ce qu'il ne nous a pas déjà montré cent fois et cette Calisto, et ce Jupiter, et cette peau de tigre dont il est couvert ?

9. ANGÉLIQUE ET MÉDOR.

Tableau de la forme et de la grandeur du précédent.

Les deux figures principales sont placées à droite de celui qui regarde. Angélique est couchée nonchalamment à terre, et vue par le dos, à l'exception d'une petite portion de son visage qu'on attrape, et qui lui donne l'air de la mauvaise humeur. Du même côté, mais sur un plan plus enfoncé, Médor debout, vu de face, le corps penché, porte sa main vers le tronc d'un arbre, sur lequel il écrit apparemment les deux vers de Quinault, ces deux vers que Lulli a si bien mis en musique, et qui donnent lieu à toute la bonté d'ame de Roland de se montrer, et de me faire pleurer quand les autres rient :

Angélique engage son cœur;
Médor en est vainqueur.

Des Amours sont occupés à entourer l'arbre de guirlandes. Médor est à moitié couvert d'une peau de tigre, et sa main gauche tient un dard de chasseur. Au-dessous d'Angélique, imaginez de la draperie, un coussin; un coussin, mon ami, qui va là comme le tapis du Nicaise de La Fontaine; un carquois et des fleurs. A terre un gros Amour étendu sur le dos, et deux autres qui jouent dans les airs, aux environs de l'arbre, confidens du bonheur de Médor; et puis à gauche, du paysage et des arbres.

Il a plu au peintre d'appeler cela *Angélique et Médor*; mais ce sera tout ce qu'il me plaira. Je défie qu'on me montre quoi que ce soit qui caractérise la scène, et qui désigne les personnages. Eh! mordieu, il n'y avoit qu'à se laisser mener par le poëte. Comme le lieu de son aventure est plus beau, plus grand, plus pittoresque et mieux choisi; c'est un antre rustique, c'est un lieu retiré, c'est le séjour de l'ombre et du silence; c'est là que loin de tout importun, on peut rendre un amant heureux, et non pas en plein jour, en pleine campagne, sur un coussin. C'est sur la mousse du roc, que Médor grave son nom et celui d'Angélique. Cela n'a pas le sens commun. Petite composition de boudoir; et puis, ni pieds, ni mains, ni vérité, ni couleur, et toujours du persil sur les arbres. Voyez, ou plutôt ne voyez pas le Médor, ses jambes sur-tout; elles sont d'un petit garçon qui n'a ni goût ni étude. L'Angélique est une petite tripière. O le vilain mot! D'accord; mais il peint: dessin rond, mou, et chairs flasques. Cet homme ne prend le pinceau que pour me montrer des tetons et des fesses. Je suis bien aise d'en voir; mais je ne veux pas qu'on me les montre.

10. *Deux Pastorales.*

Tableau de sept pieds six pouces de haut, sur quatre pieds de large.

Eh bien! mon ami, y avez-vous jamais rien compris? Au centre de la toile, une bergère, Catinou en petit chapeau, qui conduit un âne. On ne voit que la tête et le dos de l'animal. Sur ce dos d'âne, des hardes, du bagage, un chaudron.

La femme tient de la main gauche le licol de sa bête ; de l'autre elle porte un panier de fleurs. Ses yeux sont attachés sur un berger assis à droite. Ce grand dénicheur de merles est à terre ; il a sur ses genoux une cage ; sur la cage, il y a de petits oiseaux. Derrière ce berger, plus sur le fond, un petit paysan debout, qui jette de l'herbe aux petits oiseaux. Au-dessous du berger, son chien. Au-dessus du petit paysan, plus encore sur le fond, une fabrique de pierre, de plâtre et de solives, une espèce de bergerie, plantée là on ne sait comment. Autour de l'âne, des moutons. Vers la gauche, derrière la bergère, une barricade rustique, un ruisseau, des arbres, du paysage. Derrière la bergerie, des arbres encore et du paysage. Au bas, sur le devant, tout-à-fait à gauche, encore une chèvre et des moutons, et tout cela pêle mêle à plaisir : c'est la meilleure leçon à donner à un jeune élève, sur l'art de détruire tout effet à force d'objets et de travail. Je ne vous dis rien, ni de la couleur, ni des caractères, ni des autres détails ; c'est comme ci-devant. Mon ami, est-ce qu'il n'y a point de police à cette académie ? est-ce qu'au défaut d'un commissaire aux tableaux, qui empêchât cela d'entrer, il ne seroit pas permis de le pousser à coups de pied le long du Salon, sur l'escalier, dans la cour, jusqu'à ce que le berger, la bergère, la bergerie, l'âne, les oiseaux, la cage, les arbres, l'enfant, toute la pastorale fût dans la rue. Hélas ! non : il faut que cela reste en place ; mais le bon goût indigné n'en fait pas moins la brutale, mais juste exécution.

11. *Autre Pastorale.*

Même grandeur, même forme, et même mérite que le précédent.

Eh ! vous croyez, mon ami, que mon goût brutal sera plus indulgent pour celui-ci ? Point du tout. Je l'entends qui crie au-dedans de moi : Hors du Salon, hors du Salon ! J'ai beau lui répéter la leçon de Chardin : De la douceur, de la douceur ; il se dépite, et n'en crie que plus haut : Hors du Salon.

C'est l'image d'un délire. A droite, sur le devant, toujours la bergère Catinon ou Favart, couchée et endormie, avec une bonne fluxion sur l'œil gauche. Pourquoi s'endormir aussi dans un lieu humide, un petit chat sur son giron ? Derrière cette femme, en partant du bord de la toile, et en s'enfonçant successivement par différens plans, et des navets, et des choux, et des porreaux, et un pot de terre, et un seringa dans ce pot, et un gros quartier de pierre, et sur ce gros quartier de pierre un grand vase de guirlandes de fleurs, et des arbres, et de la verdure, et du paysage. En face de la dormeuse, un berger debout qui la contemple ; il en est séparé par une petite barricade rustique : il porte d'une main un panier de fleurs; de l'autre il tient une rose. Là, mon ami, dites-moi ce que fait un chaton sur le giron d'une paysanne qui ne dort pas à la porte de sa chaumière ? Et cette rose à la main du paysan, n'est-elle pas d'une platitude inconcevable ? Et pourquoi ce benêt-là ne se penche-t-il pas, ne prend-il pas, ne se dispose-t-il pas à prendre un baiser sur une bouche qui s'y présente ? Pourquoi ne s'avance-t-il pas doucement ?.. Mais vous croyez que c'est là tout ce qu'il a plu au peintre de jeter sur sa toile ? Oh que non ! Est-ce qu'il n'y a pas au-delà un autre paysage ? est-ce qu'on ne voit pas s'élever par-derrière les arbres la fumée apparemment d'un hameau voisin ?

Un méchant petit tableau de Philippe d'Orléans, où l'on voit les deux plus jolis petits innocens enfans possibles, agaçant du bout du doigt un moineau placé devant eux, arrête, fait plus de plaisir que tout cela : c'est qu'on voit à la mine de la petite fille qu'elle joue de malice avec l'oiseau.

Même confusion d'objets, et même fausseté de couleur qu'au précédent. Quel abus de la facilité de pinceau !

12. *Quatre Pastorales.*

Deux sont ovales, et les quatre ont environ quinze pouces de haut sur treize de large.

Je suis juste, je suis bon, et je ne demande pas mieux qu'à louer. Ces quatre morceaux forment un petit poëme charmant. Ecrivez que le peintre eut une fois en sa vie un moment de raison. Un berger attache une lettre au cou d'un pigeon : le pigeon part ; une bergère reçoit la lettre ; elle la lit à une de ses amies : c'est un rendez-vous qu'on lui donne; elle s'y trouve, et le berger aussi.

1. A la gauche de celui qui regarde, le berger est assis sur un bout de roche ; il a le pigeon sur ses genoux; il attache la lettre; sa houlette et son chien sont derrière lui : il a à ses pieds un panier de fleurs qu'il offre peut-être à sa bergère. Plus sur la gauche, quelques bouts de roche. A droite, de la verdure, un ruisseau, des moutons. Voilà qui est simple et sage ; il n'y manque que la couleur.

2. On voit à gauche arriver le pigeon messager, l'oiseau mercure ; il vient à tire-d'aîles. La bergère, debout, la main appuyée contre un arbre placé devant elle, l'apperçoit entre les arbres, il fixe ses regards ; elle a tout-à-fait l'air de l'impatience et du desir ; sa position, son action sont simples, naturelles, intéressantes, élégantes.

Et ce chien, qui voit arriver l'oiseau, qui a les deux pattes élevées sur un bout de terrasse, qui a la tête dressée vers le messager, qui lui aboye de joie, et qui semble agiter sa queue : il est imaginé avec esprit. L'action de l'animal marque un petit commerce galant établi de longue main. A droite, derrière la bergère, on voit sa quenouille à terre, un panier de fleurs, un petit chapeau, avec un fichu ; à ses pieds un mouton ; plus simple encore, et mieux composé ; il n'y manque que la couleur : le sujet est si clair, que le peintre n'a pu l'obscurcir par ses détails.

3. A droite on voit deux jeunes filles ; l'une sur le devant, et lisant la lettre ; sur le plan qui suit, sa compagne. La première me tourne le dos ; ce qui est mal, car on pouvoit aisément lui donner la physionomie de son action. C'est sa compagne qu'il falloit placer ainsi. La confidence se fait dans un lieu solitaire et écarté, au pied d'une fabrique de pierre rustique, d'où sort une fontaine, au-dessus de laquelle il y a un petit Amour en bas-relief. A gauche, des chèvres, des boucs et des moutons. Celui-ci est moins intéressant que le précédent, et c'est la faute de l'artiste. D'ailleurs, cet endroit étoit vraiment le lieu du rendez-vous ; c'est la fontaine d'Amour. Toujours faux de couleur.

4. Le rendez-vous. Au centre, vers la droite de celui qui regarde, la bergère assise à terre,

Salon de 1765.

un mouton à côté d'elle, un agneau sur ses genoux; son berger la serre doucement de ses bras, et la regarde avec passion. Au-dessus du berger, son chien attaché. Fort bien. A gauche, un panier de fleurs. A droite, un arbre brisé, rompu. Fort bien encore. Sur le fond, hameau, cabane, bout de maison. C'est ici, qu'il falloit lire la lettre; et c'est à la fontaine d'Amour, qu'il falloit placer le rendez-vous. Quoi qu'il en soit, le tout est fin, délicat, joliment pensé; ce sont quatre petites églogues à la Fontenelle. Peut-être les mœurs de Théocrite, ou celles de Daphnis et Chloé, plus simples, plus naïves, m'auroient intéressé davantage. Tout ce que font ces bergers-ci, les miens l'auroient fait; mais le moment d'auparavant ils ne s'en seroient pas douté; au-lieu que ceux-ci savoient d'avance ce qui leur arriveroit : et cela me déplaît, à-moins que cela ne soit bien franchement prononcé.

13. *Autre Pastorale.*

C'est une bergère debout, qui tient d'une main une couronne, et qui porte de l'autre un panier de fleurs : elle est arrêtée devant un berger assis à terre, son chien à ses pieds. Qu'est-ce que cela dit ? rien. Par-derrière, tout-à-fait à gauche, des arbres touffus, vers la cime desquels, sans qu'on sache trop comment elle s'y trouve, une fontaine, un trou rond qui verse de l'eau. Ces arbres apparemment cachent une roche ; mais il ne le falloit pas. Je me radoucis à peu de frais; sans les quatre précédens, j'aurois bien pu dire à celui-ci : Hors du Salon ; mais je ne ferai jamais grace au suivant.

14. *Autre Pastorale.*

Tableau ovale d'environ deux pieds de haut, sur un pied six pouces de large.

Ne me tirerai-je jamais de ces maudites pastorales ? C'est une fille qui attache une lettre au cou d'un pigeon ; elle est assise ; on la voit de profil. Le pigeon est sur ses genoux ; il est fait à ce rôle ; il s'y prête, comme on voit à son aîle pendante. L'oiseau, les mains de la bergère et son giron, sont embarrassés de tout un rosier. Dites-moi, je vous prie, si ce n'est pas un rival, jaloux de tuer toute cette petite composition, qui a fourré là cet arbuste. Il faut être bien ennemi de soi, pour se faire de pareils tours !

Le livret parle encore *d'un paysage où l'on voit un moulin à l'eau.* Je l'ai cherché, sans avoir pu le découvrir ; je ne crois pas que vous y perdiez beaucoup.

HALLÉ.

15. *L'empereur Trajan partant pour une expédition militaire très-pressée, descend de cheval, pour entendre la plainte d'une pauvre femme.*

Grand tableau destiné pour Choisi.

Le Trajan occupe le centre et le devant du tableau. Il regarde; il écoute une femme agenouillée à quelque distance de lui, entre deux enfans. A côté de l'empereur, sur le second plan, un soldat retient par la bride son cheval câbré. Ce cheval n'est point du tout celui que demandoit le Père Canaye, et dont il disoit : *Qualem me decet esse mansuetum.* Derrière la suppliante, une autre femme debout. Vers la droite, sur le fond, l'apparence de quelques soldats. M. Hallé, votre Trajan, imité de l'antique, est plat, sans noblesse, sans expression, sans caractère. Il a l'air de dire à cette femme : Bonne femme, je crois que vous êtes lasse; je vous prêterois bien mon cheval, mais il est ombrageux comme un diable. Ce cheval est en effet le seul personnage remarquable de la scène; c'est un cheval poétique, nébuleux, grisâtre, tel que les enfans en voyent dans les nues; les taches dont on a voulu moucheter son poitrail imitent très-bien le pommelé du ciel. Les jambes du Trajan sont de bois, roides, comme s'il y avoit sous l'étoffe une doublure de tôle ou de fer-blanc. On lui a donné pour manteau une lourde couverture de laine cramoisie mal teinte. La femme, dont l'expression du visage devoit produire tout le pathétique de la scène, qui arrête l'œil par sa grosse étoffe bleue, fort bien ; on ne la voit que par le dos. J'ai dit la femme, mais c'est peut-être un jeune homme. Il faut que j'en croye là-dessus sa chevelure et le livret ; il n'y a rien qui caractérise son sexe. Cependant une femme n'est pas plus un homme par-derrière que par-devant ; c'est un autre chignon, d'autres épaules, d'autres reins, d'autres cuisses, d'autres jambes, d'autres pieds : et ce grand tapis jaune, qui se voit pendu à sa ceinture, en manière de tablier, qui se replie sous ses genoux, et que je retrouve encore par derrière, elle l'avoit apparemment apporté pour ne pas gâter sa belle robe bleue ; jamais cette volumineuse pièce d'étoffe ne fit partie de son vêtement, quand elle étoit debout ; et puis rien de fini, ni dans les mains, ni dans les bras, ni dans la coiffure. Elle est affectée de la *plica polonica*. Ce linge, qui couvre son avant-bras, c'est de la pierre de Saint-Leu sillonnée. Tout le côté du Trajan est sans couleur ; le ciel, trop clair, met le grouppe dans la demi-teinte, et achève de le tuer. Mais c'est le bras et la main de cet empereur qu'il faut voir ; le bras pour le roide, la main et le pouce pour l'incorrection de dessin. Les peintres d'histoire traitent ces menus détails de bagatelles ; ils vont aux grands effets. Cette imitation rigoureuse de la nature les arrêtant à chaque pas, éteindroit leur feu, étoufferoit leur génie, n'est-il pas vrai, M. Hallé? Ce n'étoit pas tout-à-fait l'avis de Paul Véronèse; il se donnoit la peine de faire des chairs, des pieds, des mains; mais on en a reconnu l'inutilité, et ce n'est plus l'usage d'en peindre, quoique ce soit toujours l'usage d'en avoir. Savez-vous à quoi cet enfant, qui est sur le devant, ne ressemble pas mal? à une grappe de grosses louppes; elles sont seulement à sa jambe ondoyante en serpent, un peu plus gonflées qu'aux bras. Ce pot, cet ustensile domestique de cuivre, sur lequel l'autre enfant est penché, est d'une couleur si étrange, qu'il a fallu qu'on me dît ce que c'étoit. Les officiers qui accompagnent l'empereur sont aussi ignobles que lui. Ces petits bouts de figures dispersées aux environs, à votre avis, ne désignent-ils pas bien la présence d'une armée? Ce tableau est sans consistance dans sa composition. Ce n'est rien, mais rien, ni pour la couleur, qui est de sucs d'herbes passés, ni pour l'expression, ni pour les caractères, ni pour le dessin. C'est un grand émail bien triste et bien froid.

Mais ce sujet étoit bien ingrat. Vous vous trompez, M. Hallé; et je vais vous dire comment un autre en auroit tiré parti. Il eût arrêté Trajan au milieu de sa toile. Les principaux officiers de son armée l'auroient entouré; chacun d'eux auroit montré sur son visage l'impression du discours de la suppliante. Voyez comme l'Esther du Poussin se présente devant Assuérus ! Et qu'est-ce qui empêchoit que votre femme, accablée de sa peine, ne fût pareillement grouppée et soutenue par des femmes de son état ? La voulez-vous seule à genoux ? J'y consens. Mais, pour Dieu, ne me la montrez pas par le dos ; les dos ont peu d'expression, quoiqu'en dise madame Geoffrin. Que son visage me montre toute sa peine ; qu'elle soit belle ; qu'elle ait la noblesse de son état ; que son action soit forte et pathétique. Vous n'avez su que faire de ses deux enfans : allez étudier la famille de Darius ; et vous apprendrez là comment on fait concourir les subalternes à l'intérêt des principaux personnages. Pourquoi n'avoir pas désigné la présence d'une armée par une foule de têtes pressées du côté de l'empereur ? Quelques-unes de ces figures coupées par la bordure, m'en auroient fait imaginer au-delà, tant que j'en aurois voulu. Et pourquoi du côté de la femme la scène reste-t-elle sans témoins, sans spectateurs ? Est-ce qu'il ne s'est trouvé personne, ni parens, ni amis, ni voisins, ni hommes, ni femmes, ni enfans, qui ayent eu la curiosité de savoir l'issue de sa démarche ? Voilà, ce me semble, de quoi enrichir votre composition ; au-lieu que tout est stérile, insipide et nu.

16. *La course d'Hyppomène et d'Atalante.*

Tableau de vingt-deux pieds de large, sur dix-huit de haut.

C'est une grande et assez belle composition. M. Hallé, je vous en félicite; ma foi, ni moi, ni personne ne s'y attendoit. Voilà un tableau! vous aurez donc fait un tableau! Imaginez un grand et vaste paysage, frais, mais frais comme un matin au printemps; des monticules parés de la verdure nouvelle, distribués sur différens plans, et donnant à la scène de l'étendue et de la profondeur. Au pied de ces monticules, une plaine; partie de cette plaine séparée du reste par une longue barricade de bois. C'est l'espace qui est au-devant de cette barricade et du tableau, qui forme le lieu de la course. A l'extrémité de cet espace, à droite, voyez des arbres frais et verds, mariant leurs branches et leurs ombres, et formant un berceau naturel. Elevez sous ces arbres une estrade; placez sur cette estrade les pères, les mères, les frères, les sœurs, les juges de la dispute; garantissez leurs têtes soit de la fraîcheur des arbres, soit de la chaleur du jour, par un long voile suspendu aux branches des arbres. Voyez au-devant de l'estrade, au-dedans du lieu de la course, une statue de l'Amour sur son piédestal; ce sera le terme de la course: un grand arbre, que le hasard a placé à l'autre extrémité de l'espace, marquera le lieu du départ des concurrens. Au-dehors de la barrière, répandez des spectateurs de tout âge et de tout sexe, s'intéressant diversement à l'action ; et vous aurez la composition de M. Hallé sous les yeux.

Hyppomène et Atalante sont seuls au-dedans de la barrière. La course est fort avancée. Atalante se hâte de ramasser une pomme d'or. Hyppomène en tient encore une qu'il est prêt à laisser tomber. Il n'a plus que quelques pas à faire pour toucher au but.

Il y a certainement de la variété d'attitudes et d'expressions, tant dans les juges que dans les spectateurs. Entre les personnages placés sous la tente, on distingue sur-tout un vieillard assis, dont la joie ne permet pas de douter qu'il ne soit le père d'Hyppomène. Ces têtes répandues le long de la barrière en dehors sont d'un caractère agréable. J'estime ce tableau, et beaucoup. Quand on m'apprend qu'il est destiné pour la tapisserie, je ne lui vois plus de défauts. L'Hyppomène est de la plus grande légéreté ; il court avec une grace infinie : il est élevé sur la pointe du pied, un bras jeté en avant, l'autre étendu en arrière ; l'élégance est dans sa taille, dans sa position et dans toute sa personne ; la certitude du triomphe et la joie sont dans ses yeux. Peut-être cette course n'est-elle pas assez naturelle ; peut-être est-ce plutôt une danse d'opéra qu'une lutte ; peut-être, lorsqu'il s'agit d'obtenir ou de perdre celle qu'on aime, court-on autrement, a-t-on les cheveux portés en arrière, le corps élancé en avant, l'action précipitée vers le terme de la course; peut-être ne se tient-on pas sur la pointe du pied, ne songe-t-on pas à déployer ses membres, ne fait-on pas la belle jambe et les beaux bras, ne laisse-t-on pas tomber une pomme de l'extrémité de ses doigts, comme si l'on en secouoit des fleurs : mais peut-être cette critique, dont on sentiroit toute la force si la course commençoit, n'est-elle pas sans réponse lorsqu'elle finit. Atalante est encore loin du but; Hyppomène y touche. La victoire ne peut plus lui échapper; il ne se donne pas la peine de courir; il s'étale, il se pavane, il se félicite : c'est comme nos acteurs, lorsqu'ils ont exécuté quelque danse violente; ils s'amusent encore à faire quelques pas négligés au bord de la coulisse. C'est comme s'ils disoient aux spectateurs : Je ne suis point las; s'il faut recommencer, me voilà prêt : vous croyez que j'ai beaucoup fatigué, il n'en est rien. Cette espèce d'ostentation est très-naturelle; et je ne souffre point à la supposer à l'Hyppomène de Hallé. C'est ainsi que je l'entends; et me voilà réconcilié avec lui. Ma paix ne sera pas si facile à faire avec son Atalante; son bras long, sec et nerveux me déplaît : ce n'est pas la nature d'une femme, c'est celle d'un jeune homme. Je ne sais si cette figure est de repos ou courante; elle regarde les spectateurs dispersés le long de la barrière ; elle est baissée ; et si elle se proposoit d'arrêter leurs regards par les siens , et de ramasser furtivement la pomme qu'elle a sous la main, elle ne s'y prendroit pas autrement.

Verùm ubi plura nitent in carmine , non ego paucis
Offendar maculis....

17. *L'éducation des riches.*

Pauvre esquisse.

Cela est misérable. On a quelquefois vu des pieds et des mains négligés, des têtes croquées, tout sacrifié à l'expression et à l'effet. Il n'y a rien ici de rendu, mais rien du tout, et point d'effet ; c'est le point extrême de la licence de l'esquisse. A gauche, sur le devant, un enfant assis à terre s'amuse à regarder des cartes géographiques ; sa mère est étalée sur un canapé. Cet homme à gros ventre qui est debout derrière elle , est-ce le père ? Je le veux bien. Ce jeune homme accoudé sur une table, qu'y fait-il ? Je n'en sais rien. Qu'est-ce que cet abbé ? Je n'en sais pas davantage. Que signifie ce laquais qui s'en va ? Voilà une sphère, voilà un chien. Cachez-moi cela, M. Hallé : on diroit que vous avez barbouillé cette toile d'une tasse de glace aux pistaches. Si le hasard avoit produit cette composition sur la surface des eaux brouillées d'un marbreur de papier, j'en serois surpris, mais ce seroit à cause du hasard.

17. *L'Education des pauvres.*

Pauvre esquisse.

A droite, on voit une porte ouverte, à laquelle se présente une espèce de gueux ; c'est peut-être le maître de la maison. Au-dedans du taudis, une femme assise montre à lire à un enfant : c'est sa mère, je crois. Par-derrière, sur le fond, une servante en conduit un autre à la lisière, à une chambre haute, par un escalier de bois. Plus vers la gauche, sur le devant, une grande fille, vue de face, travaille à la dentelle. Derrière elle, sa cadette, qui n'est pas petite, la regarde faire. Aux pieds de la première, un petit chat. Greuze y auroit mis un chien, parce que les petites gens en ont tous, pour commander à quelqu'un. Le côté gauche est occupé d'un établi de menuiserie. D'un côté de cet établi, sur le devant, le fils de la maison prêt à pousser une varlope. De l'autre côté, plus sur le fond, son frère debout, lui montre un patron d'ouvrage. Le tout lourd de dessin et de draperie, et d'une platitude de couleur à faire plaisir. Un élève qui mettroit au prix un pareil barbouillage, n'iroit ni à la pension, ni à Rome. Il faut abandonner ses sujets à celui qui sait les faire valoir par le technique et par l'idéal. Chardin, qui a été cette année ce qu'ils appellent le tapissier, à côté de ces deux misérables esquisses, en a placé une de Greuze, qui en fait cruellement la satire. C'est bien là le cas du *malo vicino*.

VIEN.

18. *Marc-Aurèle faisant distribuer au peuple du pain et des médicamens, dans un temps de famine et de peste.*

Tableau de neuf pieds huit pouces de haut, sur huit pieds quatre pouces de large. C'est pour la galerie de Choisi.

La description de ce morceau n'est pas facile. Voyons pourtant. Imaginez, sur une estrade élevée de quelques dégrés, une balustrade au-dessus de laquelle, à droite, deux soldats distribuent du pain aux peuples qui sont au-dessous. Un de ces soldats en tient une pleine corbeille ; un autre, plus sur le fond, dont on ne voit que la tête et les bras, en apporte une autre corbeille. Entre ceux qui reçoivent la distribution sur le devant, un petit enfant qui mange, sa mère vue par le dos, et les bras élevés, un vieillard couvert par cette femme, hors la tête et les mains. Marc-Aurèle est passant ; il est accompagné de sénateurs et de gardes ; les sénateurs à côté de lui et sur le devant, les gardes derrière et sur le fond. Il s'arrête pour regarder une femme agenouillée, expirante, qui lui tend les bras. Cette femme est sur les premiers dégrés de l'estrade, son corps est renversé ; elle est entourée et soutenue par son père, sa mère et son jeune frère. Plus vers la gauche, sur les dégrés de l'estrade, une femme morte; sur cette femme son enfant, la tête tournée vers l'empereur. Tout-à-fait à gauche grouppe d'hommes, de femmes et d'enfans, tendant les bras à un soldat placé à côté de l'empereur, et leur distribuant des médicamens : au-delà de ce grouppe, à l'extrémité de la toile, un vieillard et une femme attendant aussi du secours. Reprenons cette composition.

Premièrement, cet enfant qui mange ne mange point assez goulument, comme un enfant qui a souffert la faim ; il est gras et bien repu. La mère, qui me tourne le dos, reçoit le pain, comme on le repousse ; ses mains n'ont pas la position de mains qui reçoivent. Cette fille expirante, entourée de ses parens, est froide d'expression ; on ne sait ce qu'elle veut, ce qu'elle demande. Son père et sa mère, à en juger par leurs caractères de tête et leurs vêtemens, sont des paysans ; leur fille n'est ni de draperie, ni de visage du même état ; le jeune frère, long et fluet, ressemble à l'Enfant Jésus lorsqu'il prêche dans le temple. Pourquoi avoir donné à ces sénateurs des têtes d'apôtres ? car ce sont certainement des têtes d'apôtres. Les faire parler, en-même-temps que cette femme qui s'adresse à l'Empereur, est contre le sens commun. Les deux distributeurs de pain sont bien. La position de Marc-Aurèle ne me déplaît pas ; elle est simple et naturelle ; mais son visage est sans expression ; il est bien sans douleur, sans commisération, dans toute l'apathie de sa secte. Que vous dirai-je de cette femme colossale étendue sur les dégrés de l'estrade ? dort-elle ? est-elle morte ? Je n'en sais rien. Et cet enfant, est-ce là l'action d'un enfant sur le cadavre de sa mère ? et puis, il est si mou, qu'on le prendroit pour une belle peau rembourrée de coton ; il n'y a point d'os là-dessous. J'ai beau chercher quelques traces effrayantes des horreurs de la famine et de la peste, quelques incidens horribles qui caractérisent ces fléaux, il n'y en a point : peu s'en faut que ce ne soit une largesse et une distribution ordinaire. Cette composition est sans chaleur et sans verve ; nulle poésie, nulle imagination. Cela ne vaut pas un seul vers de Lucrèce.

Le grouppe de citoyens, qui occupent la gauche de la toile, en est le seul endroit supportable ; il y a de la couleur, de l'expression, des caractères et de la sagesse. Mais cela ne m'empêche pas de m'écrier : Quel tableau pour un spectateur instruit, pour un homme sensible, pour une ame élevée, pour un œil harmonieux ! Tout est dur, sec et plat ; rien ne se détache ; ce sont autant de morceaux de carton découpés et placés les uns sur les autres. Comme il n'y a ni air, ni vapeur, qui fasse sentir un espace, de la profondeur au-delà des têtes, ce sont des images collées sur le ciel. Si ces soldats sont bien de position, ils sont mal de caractère ;

ils n'ont point d'humeur ; ils compatissent comme des moines. Le bel air d'enluminure, que le tableau de Vanloo donnera à celui-ci ! Cette fabrique, qui annonce un temple ou un palais, est trop noire. L'effet demandoit cette couleur dont l'œil est blessé. Le seul mérite de ce morceau est d'être en général bien dessiné. Les pieds de la femme colossale sont très-beaux ; c'est de la chair ; j'y reconnois la nature. La jeune fille placée sur le devant, entre son père et sa mère, est passable ; mais vous ne lui trouverez pas la tête trop petite.

Il y a pourtant un mot à dire en faveur de Hallé, Vien et Vanloo ; c'est que le talent a été bien gêné par l'ingratitude du local. Il n'y a qu'un sot qui puisse demander sur un espace étroit et long, le Massacre des Innocens ; les Israélites périssant de soif dans le désert ; le temple de Janus fermé par Auguste ; Marc-Aurèle secourant les peuples affligés de la peste et de la famine ; et d'autres sujets pareils qui entraînent une grande variété d'incidens. La hauteur de la toile détermine la grandeur des figures principales ; et deux ou trois grandes figures la couvrant toute entière, le tableau ressemble plutôt à une étude, un lambeau, qu'à une véritable composition.

Le n°. 19 annonce d'autres morceaux qui n'ont pas été exposés.

LA GRÉNÉE.

Magnæ spes altera Romæ.

C'est un peintre que celui-ci ! Les progrès qu'il a faits dans son art sont surprenans. Il a le dessin, la couleur, la chair, l'expression, les plus belles draperies, les plus beaux caractères de tête, tout, excepté la verve. Oh ! le grand peintre, si l'humeur lui vient ! Ses compositions sont simples, ses actions vraies, sa couleur belle et solide ; c'est toujours d'après la nature qu'il travaille. Il y a tel de ses tableaux, où l'œil le plus sévère ne trouve pas le moindre défaut à reprendre. Ses petites vierges sont comme du Guide. Plus on regarde sa Justice et sa Clémence, sa Bonté et sa Générosité, plus on est satisfait. Je me souviens de lui avoir autrefois arraché de la main les pinceaux. Mais qui est-ce qui n'eût pas interdit à Racine la poésie, sur ses premiers vers ? La Grénée explique les progrès de son talent d'une manière fort simple ; il dit qu'il employe à faire de bonnes choses l'argent qu'il a gagné à en faire de mauvaises.

20. *Saint Ambroise présentant à Dieu la lettre de Théodose, après la victoire de cet empereur sur les ennemis de la religion.*

L'autel est à gauche ; le Saint est à genoux sur les marches de l'autel ; on voit derrière lui des prétres debout, portant sa croix, sa mitre et sa crosse.

Le sujet est froid, et le peintre aussi ; il a mis dans sa composition tout ce qu'il savoit. Elle est sage, ses draperies sont largement jetées, ses ajustemens d'un pinceau ferme ; mais ce que j'en estime sur-tout, ce sont les jeunes acolytes. Les têtes en sont belles : il n'y a pas jusqu'au siège qui occupe l'angle droit, qui ne se fasse remarquer par sa forme, et une imitation de la dorure tout-à-fait vraie. Si j'avois été à côté de La Grénée lorsqu'il méditoit son tableau, je lui aurois conseillé d'aller chez M. Watelet, de bien regarder le Saint Bruno de Rubens, et d'effacer la tête de son Saint Ambroise, jusqu'à ce qu'elle eût pris ce caractère frappant : c'est là le vice principal de ce morceau ; peut-être aussi n'est-il pas assez vigoureusement colorié. LaGrénée n'entend pas encore la grande machine ; mais il n'est pas désespéré. Ce Saint Ambroise, tel qu'il est, auroit soucié Deshays ; et celui qu'il n'arrête pas, ne mérite pas d'en voir un meilleur.

21. *L'Apothéose de Saint Louis.*

Tableau de dix pieds de haut, sur six de large.

Le Saint, agenouillé, est porté au ciel par un seul ange qui le soutient. Voilà toute la composition.

C'est bien fait d'être simple ; mais on s'impose alors la nécessité d'être sublime, sublime dans l'idée, sublime dans l'exécution. Le peintre se met alors sur la ligne du sculpteur. Point d'accessoires sur lesquels l'indulgence puisse se tourner. Le Saint est lourd ; toute la richesse de sa draperie ne dérobe pas la pauvreté de son caractère. Un peintre ancien disoit à son élève, qui avoit couvert sa Venus de pierreries : ne pouvant pas la faire belle, tu l'as fait riche. J'en dis autant à La Grénée ; ce saint n'a point le ravissement, la joie extatique des béatifiés : pour l'ange, il est bien en l'air ; sa tête est digne du Dominicain ; seulement, la draperie en emmaillotte un peu les parties inférieures. Encore si la magie de l'air y étoit ; mais elle n'y est pas ; et voilà ce qu'on peut appeler un tableau bien manqué.

22. DIANE ET ENDYMION.

Tableau de deux pieds trois pouces de large, sur un pied dix pouces de haut.

A gauche, sur le devant, Endymion endormi, la tête renversée en arrière, le corps un peu relevé par une terrasse, et le bras droit pendant sur son chien qui repose auprès de lui. A droite, sur le fond, Diane, que ses fonctions arrachent à celui qu'elle aime. Elle le regarde en s'en allant ; elle s'éloigne à regret : entre elle et l'Endymion, un Amour qui ne demande pas mieux que de lui faire oublier son devoir, comme il fait depuis que le monde est monde.

Ce morceau est très-beau et très-bien peint,

l'Endymion bien posé pour le repos, les jambes peut-être un peu grêles ; du reste, correct de dessin. Je le voudrois plus beau de caractère. Il a un menton de galoche qui me chagrine, et qui lui donne l'air ignoble et bête. Son estomac est grassement fait ; ses genoux pleins de détails surprenans ; et toute cette partie d'une vérité de chair, mais d'une vérité ! La main qui tombe sur le chien n'est pas une main de La Grénée ; car personne ne sait faire des mains comme lui. La Diane est svelte et légère ; mais il falloit éteindre ou changer sa draperie bleue, qui la porte trop en avant. Il y a aussi derrière la tête du berger un nuage pesant et brun, qu'on auroit pu faire plus vaporeux ; mais il falloit donner de la vigueur de coloris à la figure, et ce nuage lourd et brun n'y nuit pas. On a accusé son attitude d'être plutôt d'un homme mort que d'un homme qui dort ; je n'ai jamais pu sentir la vérité de ce reproche, quoique je me rappelasse très-bien un Christ de Falconet, dont le bras pend de la même manière.

23. LA JUSTICE ET LA CLÉMENCE.

Tableau ovale. Dessus de porte pour la galerie de Choisi.

A gauche, la Justice assise à terre, vue de profil, et le bras gauche posé sur l'épaule de la Clémence, la regardant avec humanité, et tenant son glaive de la droite. A droite, la Clémence à genoux devant elle, et penchée sur son giron. Derrière la Clémence, un petit enfant couché sur le dos, et maîtrisant un lion qui rugit. Autour de la Justice, sa balance et ses autres attributs.

Oh! le beau tableau! louez-en et la couleur, et les caractères, et les attitudes, et les draperies, et tous les détails. Les pieds, les mains, tout est fini, et du plus beau fini. Quelle figure que cette Clémence! Où a-t-il pris cette tête-là? C'est l'expression de la bonté même. Mais elle est bonne de caractère, de position, de draperie, d'expression, du dos, des épaules, de tout. J'ai entendu souhaiter à la Justice un peu plus de dignité. Vous l'avez vue; n'est-il pas vrai qu'il n'y faut pas toucher? Si j'osois dire un mot à l'oreille au peintre, je lui conseillerois d'effacer ce bout de draperie qui s'étale derrière elle, et qui nuit à l'effet, sauf à le remplacer par ce qu'il voudra; de changer cette lisière bleue dont sa Clémence est bariolée; de revenir sur cet enfant, qui est rouge et sans finesse de ton; de supprimer la moitié des plis de la draperie chiffonée sur laquelle il est couché, et de toucher la crinière de ce lion avec plus d'humeur. Mais en laissant l'ouvrage tel qu'il est, écrivez dessous: le Guide; et portez-le en Italie. Sa fraîcheur seule vous décélera.

24. LA BONTÉ ET LA GÉNÉROSITÉ.

C'est sur-tout dans les tableaux de chevalet que

cet artiste excelle. Celui-ci est le pendant du précédent, et ne lui cède guère en perfection. La Bonté est assise, je crois; on la voit de face; elle se presse le teton gauche de la main droite, et darde du lait au visage d'un enfant placé debout devant elle. La Générosité, appuyée contre la Bonté, renversée à terre, répand des pièces d'or de la main droite, et sa main gauche va se reposer sur une vaste conque, d'où la richesse coule sous tous ses symboles. Il faut voir comme cette figure est jetée; l'effet de ses deux bras; comme sa tête s'enfonce bien dans la toile; comme le reste vient en avant; comme chaque partie est bien dans son plan; comme ce bras qui répand de l'or se sépare du corps et sort de la toile; tout ce qu'il y a de hardi et de pittoresque dans la figure entière. La conque est de la plus belle forme, et d'un travail précieux. Ce morceau offre l'exemple d'une belle draperie et celui d'une draperie commune. Celle qui est bleue et qui couvre les genoux de la Bonté est large, à-la-vérité, mais un peu dure, sèche et roide : celle, au contraire, qui revêt les mêmes parties à la Générosité, large comme l'autre, est encore douce et molle. La Bonté est drapée modestement, comme de raison; la Générosité est riche d'ajustement, comme elle le doit. L'enfant, qui est à côté de cette dernière figure, est mauvais; le bras qu'il tend est roide; du reste, sans détails de nature, et rouge de ton. Avec cela, le morceau est enchanteur et du plus grand effet. Les caractères de têtes on ne sauroit plus beaux; et puis des pieds, des mains, de la chair, de la vie. Volez au roi (car les rois sont bons à voler) ces deux pendans; et soyez sûr d'avoir ce qu'il y a de mieux au Salon.

25. *Le Sacrifice de Jephté.*

Tableau de trois pieds de haut, sur deux pieds quatre pouces de large.

L'ordonnance de ce tableau est assez bonne. Au milieu de la toile, un autel allumé. A côté de cet autel, Jephté, penché sur sa fille, le bras levé, et prêt à lui enfoncer le poignard dans le sein; sa fille étendue à ses pieds, la gorge découverte, le dos tourné à son père, les yeux levés vers le ciel. Le père ne voit point sa fille; la fille ne voit point son père. Devant la victime, un jeune homme agenouillé, tenant un vaisseau, et disposé à recevoir le sang qui va couler. A droite, derrière Jephté, deux soldats; à gauche sur le fond, au-delà de l'autel, trois vieillards.

Beau sujet; mais qui demande un poëte moins sage, plus enthousiaste que La Grénée... Mais ce Jephté ne manque pas d'expression... Il est vrai; mais a-t-il celle d'un père qui égorge sa fille ? Croyez-vous que si, ayant posé sur la poitrine de sa fille une main qui dirigeât le coup, prêt à enfoncer le poignard qu'il tiendroit de l'autre main;

il eût les yeux fermés, la bouche serrée, les muscles du visage convulsés, et la tête tournée vers le ciel, il ne seroit pas plus frappant et plus vrai ? Ces deux soldats, oisifs et tranquilles spectateurs de la scène, sont inutiles. Ces trois vieillards, oisifs et tranquilles spectateurs de la scène, sont inutiles. Et au milieu de ces froids et muets assistans, qui donnent à Jephté l'air d'un assassin, ce jeune homme qui prête son ministère, sans sourciller, sans pitié, sans commisération, sans révolte, est d'une atrocité insupportable et fausse. La fille est mieux; encore est-elle foible, de plâtre et non de chair. En un mot, demandez aux indulgens admirateurs de ce morceau s'il inspire rien de cette terreur, de ce frémissement, de cette douleur, qu'on éprouve au seul récit. C'est que le moment que le peintre a choisi, le plus terrible par la proximité du péril, n'est peut-être ni le plus pathétique, ni le plus pittoresque. Peut-être m'auroit-on affecté davantage, en me montrant une jeune fille couronnée de bandelettes et de fleurs, soutenue par ses compagnes, les genoux défaillans, et s'avançant vers l'autel où elle va mourir de la main de son père. Peut-être le père m'auroit-il paru plus à plaindre, attendant sa fille pour l'immoler, que, le bras levé, l'immolant. On dit que ce morceau est bien composé; mais qu'est-ce qu'une composition où, sur sept personnages, il y en quatre de superflus. On dit qu'il est bien dessiné, c'est-à-dire que les têtes sont bien emmanchées, qu'il n'y a ni pieds trop gros, ni mains trop petites; mais qu'est-ce que ce mérite, dans une action, où l'intérêt doit me dérober tous ces défauts, quand ils y seroient? On dit qu'il est bien de couleur. Oh! sur ce point, j'en appelle à sa Justice et à sa Clémence, et à toutes ses petites compositions, qui ont, ce me semble, bien une autre vigueur de pinceau.

26. *Quatre tableaux de la Vierge.*

Ils sont charmans tous les quatre. Prenez le premier qui vous tombera sous la main; et comptez sur un petit tableau, que vous regarderez tous les jours avec plaisir. Les têtes des Vierges sont nobles et belles; les enfans ont l'innocence de leur âge; les actions sont vraies, les draperies larges, les accessoires soignés et finis; le tout peint de la manière la plus sage et la plus vigoureuse. Combien ces petites compositions seront précieuses, quand l'artiste ne sera plus ! Ici la Vierge conduit l'Enfant-Jésus au petit Saint Jean; celui-ci se prosterne pour l'adorer. L'Enfant-Jésus porte ses petits bras sous les coudes du Saint Jean, pour le relever. La Sainte Anne est plus bas, accroupie sur ses genoux. Là, la Vierge tient l'Enfant-Jésus tout nu sur ses bras, et le présente à Saint Joseph. La Vierge regarde Joseph, et Joseph regarde l'Enfant. Dans un autre, l'Enfant-Jésus tout nu est sur les genoux de sa mère; il tient une croix armée par le bas d'un dard, dont il menace la tête du serpent, qui menace de sa dent le pied de la Vierge qui est assise sur le globe du monde. On voit à droite, à gauche des petits grouppes d'anges voltigeans dans le ciel. Ailleurs, la Vierge de profil, un de ses genoux posé sur un coussin, aide l'Enfant-Jésus à s'asseoir sur le mouton de Saint Jean. Le Saint Jean arrête le mouton par la tête, et tient la croix. Le petit Jésus a dans une main une pomme, et dans l'autre le ruban attaché au cou du mouton. L'ami Carmontel traite tout cela de pastiches, et il a tort, à-moins qu'il ne prétende qu'il n'y a plus ni Vierges, ni Saint Jean, ni Joseph, ni Sainte Anne, ni Sainte Elisabeth, ni Christ, ni Apôtres, ni tableaux d'église à faire; car les caractères de tous ces personnages sont donnés. Si sa critique étoit juste, nous ne verrions plus sur la toile ni Junon, ni Jupiter, ni Mars, ni Vénus, ni Graces, ni mythologie ancienne, ni mythologie moderne. Nous en serions réduits à l'histoire et aux scènes publiques ou domestiques de la vie; et peut-être n'y auroit-il pas grand inconvénient. Je ne rougirai pas d'avouer que les Fiançailles de Greuze m'intéressent plus que le Jugement de Pâris.

Mais revenons à nos vierges. Il m'a paru que, dans une de ces compositions, la Sainte Anne n'étoit pas aussi vieille du bas du visage que du front et des mains. Quand on a le front plissé de rides et les jointures des mains nouées, le cou est couvert de longues peaux lâches et flasques. J'ai remarqué, dans une autre, un vieux fauteuil, un bout de couverture, avec un oreiller de coutil d'une vérité à tromper les yeux. Si ce morceau se rencontre encore sur votre chemin, regardez la tête de la Vierge, comme elle est belle et finie; comme elle est bien coiffée; la bonne grace et l'effet de ces bandelettes qui ceignent sa tête et traversent ses cheveux; regardez le caractère de l'Enfant-Jésus, sa couleur et sa chair : mais ne regardez pas le Saint Jean; il est roide, enfoncé, et sans finesse de nature. D'où vient donc qu'un de ces enfans est excellent, et l'autre mauvais? Je le dirois bien; mais je n'ose. Carmontel auroit trop beau jeu.

27. *Le retour d'Abraham au pays de Chanaan.*

Tableau de deux pieds de large, sur un pied six pouces de haut.

Il faut absolument écrire le sujet au bas du tableau : car un paysage et des montagnes, c'est Chanaan ou un autre lieu; un homme qui s'achemine vers ces montagnes, suivi d'un homme et d'une femme, c'est Abraham et Sara, avec un de leurs serviteurs, ou tout autre maître avec sa femme et son valet. Sara montoit quelquefois un âne ; la mode n'en est pas encore tout-à-fait passée: Il y a eu de tout temps des troupeaux de bœufs, de moutons, et des pâtres. Ce morceau, quel qu'en soit le sujet, vaut quelque chose, par la vigueur de la couleur, la beauté du site, et la vérité des voyageurs et des animaux. Est-ce un *Berghem* ? Non. Est-ce un *Loutherbourg* ? Pas davantage.

28. LA CHARITÉ ROMAINE.

A gauche, le vieillard est assis à terre ; il a l'air inquiet. La femme debout, penchée vers le vieillard, la gorge nue, paroît plus inquiète encore. Ils ont l'un et l'autre les yeux attachés sur une fenêtre grillée du cachot, de laquelle ils peuvent être observés, et où l'on entrevoit en effet un soldat. La femme présente un teton au vieillard, qui n'ose l'accepter : sa main et son bras gauche marquent l'effroi.

La femme est belle ; son visage a de l'expression ; sa draperie est on ne peut mieux entendue. Le vieillard est beau, trop beau, certainement ; il est trop frais, plus en chair que s'il avoit eu deux vaches à son service : il n'a pas l'air d'avoir souffert un moment; et si cette jeune femme n'y prend pas garde, il finira par lui faire un enfant. Au reste, ceux qui dispensent un artiste d'avoir le sens commun, et d'ignorer l'effet terrible et subit du séjour d'un cachot, et d'un jugement qui condamne à y périr par la faim, seront enchantés de ce morceau. Les détails, sur-tout au vieillard, sont admirables : belle tête, belle barbe, beaux cheveux blancs, beau caractère, belles jambes, beaux pieds, belles oreilles; et des bras ! et des chairs ! Mais ce n'est pas là le tableau que j'ai dans l'imagination.

Je ne veux pas absolument que ce malheureux vieillard, ni cette femme charitable, soupçonnent qu'on les observe; ce soupçon arrête l'action et détruit le sujet. J'enchaîne le vieillard; la chaîne attachée aux murs du cachot, lui tient les mains sur le dos. Aussi-tôt que sa nourrice a paru et découvert son sein, sa bouche avide s'y porte et s'en saisit. Je veux qu'on voye, dans son action, le caractère de l'affamé; et sur tout son corps, les effets de la souffrance. Il n'a pas laissé le temps à la femme de s'approcher de lui; il s'est précipité vers elle, et sa chaîne tendue en a retiré ses bras en arrière. Je ne veux point que ce soit une jeune femme; il me faut une femme au-moins de trente ans, d'un caractère grand, sévère et honnête; que son expression soit celle de la tendresse et de la pitié. Le luxe de draperie seroit un ridicule; qu'elle soit coiffée pittoresquement, d'humeur; que ses cheveux négligés et longs s'échappent de dessous son linge de tête; que ce linge soit large; qu'elle soit vêtue simplement, et d'une étoffe grossière et commune; qu'elle n'ait pas de beaux tetons bien ronds, mais de bonnes grosses et larges mamelles, bien pleines de lait; qu'elle soit grande et robuste. Le vieillard, malgré sa souffrance, ne sera pas hideux, si j'ai bien choisi ma nature; qu'on voye à ses muscles, à toute l'habitude de son corps, une constitution vigoureuse et athlétique : en un mot, je veux que cette scène soit traitée du plus grand style; et que, d'un trait d'humanité pathétique et rare, on ne m'en fasse pas une petite chose.

29. LA MAGDELEINE.

Elle est de face; elle a les yeux tournés vers le ciel; des larmes coulent sur ses joues; ce n'est pas des yeux seulement, c'est de la bouche et de tous les traits de son visage qu'elle pleure. Elle a les bras croisés sur sa poitrine. Ses longs cheveux viennent en serpentant dérober sa gorge. On ne voit de nu que ses bras et une portion de ses épaules. Comme dans sa douleur, ses bras se serrent sur sa poitrine et ses mains contre ses bras, l'extrémité de ses doigts s'enfonce légèrement dans sa chair. L'expression de son repentir est tout-à-fait douce et vraie. Il n'est pas possible d'imaginer de plus belles mains, de plus beaux bras et de plus belles épaules. Ces légères fossettes, que l'extrémité de ses doigts marquent sur sa chair, sont rendues avec une délicatesse infinie.

C'est un petit diamant que ce tableau ; mais ce petit diamant-là n'est pas sans défaut. Le peintre a entouré la tête d'une maudite gloire lumineuse, qui en détruit tout l'effet ; et puis, à dire vrai, je ne suis pas infiniment content de la draperie.

Derrière la sainte pénitente, qui, comme dit Panurge, vaut bien encore la façon d'un ou de deux péchés, il y a un quartier de roche, et sur cette roche le vase aux parfums, l'attribut de la Sainte. Si celle qui oignit les pieds du Christ à trente-trois ans, et qui les essuya de ses cheveux, étoit belle comme celle-ci, et que le Christ n'ait éprouvé aucune émotion de la chair, ce n'étoit pas un homme ; et l'on peut opposer ce phénomène à tous les raisonnemens des Sociniens.

30. *Saint Pierre pleurant son péché.*

Il est de face. Il a les mains jointes, et le regard tourné vers le ciel. Composition sage, mais froide ; belle chair, mais peu d'expression ; point d'humeur ; draperie lourde ; mains trop petites ; barbe bien peignée, qui n'est ni d'un apôtre, ni d'un pénitent. Nulle étincelle de verve. Chose commune. Et pourquoi ne pas débrailler ce Saint ? Pourquoi n'en vois-je ni la poitrine ni le cou ? Pourquoi ne pas élever ces mains jointes ? Elles en auroient eu plus d'expression ; et la draperie des bras, retombant, me les auroit montrés nus. Ces sortes de têtes comportent de l'exagération, de la poésie ; et malheureusement La Grénée n'en a point. Lui en viendra-t-il ? Je le souhaite, afin qu'il ne lui manque rien. (*Voyez* sur cet article le Salon de 1767).

DESHAYS.

Ce peintre n'est plus. C'est celui-là qui avoit du feu, de l'imagination et de la verve ! c'est celui-là qui savoit montrer une scène tragique, et y jeter de ces incidens qui font frissonner, et faire sortir l'atrocité des caractères par l'opposition naturelle et bien ménagée des natures innocentes et douces ! c'est celui-là qui étoit vraiment poëte ! Né libertin, il est mort victime du plaisir. Ses dernières productions sont foibles, et prouvent l'état misérable de sa santé quand il s'en occupa.

31. *La Conversion de Saint Paul.*

S'il y eut jamais un grand sujet de tableau, c'est la conversion de Saint Paul. Je dirois à un peintre : Te sens-tu cette tête, qui conçoit une grande scène, et qui sait la disposer d'une manière étonnante ? sais-tu faire descendre le feu du ciel, et renverser d'effroi des hommes et des chevaux ? as-tu dans ton imagination les visages divers de la terreur; et la magie du clair-obscur, l'as-tu jamais possédée ? Prends ton pinceau, et représente-moi l'aventure de Saul sur le chemin de Damas.

On voit dans le tableau de Deshays Saul renversé sur le devant du tableau ; ses pieds sont tournés vers le fond ; sa tête est plus basse que le reste de son corps ; il se soutient sur une de ses mains qui touche la terre ; son autre bras élevé semble chercher à garantir sa tête, et ses regards sont attachés sur le lieu d'où vient le péril.

Cette figure est belle, bien dessinée, bien hardie : c'est encore Deshays ; dans le reste, ce ne l'est plus. On conçoit que l'effet terrible de la lumière étoit une des parties principales d'une pareille composition ; et le peintre n'y a pas pensé. Il a bien répandu sur la gauche des soldats effrayés ; on en voit, à droite, un autre grouppe autour du cheval abattu ; mais ces grouppes sont froids et médiocres, n'attachent, ni n'intéressent. C'est la croupe énorme du cheval de Saul qui arrête et fixe le spectateur. Si l'on mesure cet animal énorme par la comparaison de sa grandeur avec celle du soldat qui s'en est saisi, il est plus gros que celui de la place Vendôme. La couleur du tout est sale et pesante ; et ce n'est, à vrai dire, qu'un lambeau de composition.

32. *Saint Jérôme écrivant sur la mort.*

A droite, un ange qui vient à tire-d'aîle, sonnant de la trompette et qui passe. A gauche, le

Saint assis sur un quartier de roche, regardant et écoutant l'ange qui sonne et qui passe. A terre, autour de lui, une tête de mort et quelques vieux livres.

Deshays étoit bien malade, quand il fit ce tableau. Plus de feu, plus de génie. Il a affecté le vieux, le crasseux, l'enfumé des tableaux d'il y a cent cinquante ans, dans son Saül et dans son Saint Jérôme. A cela près, le Saint Jérôme est bien peint et très-bien dessiné; mais la composition en est pesante et engourdie. L'ange est vigoureux et sa tête belle; je le veux : mais il a les ailes ébouriffées, déchirées, mises à l'envers, une d'une couleur et l'autre d'une autre; et l'on diroit d'un ange de Milton, que le diable auroit mal mené. Et puis, que signifie cet ange ? que veut dire ce Saint qui le regarde et qui l'écoute ? C'est réaliser autour d'un homme le fantôme de son imagination. Quelle misérable et pauvre idée ! Que l'ange sonnât et passât, j'y consentirois; mais au-lieu de lui donner une existence réelle, en attachant sur lui les regards du Saint, il falloit me le montrer, du visage, des bras, de la position, du caractère, dans la terreur que doit éprouver celui à qui toutes les misères de la fin dernière de l'homme sont présentes, qui les voit, qui en est consterné; et c'est ce qu'auroit fait Deshays dans un autre temps; car ce Saint-Jérôme que je demande, il l'avoit dans sa tête.

33. *Achille, près d'être submergé par le Scamandre et le Simoïs, est secouru par Junon et par Vulcain.*

Au centre du tableau, Vulcain suspendu dans les airs, et tenant de chaque main un flambeau dont il secoue les flammes dans les eaux du Simoïs et du Scamandre ; il est debout et de face ; Junon derrière lui. Les deux fleuves ; l'un penché sur son urne, couché et vu de face ; l'autre vu par le dos et debout, effrayés. Les nymphes de leurs rives fuyantes ; les eaux des fleuves bouillonnant dans leurs lits; Achille luttant contre leurs vagues, et poursuivant un Troyen qu'il est prêt à frapper de son épée. On voit sur le sable des casques et des boucliers, restés à sec.

Ce sujet demandoit une toile immense; et c'est un petit tableau. Le Vulcain a l'air d'un jeune homme ; rien de ce vigoureux et redoutable dieu des forges, des antres enflammés, du chef des Cyclopes, de ce métallurgiste fait à manier la tenaille et le marteau, à vivre dans les fourneaux, et à remuer et battre les masses de fer étincelantes : ce n'est pas ainsi que le vieux poëte l'a vu. Les fleuves sont durs, secs et décharnés. Cela est pensé chaudement, mais durement exécuté. point d'air entre les objets, point de vapeur, point d'harmonie, point de liaison et de passage ; tout est cru et plaqué sur le devant. On demandoit à une des petites filles de Vanloo, qui a cinq ans, ce que c'étoit que cela; elle répondit : Ma Bonne, c'est un feu d'artifice; et c'est bien répondu. Pour exécuter ce morceau, il eût fallu fondre ensemble les talens de trois ou quatre grands maîtres ; il y avoit des natures terribles, redoutables, à suspendre dans le vague de l'air; les eaux bouillonnantes à élever en vapeur; l'atmosphère à embraser; les fleuves et les nymphes à effrayer ; les lits des fleuves à engorger de casques, de boucliers, de cadavres et de carquois; Achille à submerger dans les eaux agitées, *et cætera*.

34. JUPITER ET ANTIOPE.

A gauche, Antiope nue, couchée à terre, endormie, la tête renversée en arrière, et le corps un peu relevé. A droite, Jupiter métamorphosé en faune : il s'approche doucement. A côté de lui, plus sur le fond, un petit Amour qui semble lui dire : chut. Derrière Jupiter, l'aigle perché, la foudre entre les pattes, le bec alongé, et comme s'intéressant à la scène.

L'Antiope est mauvaise. Jupiter s'est dédivinisé pour un bloc de plâtre; sa tête est à faire; on n'y discerne ni bouche, ni yeux. C'est un nuage. Le Faune, avec son long visage, et son menton qui ne finit point, et sa physionomie niaise, a l'air d'un sot. Il est faune, il est en présence d'une femme nue; et la luxure ne lui sort pas de la bouche, des yeux, des narines, de tous les pores de la peau; et je ne suis pas tenté de crier : Antiope, réveillez-vous; si vous dormez un moment de plus, vous... C'est qu'elle n'est pas belle, et que je ne me soucie pas d'elle. Le fond est trop fort; le satyre est dessiné comme il plaît à Dieu; pas une vérité de nature. Et puis, oh! La Grénée, où sont vos pieds, vos mains et vos chairs?

35. L'ÉTUDE.

C'est une femme assise devant une table. On la voit de profil. Elle médite; elle va écrire. Sa table est éclairée par un œil-de-bœuf. Il y a autour d'elle des papiers, des livres, un globe, une lampe. La tête n'est pas belle, mais elle est bien coiffée. Son linge tombe à merveille de dessus les épaules de la figure; et ce négligé est d'esprit. Ce tableau ne vous mécontentera pas, si vous ne vous rappelez pas la mélancolie du Feti.

36. *Deux esquisses, l'une représentant le comte de Comminges à la Trappe; l'autre, Artémise au tombeau de son mari.*

Oh! ma foi, on retrouve ici le génie de l'homme en entier. Ces deux esquisses sont excellentes; la première est pleine de verve, d'intérêt et de pathétique. Le supérieur de la Trappe est debout; à ses pieds, Adélaïde mourante et couchée sur la cendre; le comte prosterné, et lui baisant la main; à droite, du côté de l'abbé, grouppes de moines étonnés; autour du comte, autres grouppes de moines étonnés; plus à gauche, sur le fond, deux moines étonnés regardant la scène. Ajoutez à cela quelque part un tombeau. Regardez les caractères et les actions de ces moines; et puis vous direz : C'est cela qui est vrai. La marquise de Tencin en a fait le roman; Deshays en a fait l'histoire.

37. *Artémise au tombeau de Mausole.*

Ludentis speciem dabit, et torquebitur....

Toute cette composition est bien triste, bien lugubre, bien sépulcrale. Elle imprime de l'admiration, de la douleur, de la terreur et du respect. La nuit y est profonde. Un rayon de lumière ajouteroit à son horreur, et même à son obscurité, et n'en détruiroit pas l'effet, le silence. La lumière entre les mains de l'homme de génie, est propre aux impressions opposées. Grande, douce, graduée, générale et large, chaque objet la partageant également ou proportionnellement à son exposition et à sa distance au corps lumineux, ou répand la joie, ou l'accroît, ou se réduit à un pur technique, qui montre la science de l'artiste, sans affoiblir ni favoriser l'impression de la chose. Rassemblée sur un seul endroit, sur le visage d'un moribond, elle redouble l'effroi, elle fait sentir les ténèbres environnantes. Ici, elle vient de la gauche, rare, foible, et ne fait qu'effleurer la surface des premiers objets. La droite ne se discerne qu'à la lueur d'un brasier sur lequel on brûle des parfums, et d'une lampe sépulcrale suspendue au haut du monument. Toutes les lumières, artificielles en général, celles des feux, des lampes, des torches, des flambeaux, sombres et rougeâtres, liées avec les idées de nuit, de morts, de revenans, de sorciers, de sépulcres, de cimetières, de cavernes, de temples, de tombeaux, de scènes secrettes, de factions, de complots, de crimes, d'exécutions, d'enterremens, d'assassinats, portent avec elles de la tristesse. Elles sont incertaines, ondulantes, et semblent par ces ondulations continues sur les visages, annoncer l'inconstance des passions douces, et ajouter à l'expression des passions funestes.

Le tombeau de Mausole occupe la droite. Au pied du tombeau, sur le devant, une femme brûle des parfums dans une poêle ardente. Derrière cette femme, sur un plan plus enfoncé, on voit quelques gardes. Du haut du tombeau, tout-à-fait à droite, descend une grande draperie. Sur un plan très-éloigné, à une certaine hauteur, le peintre a placé une femme pleurante. Au-dessus de sa tête, et du mausolée, il a suspendu une lampe. Cette lumière, tombant d'en-haut, met tous les objets inclinés dans la demi-teinte.

Artémise, placée devant le monument, est agenouillée sur un coussin. Le haut de son corps est penché, elle embrasse de ses deux mains l'urne qui renferme la cendre chérie. Sa tête, pleine de douleur, est inclinée de côté sur cette urne. Un vase funéraire est à ses pieds; et derrière elle, sur le fond, s'élève une colonne qui fait partie du monument.

Deux compagnes de sa douleur l'ont suivie au tombeau. Elles sont placées derrière; l'une est debout, entre celle-ci et Artémise, l'autre est accroupie. Toutes les deux ont bien le caractère du désespoir; cette dernière sur-tout, dont la tête est relevée vers le ciel. Imaginez cette tête éplorée, et éclairée de la lumière de la lampe placée au haut du monument. Il y a à côté de ces femmes, à terre, un coussin; et derrière elles, sur le fond, des gardes et des soldats.

Mais pour sentir tout l'effet, tout le lugubre de cette composition, il faut voir comme ces figures sont drapées; la négligence, le volume, le désordre qui y règne. Cela est presqu'impossible à décrire. Je n'ai jamais mieux conçu combien cette partie, qui passe communément pour assez indifférente à l'art, étoit énergique, supposoit de goût, de poésie, et même de génie.

L'Artémise est habillée d'une manière inconcevable. Ce grand lambeau de draperie, ramené sur la tête, tombant en larges plis sur le devant, et se déployant sur le côté de son visage tourné vers le fond, laissant voir et faisant valoir en même-temps toute la partie de sa tête exposée au spectateur, est de la plus grande manière, et produit le plus bel effet. Que cette femme a l'air grand, touchant, triste et noble ! qu'elle est belle ! qu'elle a de graces ! car toute sa personne se discerne sous sa draperie ! Quel caractère cette pittoresque draperie donne à sa tête et à ses bras ! qu'elle est bien posée ! qu'elle embrasse bien tendrement tout ce qui reste de ce qui lui fut cher !

Belle, très-belle composition : beau poëme. L'affliction, la tristesse, la douleur, s'en élancent vers l'ame de tout côté. Lorsque je me rappelle cette esquisse, et en-même-temps nos scènes sépulcrales de théâtre, nos Artémises de coulisse, et leurs confidentes poudrées, frisées, en panier, avec le grand mouchoir blanc à la main, je jure sur mon ame que je ne verrai jamais ces insipides parades de la tristesse ; et je tiendrai parole.

Deshays composa cette esquisse dans les derniers momens de sa vie. Le froid de la mort alloit glacer ses mains, et rendre le crayon défaillant entre ses doigts ; mais la particule éternelle, divine, avoit toute son énergie. Archimède voulut que la sphère inscrite au cylindre fût gravée sur son tombeau : il faudroit graver cette esquisse sur celui de

D *

Deshays. Mais à propos, mon ami, savez-vous que M. le chevaliér Pierre s'est offert amicalement à terminer celle du comte de Comminges ? Lorsqu'Apelle fut mort, il ne se trouva personne qui osât achever la Vénus qu'il avoit commencée. Nous avons, comme vous voyez, des artistes qui sentent mieux leur force. C'est une douce et belle chose que le témoignage de notre propre conscience nous rend de notre mérite ! Sans plaisanter, Pierre a fait une chose honnête. Il a proposé au ministre de peindre la chapelle des Invalides sur les esquisses de Vanloo. J'avois oublié ce trait, qui n'est pas vain.

J'ai vu naître et mourir Deshays. J'ai vu tout ce qu'il a produit de grandes compositions. Son Saint André adorant sa croix; le même conduit au martyre; son insolent et sublime Saint Victor, bravant le proconsul et renversant les idoles. Deshays avoit conçu qu'un militaire fanatique, un homme exposant par état sa vie pour un autre homme, devoit avoir un caractère particulier, lorsqu'il s'agissoit de la gloire de son Dieu. J'ai vu son Saint Benoît moribond à la sainte table; sa tentation de Joseph, où il avoit osé montrer le Joseph homme, et non une bête brute; son mariage de la Vierge, beau dans un temple, quoique le costume demandât qu'il fût célébré dans une chambre. Deshays avoit l'imagination étendue et hardie. C'étoit un faiseur de grandes machines qu'on retrouve malade, agonisant; mais qu'on retrouve encore dans son Saint Jérôme méditant sur la fin dernière, son Saul renversé sur le chemin de Damas, et son Achille luttant contre les eaux du Simoïs et du Scamandre, ouvrages chauds de projet et de pratique. Sa manière est grande, fière et noble. C'est lui, qui entendoit la distribution des plans, et qui savoit donner un aspect pittoresque aux figures, et de l'effet à l'ordonnance. Il avoit le dessin ferme, ressenti, fortement articulé, un peu quarré; il sacrifioit sans balancer les détails à l'ensemble. On rencontre dans ses ouvrages de grandes parties d'ombres, des repos qui soulagent l'œil, et jettent de la clarté. Sans finesses, sans précieux, son coloris est solide, vigoureux, et propre à son genre. On reproche toutefois à ses hommes des tons jaunâtres et d'un rouge presque pur; et à ses femmes, une fraîcheur un peu fardée. Son Joseph a bien fait voir que la grace et la volupté ne lui étoient point étrangères: mais sa grace et sa volupté conservent quelque chose de sévère et de noble. Les dessins qu'il a laissés achèvent de donner une haute idée de son talent; le goût, la pâte moelleuse du crayon, et la chaleur, y font pardonner les incorrections et les formes outrées. On parle d'études de têtes, qu'il a dessinées avec tant d'art et de sentiment, qu'elles peuvent entrer dans les mêmes porte-feuilles, avec les restes des plus grands maîtres. On avoit conçu de Deshays les plus grandes espérances; et il a été regretté.

Vanloo avoit plus de technique; mais il n'étoit pas à comparer à Deshays pour la partie idéale et de génie. Son père, mauvais peintre à Rouen, sa patrie, lui mit le crayon à la main : il étudia successivement sous Colin de Vermont, Restout, Boucher, et Vanloo. Il risquoit de perdre, sous Boucher, tout le fruit des leçons des autres, la sagesse et la grandeur de l'ordonnance, l'intelligence de la lumière et des ombres, l'effet des grandes masses et leur imposant. Le plaisir dissipa ses premières années; cependant il gagna le prix de l'académie, et partit pour Rome. Le silence et la tristesse de cette villace lui déplurent; et il s'y ennuya. Dans l'impossibilité de revenir à Paris chercher la dissipation nécessaire à un caractère bouillant comme le sien, le voilà qui se livre à l'examen des chefs-d'œuvres de l'art, et son génie qui se réveille. Il revient à Paris; il épouse la fille aînée de Boucher. Le mariage ne change pas les mauvaises mœurs : il meurt âgé de trente-cinq ans, victime de ses goûts inconsidérés. Lorsque je compare le peu de temps que nous donnons au travail, avec les progrès surprenans que nous faisons ; je pense qu'un homme d'une capacité commune, mais d'un tempérament fort et robuste, qui prendroit les livres à cinq heu- du matin, et qui ne les quitteroit qu'à neuf du soir, littérateur comme on est chaudronnier, sauroit à quarante-cinq ans tout ce qu'il est possible de savoir.

BACHELIER.

39. *La Charité romaine. Cimon dans la prison, allaité par sa fille.*

Tableau de quatre pieds de haut, sur trois pieds de large.

Monsieur Bachelier, il est écrit: *Nil facies, invitâ Minervâ*. On ne viole guère d'autres femmes; mais Minerve, point. La sévère et stricte déesse vous a dit : Et lorsque vous assommez Abel avec une mâchoire d'âne; et lorsque vous saisissez notre Sauveur, bien malheureux de retomber entre vos mains au sortir de celles des Juifs; et en cent occasions, tu ne feras rien qui vaille, on ne me viole point. Vous vous êtes assez vainement tourmenté; que ne revenez-vous à vos fleurs et à vos animaux? Voyez alors comme Minerve vous sourit; comme les fleurs s'épanouissent sur votre toile; comme ce cheval bondit et rue; comme ces chiens aboyent, mordent et déchirent ! Prenez-y garde, Minerve vous abandonnera tout-à-fait. Vous ne saurez pas peindre l'histoire; et lorsque vous voudrez peindre des fleurs et des animaux, et que vous appellerez Minerve, Minerve, dépitée contre un enfant qui n'en veut faire qu'à sa tête, ne reviendra pas ; et vos fleurs seront pâles, ternes, flétries, passées ; vos animaux n'auront plus ni action ni vérité ; et ils seront aussi froids, aussi maussades que vos personnages humains. Je crains bien même que ma prophétie ne soit déjà à-demi accomplie. Vous cherchez des effets singuliers et bizarres ; ce qui marque toujours la stérilité d'idées et le défaut de génie. Dans cette Charité romaine, vous avez voulu faire un tour de force, en éclairant votre toile par une lumière d'en-haut ; quand vous y auriez réussi à tenir tous les artistes suspendus d'admiration, cela n'eût point empêché l'homme de goût, en vous mettant sur la ligne de Rembrant, une fois, sans conséquence, d'examiner la situation de vos personnages, le dessin, le caractère, les passions, les expressions, les têtes, les chairs, la couleur, les draperies, et de vous dire, en hochant de la tête : *Nihil facies.*

La Charité romaine de Bachelier n'a que deux figures ; une femme qui est descendue au fond d'un cachot pour y nourrir, du lait de ses mamelles, un vieillard condamné à y périr de la faim. La femme est assise ; on la voit de face : elle est penchée sur le vieillard qui est étendu à ses pieds, la tête posée sur ses genoux, et qu'elle alaite, on ne sait pas trop comment ; car l'attitude n'est pas commode pour cette action. Cette scène est éclairée par un seul jour qui tombe du haut d'une voûte percée.

Ce jour a placé la tête de cette femme dans la demi-teinte ou dans l'ombre. L'artiste a eu beau se tourmenter, se désespérer, sa tête est devenue ronde et noirâtre, couleur et forme qui, jointes à un nez aquilin ou droit, lui donnent la physionomie bizarre de l'enfant d'une Mexicaine qui a couché avec un Européen, et où les traits caractéristiques des deux nations sont brouillés.

Vous avez voulu que votre vieillard fût maigre, sec et décharné, moribond; et vous l'avez rendu hideux à faire peur. La touche extrêmement dure de sa tête, ces os prominens, ce front étroit, cette barbe hérissée, lui ôtent la figure humaine; son cou, ses bras, ses jambes ont beau réclamer, on le prend pour un monstre, pour l'hyène, pour tout ce qu'on veut, excepté pour un homme. Et cette femme, qui demandoit à Duclos, le secrétaire de l'académie, quelle bête c'étoit là, ne voyoit point mal. Pour la couleur et le dessin, si c'étoit l'imitation d'un grand pain-d'épice, ce seroit un chef-d'œuvre. Mais, dans le vrai, c'est une belle pièce de chamois jaune artistement ajustée sur un squelette ouaté par-ci, par-là. Pour votre femme, le bras en est mal dessiné; le raccourci ne s'en sent pas; ses mains sont mesquines; celle qui soutient la tête, ne se discerne point; et ce genou, sur lequel la tête de votre vilaine bête humaine est posée, d'où vient-il? à qui appartient-il? Vous ne savez pas seulement imiter le fer; car la chaîne qui attache cet homme n'en est pas.

La seule chose que vous ayez bien faite sans le savoir, c'est de n'avoir donné à votre vieillard et à votre femme aucun pressentiment qu'on les observe. Cette frayeur dénature le sujet, en ôte l'intérêt, le pathétique; et ce n'est plus une charité. Ce n'est pas au-moins qu'on ne pût très-bien ouvrir une fenêtre grillée sur le cachot, et même placer un soldat, un espion à cette fenêtre; mais si le peintre a du génie, ce soldat ne sera apperçu ni du vieillard, ni de la femme qui l'alaite. Il ne le sera que du spectateur, qui trouvera sur son visage l'impression qu'il éprouve, l'étonnement, l'admiration et la joie; et pour vous dire un petit mot consolant, je suis encore moins choqué de votre hideux vieillard que du vieillard Titonisé de M. La Grénée, parce qu'une chose hideuse me blesse moins qu'une petite chose. Votre idée du-moins étoit forte. Votre femme n'est point cette femme à joues larges, à visage long et sévère, à belles et grandes mamelles que je desire; mais ce n'est pas non-plus une jeune fillette qui prétende à l'élégance et à la belle gorge.

Encore une fois, je vous le répète, le goût de l'extraordinaire est le caractère de la médiocrité. Quand on désespère de faire une chose belle, naturelle et simple, on en tente une bizarre. Croyez-moi, revenez au jasmin, à la jonquille, à la tubéreuse, au raisin; et craignez de m'avoir cru trop tard. C'est un peintre unique dans son genre, que ce Rembrant! Laissez-là le Rembrant, qui a tout sacrifié à la magie du clair-obscur. Il a fallu posséder cette qualité au dégré le plus éminent, pour en obtenir le pardon du noir, de l'enfumé, de la dureté, et des autres défauts qui en ont été des suites nécessaires. Et puis, ce Rembrant dessinoit : il avoit une touche ; et quelle touche ! des expressions, des caractères. Et tout cela, l'aurez-vous ? quand l'aurez-vous ?

40. *Un enfant endormi.*

Tableau de deux pieds six pouces, sur deux pieds.

Il est étendu sur le dos ; sa chemise, retroussée jusques sous le menton, montre un si énorme ventre, si tendu, qu'on craint qu'il n'aille crever. Il a une jambe nue, et l'autre chaussée. La chaussure de la jambe nue est à côté de lui ; l'autre jambe est élevée, et pose sur je ne sais quoi de rond et de creux. On m'a dit que c'étoit la partie de son vêtement, que nous appelons un corps. Une guirlande de raisins serpente sur ses cuisses et autour de lui. Il en a un plein panier derrière sa tête.

Mauvais tableau, *an insignificant thing*, diroit un Anglais. Cet enfant est un petit pourcelet, qui a tant mangé de raisins, qu'il n'en peut plus, et qu'il est près d'en crever. Oui, voilà ce que le peintre a voulu faire ; mais il a fait un enfant noyé, et dont le ventre s'est détendu par un long séjour au fond de l'eau. J'en appelle à la couleur livide. Il ne dort pas, il est mort; qu'on aille avertir ses parens; qu'on fouette ses petits frères, afin que le même accident ne leur arrive pas; qu'on enterre celui-ci, et qu'il n'en soit plus parlé.

41. *Tableau de fruits dans un panier, éclairés par une bougie.*

A droite, sur une table, on voit un panier de fruits. On a lié à la partie supérieure de l'anse un gros bouquet de fleurs. Il y a à côté du panier une bougie allumée dans son flambeau. Autour du flambeau, des poires et des raisins.

Bel effet de lumière, certainement. Tableau piquant. Travail difficile, et achevé avec succès. Morceau vigoureux de couleur et de touche. C'est la vérité. Mais il faut avouer qu'on s'est bien fatigué pour ôter à ces fleurs leur éclat, les dépouiller de leur velouté, et priver ces fruits de leur fraîcheur, et de cette vapeur humide et légère qui les couvroit; car voilà l'effet de la lumière artificielle. J'excuserois bien, si je voulois, le choix de cet instant. Ce seroit une partie de la collation de quelques amis que l'artiste avoit rassemblés, le soir, autour de la même table; les amis s'en sont allés; et le peintre a passé le reste de la nuit à peindre les restes du dessert. Ce gros bouquet de fleurs a été attaché à l'anse du panier, après coup, de fantaisie. S'il y eut été auparavant, on n'auroit su par où le prendre pour l'apporter. La lumière bleuâtre de la bougie se mêlant au verd jaunâtre de ces poires, les a teintes d'un verd crud, sourd et foncé, qui ôte l'envie d'en manger. Belle chose pourtant, mais un peu bizarre.

42. *Deux tableaux représentant des fleurs dans des vases.*

Ils ont quatre pieds six pouces de large, sur trois pieds de haut.

Ces vases regorgent de fleurs. Ils sont sans goût; et les fleurs y sont disposées sans élégance. Il y a quelques fruits répandus autour. Eh bien! M. Bachelier, ne vous l'avois-je pas bien dit? Minerve s'est retirée; et qui sait si elle reviendra? Ces tableaux sont froids et foibles de couleur. Vos fleurs n'ont plus la même beauté; et tout cela reste fade et blanchâtre sur le fond, qui est au ciel.

43. *Tableaux peints avec de nouveaux pastels préparés à l'huile.*

On voit dans un de ces tableaux une femme, le coude appuyé sur une table, où il y a des plumes, de l'encre et du papier. Elle présente une lettre fermée à une esclave debout. L'esclave a de l'humeur, de la mauvaise, s'entend, et non de l'humeur de peintre. Elle ne paroît pas disposée à obéir à la maîtresse. La maîtresse a l'air un peu maussade, et l'esclave l'est beaucoup.

M. Bachelier, laissez là votre secret ; et allez remercier M. Chardin, qui a eu celui de si bien cacher votre tableau, que personne que moi ne l'a vu.

Il me semble que, quand on prend le pinceau, il faudroit avoir quelque idée forte, ingénieuse, délicate ou piquante, et se proposer quelque effet, quelque impression. Donner une lettre à porter est une action si commune, qu'il faut absolument la relever par quelque circonstance particulière, ou par une exécution supérieure. Il y a bien peu d'artistes qui aient des idées ; et il n'y en a presque pas un seul qui puisse s'en passer. Oui, sans-doute, il est permis à Chardin de montrer une cuisine, avec une servante penchée sur son tonneau en rinçant sa vaisselle ; mais il faut voir comme l'action de cette servante est vraie, comme son juste dessine le haut de sa figure, et comme les plis de ce cotillon dessinent tout ce qui est dessous. Il faut voir la vérité étonnante de tous les ustensiles de ménage, et la couleur et l'harmonie de toute la petite composition. Point de milieu, ou des idées intéressantes, un sujet original, ou un fait étonnant : le mieux seroit de réunir les deux, et la pensée piquante et l'exécution heureuse. Si le sublime du technique n'y étoit pas ; l'idéal de Chardin seroit misérable. Retenez bien cela, M. Bachelier.

CHALLE.

44. *Hector reprochant à Pâris sa lâcheté.*

Pâris et Ménélas se rencontrent dans la mêlée. Ils en viennent aux mains. Le combat n'étoit pas égal. Pâris alloit périr, et Ménélas être vengé, lorsque Vénus enlève Pâris, et le transporte à côté d'Hélène. On offre un sacrifice à la déesse, en action de grace de la conservation de Pâris. Des femmes brûlent des parfums sur un autel; d'autres sont occupées à former un concert qu'elles suspendent à la vue d'Hector. Pour juger si l'Hector de Challe est l'Hector d'Homère, voyons si le discours que le vieux poëte a fait tenir à son personnage, conviendroit par hasard au personnage de notre peintre. Voici comment Hector parle à Pâris dans l'Iliade.

« Malheureux ! qui n'as pour toi que ta beauté,
» indigne et vil séducteur de femmes, plût aux
» dieux que tu ne fusses jamais né, ou que tu fus-
» ses mort au berceau ! Et ne vaudroit-il pas mieux
» cent fois que ce souhait fût accompli, que de te
» voir déshonoré ? N'entends-tu pas d'ici les ris
» insultans et la raillerie amère de ces Grecs ? Ils
» te jugeoient sur l'apparence ; ils te croyoient une
» ame et du courage ; et tu n'as rien de cela. Le

» beau projet, que de passer les mers, pour cor-
» rompre des étrangères, et entraîner les compa-
» gnons de ton voyage dans la même débauche ! Il
» sied bien à un lâche tel que toi, d'enlever à un
» brave homme sa femme ! La suite de ta perfidie,
» c'est d'accabler ton père de douleur, d'attirer
» mille maux sur ta famille, sur tout un peuple,
» et de te couvrir d'ignominie. Que n'attendois-tu
» ce Ménélas que tu as si bassement outragé ? tu
» aurois connu quel homme c'étoit. Tu aurois vu
» à quoi t'auroient servi et cette beauté dont tu
» es si vain ; et cet art de jouer de la flûte ; et ces
» charmes que tu tiens de la déesse qui te protège ;
» et cette longue chevelure, lorsqu'elle auroit été
» traînée dans la poussière. Je n'entends rien à la
» patience des Troyens. S'ils n'étoient pas aussi
» pusillanimes que des enfans, il y a long-temps
» qu'ils t'auroient accablé de pierres, et que tu au-
» rois reçu la digne récompense des maux que tu
» attires sur leurs têtes ».

Quelle force ! quelle vérité ! C'est ainsi que parle l'Hector du vieil Homère. Otez, ajoutez un mot à ce discours, si vous l'osez...... Et notre tableau ?.... Je vous entends ; mais m'étoit-il permis de passer devant la statue de mon dieu, sans la saluer ? Homère salué, j'en viens à M. Challe. Mais comment vous rendrai-je la confusion de tous ces objets, la fausse somptuosité de ce palais, la pauvre richesse de toute cette composition ?

La toile offre d'abord un des appartemens du palais de Priam ; c'est un des plus riches, mais non du meilleur goût. Un grand vestibule en marbre de toutes couleurs s'ouvre sur le fond, un peu vers la droite. Hector seul occupe le milieu de la toile. Il a le visage tourné sur Pâris et sur Hélène. Il parle, ou il écoute ; je ne sais lequel des deux. Derrière lui, vers la gauche, deux femmes qui paroissent étonnées. Est-ce de sa présence ou de son discours ? je n'en sais rien. Entre Hector et ces femmes, un grouppe nombreux d'autres femmes étendues à terre, tenant différens instrumens dans leurs mains, et dont la venue d'Hector a suspendu le concert. Sur un plan plus proche du devant de la toile, Hélène et Pâris ; Pâris nonchalamment couché, et Hélène assise à côté de lui. Derrière Pâris, trois femmes ajustant sa tête, qui devroit être charmante. Les concertantes ont eu l'honnêteté de faire taire leurs instrumens ; celles-ci continuent la toilette de Pâris. Derrière Hélène et Pâris, d'autres femmes, les yeux fixés sur Hector.... Aurez-vous bientôt fini ? dites-vous.... Attendez, attendez; vous n'y êtes pas. Sur un plan plus élevé, tout-à-fait sur la gauche, Vénus et son fils, apparemment sur un autel. A l'extrémité de la toile et sur le devant, quelques jeunes filles.... M'avez-vous suivi ? cela s'est-il arrangé dans votre tête ? Eh bien ! vous connoissez le côté gauche du tableau. Voici le côté droit....Je vous ai parlé d'un beau vestibule qui s'ouvre sur le fond. A côté de ce vestibule, imaginez une niche. Placez dans cette niche une figure, celle que vous voudrez. Élevez là un autel rond. Allumez sur cet autel un brasier ardent. Qu'une femme debout jette sur ce brasier des parfums. Accroupissez à ses pieds une autre femme, qui tienne un pigeon, qu'on va sacrifier sans-doute. Placez sa cage à pigeon à côté d'elle. Répandez autour de ces femmes, et vers les suivantes, quelques pièces d'étoffes et de tapisseries. Asseyez à terre une femme, et supposez auprès d'elle des pelotons de laine. Celle-ci a l'air de se moquer d'Hector et de ses remontrances. Elle regarde Hélène, et paroît, ou envier son sort, ou approuver ses discours, si c'est elle qui parle. Continuez à tourner autour de l'autel, et vous trouverez trois femmes, dont deux ne semblent pas non plus dédaigner le sort et les raisons de leur maîtresse. Pour la troisième, elle fait ce qu'on appelle en peinture boucher un trou... Ah ! mon ami, je respire ; et vous aussi, sans-doute.... Il faut, en vérité, que j'aye une imagination bien complaisante, pour s'être chargée de tout cela. Et vous espérez peut-être que je vais vous faire la critique détaillée de ce monde. Oh ! que non ; vous voulez que je finisse, et nous ne finirions jamais. Au reste, comptez que cette description est exacte ; à peu de chose près, c'est un tour de force, de ma part s'entend.

Commençons par Hector. *Eheu, quantum mu-*

tatus ab illo Hectore, qui quondam, etc. . . . .
Quelle différence entre cet Hector et celui du poëte?
Il est roide, il est froid; il ne se doute seulement
pas du discours qu'il a à tenir. Où est la colère ? où
est l'indignation ? où est le mépris ? Dans le poëte,
mon ami, c'est un Hector bien académiquement
posé, ramenant bien un de ses bras vers l'autel,
pour contraster avec le corps. Le discours d'Homère auroit inspiré à tout autre que Challe, une
attitude, une action vraie. C'est un pauvre comédien de campagne; et puis il est de la plus mauvaise couleur, et fait pour discorder.

Et ce Pâris, il n'est guère moins changé. Est-ce-là celui que Vénus avoit doué de la beauté, qui avoit les charmes et la grace, et dont la chevelure enlaçoit tous les cœurs ?

Hélène est pâle, blafarde, tirée, sucée, l'air d'une catin usée et mal-saine. Je veux mourir si je me fiois à cette femme; elle a des taches verdâtres et livides. Lorsque Priam la fit appeler, et qu'elle se présenta devant les vieillards Troyens, au-lieu de s'écrier tous d'une voix : « Ah ! qu'elle est belle !
» Mais regardez-la; elle ressemble aux immor-
» telles, jusqu'à inspirer la vénération comme
» elles. »; s'ils avoient vu celle de Challe, ils auroient dit : Ce n'est que cela ; qu'on la rende bien vîte ; qu'elle s'en aille ; elle ne tardera pas à nous venger de nos ennemis. Puis, se tournant vers Priam, ils auroient ajouté à voix basse : Vous ne

feriez pas mal de consulter, sur la santé de votre jeune libertin, le Keiser de Pergame.

Les armes de Pâris sont si près d'elle, qu'on la croiroit assise dessus. Les femmes qui l'environnent tiennent de sa couleur, et me sont tout aussi suspectes.

Et puis, ni pieds, ni mains dessinés : des têtes plus ignobles ! Le tout un modèle de dissonance et d'enharmonie à proposer aux élèves. Nulle unité d'intérêt. On ne sait à qui entendre. Entre les figures, les unes sont à l'Hector ; les autres, à Hélène ; et moi, à rien. Serviteur à M. Challe.

Vous savez de reste ce que je pense du fond, de la décoration et de l'architecture.

Comme si les défauts de cette composition ne sortoient pas assez d'eux-mêmes, imaginez que cet espiègle de Chardin a placé du même côté, et à la même hauteur, deux morceaux de Vernet et cinq morceaux de lui, qui sont autant de chefs-d'œuvres de vérité, de couleurs et d'harmonie. Monsieur Chardin, on ne fait pas de ces tours-là à un confrère ; vous n'avez pas besoin de ce repoussoir, pour vous faire venir en avant.

Le tableau de Challe a dix-huit pieds de large sur douze de haut ; c'est, ma foi, une des plus grandes sottises qu'on ait jamais faites en peinture. Mais ce pauvre Challe n'est plus jeune. Dites-moi donc ce que nous en pourrions faire ? car je ne saurois plus souffrir qu'il peigne. Je sais bien que vous autres défenseurs de la fable des abeilles, vous me direz que cela enrichit le marchand de toile, le marchand de couleurs, etc. Au diable les sophistes ; il n'y a rien de bien ni de mal avec eux. Ils devroient être gagés par la providence.

CHARDIN.

Vous venez à temps, Chardin, pour récréer mes yeux, que votre confrère Challe avoit mortellement affligés. Vous revoilà donc, grand magicien, avec vos compositions muettes ! qu'elles parlent éloquemment à l'artiste ! tout ce qu'elles lui disent sur l'imitation de la nature, la science de la couleur, et l'harmonie ! comme l'air circule autour de ces objets ! La lumière du soleil ne sauve pas mieux les disparates des êtres qu'elle éclaire. C'est celui-là qui ne connoit guère de couleurs amies, de couleurs ennemies !

S'il est vrai, comme le disent les philosophes, qu'il n'y a de réel que nos sensations ; que ni le vide de l'espace, ni la solidité même des corps n'est peut-être rien en elle-même de ce que nous éprouvons ; qu'ils m'apprennent, ces philosophes, quelle différence il y a pour eux, à quatre pieds de tes tableaux, entre le créateur et toi.

Chardin est si vrai, si vrai, si harmonieux, que quoiqu'on ne voye sur la toile que la nature inanimée, des vases, des tasses, des bouteilles, du pain, du vin, de l'eau, des raisins, des fruits, des pâtés, il se soutient, et peut-être vous enlève à deux des plus beaux Vernet, à côté desquels il n'a pas balancé de se mettre. C'est, mon ami, comme dans l'univers, où la présence d'un homme, d'un cheval, d'un animal, ne détruit point l'effet d'un bout de roche, d'un arbre, d'un ruisseau. Le ruisseau, l'arbre, le bout de roche, intéressent moins sans doute que l'homme, la femme, le cheval, l'animal; mais ils sont également vrais.

Il faut, mon ami, que je vous communique une idée qui me vient, et qui peut-être ne me reviendroit pas dans un autre moment ; c'est que cette peinture, qu'on appelle de genre, devroit être celle des vieillards ou de ceux qui sont nés vieux. Elle ne demande que de l'étude et de la patience. Nulle verve ; peu de génie ; guère de poésie ; beaucoup de technique et de vérité ; et puis, c'est tout. Or, vous savez que le temps où nous nous mettons à ce qu'on appelle, d'après l'usage, la recherche de la vérité, la philosophie, est précisément celui où nos tempes grisonnent, et où nous aurions mauvaise grace à écrire une lettre galante. A propos, mon ami, de ces cheveux gris, j'en ai vu ce matin ma tête toute argentée ; et je me suis écrié comme Sophocle, lorsque Socrate lui demandoit comment alloient les amours : *A domino agresti et furioso profugi.* J'échappe au maître sauvage et furieux.

Je m'amuse ici à causer avec vous d'autant plus volontiers, que je ne vous dirai de Chardin qu'un seul mot; et le voici. Choisissez son site; disposez sur ce site les objets, comme je vais vous les indiquer; et soyez sûr que vous aurez vu ses tableaux.

Il a peint *les attributs des sciences, les attributs des arts,* ceux *de la musique, des rafraîchissemens, des fruits, des animaux.* Il n'y a presque point à choisir ; ils sont tous de la même perfection. Je vais vous les esquisser le plus rapidement que je pourrai.

45. *Les attributs des sciences.*

On voit, sur une table couverte d'un tapis rougeâtre, en allant, je crois, de la droite à la gauche, des livres posés sur la tranche, un microscope, une clochette, un globe à demi-caché d'un rideau de taffetas vert, un thermomètre, un miroir concave sur son pied, une lorgnette avec son étui, des cartes roulées, un bout de télescope.

C'est la nature même, pour la vérité des formes et de la couleur ; les objets se séparent les uns des autres, avancent, reculent, comme s'ils étoient réels ; rien de plus harmonieux ; et nulle confusion, malgré leur nombre et le petit espace.

46. *Les attributs des arts.*

Ici ce sont des livres à plat, un vase antique,

des dessins, des marteaux, des ciseaux, des règles, des compas, une statue en marbre, des pinceaux, des palettes, et autres objets analogues. Ils sont posés sur une espèce de balustrade. La statue est celle de la fontaine de Grenelle, le chef-d'œuvre de Bouchardon. Même vérité, même couleur, même harmonie.

47. *Les attributs de la musique.*

Le peintre a répandu sur une table couverte d'un tapis rougeâtre, une foule d'objets divers, distribués de la manière la plus naturelle et la plus pittoresque ; c'est un pupitre dressé ; c'est devant ce pupitre un flambeau à deux branches ; c'est par-derrière une trompe et un cor-de-chasse, dont on voit le concave de la trompe par-dessus le pupitre ; ce sont des haut-bois, une mandore, des papiers de musique étalés, le manche d'un violon avec son archet, et des livres posés sur la tranche. Si un être animé malfaisant, un serpent, étoit peint aussi vrai, il effrayeroit.

Ces trois tableaux ont trois pieds dix pouces de large sur trois pieds dix pouces de haut.

48. *Rafraîchissemens.*

Fruits et animaux. Imaginez une fabrique quarrée de pierre grisâtre, une espèce de fenêtre avec sa saillie et sa corniche. Jetez, avec plus de noblesse et d'élégance que vous pourrez, une guirlande de gros verjus qui s'étende le long de la corniche, et qui retombe sur les deux côtés. Placez dans l'intérieur de la fenêtre un verre plein de vin, une bouteille, un pain entamé, d'autres caraffes qui rafraîchissent dans un seau de fayence, un cruchon de terre, des radis, des œufs frais, une salière, deux tasses à café servies et fumantes; et vous verrez le tableau de Chardin. Cette fabrique, de pierre large et unie, avec cette guirlande de verjus qui la décore, est de la plus grande beauté. C'est un modèle pour la façade d'un temple de Bacchus.

48. *Pendant du précédent tableau.*

La même fabrique de pierre; autour, une guirlande de gros raisins muscats blancs; en dedans, des pêches, des prunes, des caraffes de limonade dans un seau de fer-blanc peint en vert, un citron pelé et coupé par le milieu, une corbeille pleine d'échaudés, un mouchoir de Masulipatan pendant en dehors, une caraffe d'orgeat, avec un verre qui en est à-moitié plein. Combien d'objets! quelle diversité de formes et de couleurs! Et cependant quelle harmonie! quel repos! le mouchoir est d'une mollesse à étonner.

48. *Troisième tableau de rafraîchissemens, à placer entre les deux premiers.*

S'il est vrai qu'un connoisseur ne puisse se dispenser d'avoir au-moins un Chardin, qu'il s'empare de celui-ci. L'artiste commence à vieillir. Il a fait quelquefois aussi bien ; jamais mieux. Suspendez par la patte un oiseau de rivière. Sur un buffet au-dessous, supposez des biscuits entiers et rompus, un bocal bouché de liége, et rempli d'olives, une jatte de la Chine peinte et couverte, un citron, une serviette déployée et jetée négligemment, un pâté sur un rondin de bois, avec un verre à-moitié plein de vin. C'est là qu'on voit qu'il n'y a guère d'objets ingrats dans la nature, et que le point est de les rendre. Les biscuits sont jaunes, le bocal est vert, la serviette blanche, le vin rouge ; et ce jaune, ce vert, ce blanc, ce rouge, mis en opposition, récréent l'œil par l'accord le plus parfait. Et ne croyez pas que cette harmonie soit le résultat d'une manière foible, douce et léchée. Point du tout ; c'est partout la touche la plus vigoureuse. Il est vrai que ces objets ne changent point sous les yeux de l'artiste. Tels il les a vus un jour, tels il les retrouve le lendemain. Il n'en est pas ainsi de la nature animée. La constance n'est l'attribut que de la pierre.

49. *Une corbeille de raisins.*

C'est tout le tableau ; dispersez seulement autour de la corbeille quelques grains de raisins séparés, un macaron, une poire, et deux ou trois pommes d'api. On conviendra que des grains de raisins séparés, un macaron, des pommes d'api isolées, ne sont favorables ni de formes ni de couleurs ; cependant qu'on voye le tableau de Chardin.

49. *Un panier de prunes.*

Placez sur un banc de pierre un panier d'osier plein de prunes, auquel une méchante ficelle serve d'anse, et jetez autour des noix, deux ou trois cerises, et quelques grapillons de raisins.

Cet homme est le premier coloriste du Salon, et peut-être un des premiers coloristes de la peinture. Je ne pardonne point à cet impertinent Webb, d'avoir écrit un traité de l'art, sans citer un seul François. Je ne pardonne pas davantage à Hogarth, d'avoir dit que l'école françoise n'avoit pas même un médiocre coloriste. Vous en avez menti, M. Hogarth; c'est, de votre part, ignorance ou platitude. Je sais bien que votre nation a le tic de dédaigner un auteur impartial, qui ose parler de nous avec éloge : mais faut-il que vous fassiez bassement la cour à vos concitoyens, aux dépens de la vérité ? Peignez, peignez mieux, si vous pouvez. Apprenez à dessiner, et n'écrivez point. Nous avons, les Anglois et nous, deux manies bien diverses. La nôtre est de surfaire les productions angloises ; la leur est de déprécier les nôtres. Hogarth vivoit encore il y a deux ans. Il avoit séjourné en France ; et il y a trente ans que Chardin est un grand coloriste.

Le faire de Chardin est particulier. Il a de commun avec la manière heurtée, que de près on ne sait ce que c'est, et qu'à mesure qu'on s'éloigne l'objet se crée, et finit par être celui de la nature. Quelquefois aussi, il vous plaît presqu'également de près et de loin. Cet homme est au-dessus de Greuse de toute la distance de la terre au ciel, mais en ce point seulement. Il n'a point de manière ; je me trompe, il a la sienne. Mais puisqu'il a une manière sienne, il devroit être faux dans quelques circonstances ; et il ne l'est jamais. Tâchez, mon ami, de vous expliquer cela. Connoissez-vous en littérature un style propre à tout ? Le genre de peinture de Chardin est le plus facile ; mais aucun peintre vivant, pas même Vernet, n'est aussi parfait dans le sien.

Je me rappelle *deux paysages* de feu Deshays, dont je ne vous ai rien dit. C'est que ce n'est rien ; c'est qu'ils sont tous les deux d'un dur, aussi dur.... que ces derniers mots.

SERVANDONI.

Ce Servandoni est un homme que tout l'or du Pérou n'enrichiroit pas. C'est le Panurge de Rabelais, qui avoit quinze mille moyens d'amasser, et trente mille de dépenser. Grand machiniste, grand architecte, bon peintre, sublime décorateur, il n'y a aucun de ces talens qui ne lui ait valu des sommes immenses. Cependant il n'a rien, et n'aura jamais rien. Le roi, la nation, le public, ont renoncé au projet de le sauver de la misère. On lui aime autant les dettes qu'il a, que celles qu'il feroit.

50. *Deux dessus de porte.*

Tableaux de quatre pieds huit pouces, sur deux pieds quatre pouces.

L'un représente *un trophée d'armes et des ruines* ; l'effet de la lumière en est beau ; il est bien colorié ; mais je lui préférerois celui où l'on voit *des rochers*, un tombeau, avec *une chûte d'eau*, quoiqu'on puisse écrire au-dessous de tous les deux, ces mots qui renferment un des mystères de l'art, *parvus videri, sentiri magnus*. On sent grands, des objets qu'il a peints petits.

Si l'Hercule Farnèse n'est qu'une figure colossale, où toutes les parties de détail, la tête, le cou, les bras, le dos, la poitrine, le corps, les cuisses, les jambes, les pieds, les articulations, les muscles, les veines, ont suivi proportionnellement l'exagération de la grandeur; dites-moi pourquoi cette figure, réduite à la hauteur ordinaire, reste toujours un Hercule ? Cela ne s'explique point, à-moins qu'il n'y ait à ces productions énormes quelques formes affectées qui gardent leur excès, tandis que les autres le perdent. Mais à quelles parties de ces figures appartient cette exagération permanente, qui subsiste au milieu de la réduction proportionnelle des autres ? Je vais tâcher de vous le dire. Permettez que je rompe un peu la monotonie de ces descriptions, et l'ennui de ces mots parasites, heurté, empâté, vrai, naturel, bien colorié, bien éclairé, chaudement fait, froid, dur, sec, moelleux, que vous avez tant entendu, sans ce que vous les entendrez encore, par quelque écart qui nous délasse.

Qu'est-ce que l'Hercule de la fable ? C'est un homme fort et vigoureux, qu'elle arme d'une massue, et qu'elle occupe sur les grands chemins, dans les forêts, sur les montagnes, à combattre des brigands et à écraser des monstres. Voilà l'état donné. Sur quelles parties d'un homme de cet état, l'exagération permanente doit-elle principalement tomber ? Sur la tête ? Non; on ne bat pas de la tête, on n'écrase pas de la tête. La tête gardera donc à la rigueur la proportion colossale. Sur les pieds ? Non.

Il suffit que les pieds soutiennent bien la figure ; et ils le feront, s'ils sont aussi à-peu-près proportionnés à la hauteur. Sur le cou ? Oui, sans-doute. C'est l'origine des muscles et des nerfs ; et le cou sera exagéré de grosseur un peu au-delà de la proportion colossale. J'en dis autant des épaules, de la poitrine, de tous les muscles propres à ces parties, mais sur-tout des muscles. Ce sont les bras qui portent la massue, et qui frappent. C'est là que doit être vigoureux un tueur d'hommes, un écraseur de bêtes. Il doit avoir dans les cuisses quelque excès constant et de l'état, puisqu'il est destiné à grimper des rochers, à s'enfoncer dans les forêts, à roder sur les grands chemins. Tel est en effet, l'Hercule de Glycon. Regardez-le bien ! et vous y reconnoîtrez un système exagéré dans certaines parties désignées par la condition de l'homme, et une exagération qui, s'affoiblissant insensiblement, s'en va avec un art, un goût, un tact sublime, rechercher les proportions de la nature commune, à ses deux extrémités. Supposez à présent que de cet Hercule, de huit à neuf pieds de haut, vous en fassiez, sur une échelle plus petite, un Hercule de cinq pieds et demi, ce sera encore un Hercule ; parce qu'au milieu de la réduction de toutes les parties d'une nature ordinaire et commune, il y en a certaines qui garderont leur excès. Vous le verrez petit ; mais vous le sentirez grand. Plus la partie non exagérée d'une nature ordinaire et commune sera voisine de la partie qui garde son excès, plus vous la trouverez foible ; plus elle en sera éloignée, moins vous en appercevrez la réduction. Tel est encore le caractère de l'Hercule de Glycon. C'est de la tête au cou, et non des cuisses aux pieds, qu'on sent fortement le passage d'une nature à l'autre.

Mais à côté de cet Hercule, imaginez un Mercure, quelques-unes de ces natures légères, élégantes, sveltes ; faites décroître l'une en même proportion que vous ferez croître l'autre ; que le Mercure prenne successivement tout ce que l'Hercule perdra de son exagération permanente, et l'Hercule successivement tout ce que le Mercure perdra de sa légéreté de condition et d'état ; suivez cette métamorphose idéale, jusqu'à ce que vous ayez deux figures réduites qui se ressemblent parfaitement ; et vous rencontrerez les proportions de l'Antinoüs. Qu'est-ce donc que l'Antinoüs ? C'est un homme qui n'est d'aucun état ; c'est un fainéant qui n'a jamais rien fait, et dont aucune des fonctions de la vie n'a altéré les proportions. L'Hercule est l'extrême de l'homme laborieux. L'Antinoüs est l'extrême de l'homme oisif. Il est né grand comme il l'est. C'est la figure que vous choisirez pour la plier à toutes sortes de conditions, soit par l'exagération de quelques parties pour les natures fortes, soit par l'affoiblissement de ces parties pour les natures légères ; et c'est la connoissance plus ou moins exacte que vous aurez des conditions, qui déterminera les parties sur lesquelles l'excès ou la foiblesse doit tomber. Le difficile, ce n'est pas ce choix. Ce n'est pas là le sublime de Glycon. Ce que je demanderai de vous, c'est que votre système aille insensiblement des parties que vous aurez affoiblies ou exagérées, rechercher la nature commune ; en-sorte que, grand ou petit, je reconnoisse toujours votre soldat, si c'est à l'état militaire que vous ayez conduit l'Antinoüs; votre porte-faix, si c'est un portefaix que vous en ayez fait.

Mais si c'est le dieu de la lumière, si c'est le vainqueur du serpent Python ; si l'état a requis de la force, de la grace, de la grandeur et de la vélocité, vous laisserez à l'Antinoüs toutes ses proportions dans ses parties supérieures. Je dis ses proportions, et non son caractère ; car ce sont deux choses diverses : et l'altération se répandant seulement sur les jambes et les cuisses, d'où elle ira rechercher l'Antinoüs graduellement, vous aurez l'Apollon du Belvedère ; vigoureux d'en haut, véloce par en bas.

C'est ainsi qu'un maquignon expérimenté se fait l'idée d'un beau cheval de bataille. C'est une nature moyenne entre le cheval de trait le plus vigoureux, et le cheval de course le plus léger : et soyez sûr que deux hommes consommés dans cet état subalterne, ont à de très-petites différences près, la même image dans la tête, et avec ces retours délicats de l'exagération, à la nature ordinaire et commune. Voilà, mon ami, un échantillon de la métaphysique du dessin ; et il n'y a ni science, ni art qui n'ait la sienne, à laquelle le génie s'assujettit, par instinct, sans le savoir. Par instinct ! O la belle raison de métaphysiquer encore ! Vous n'y perdrez rien. Ce sera pour un autre endroit. Il y a sur le dessin des choses plus fines encore, que vous ne perdrez pas davantage.

51. *Deux petits tableaux de ruines antiques.*

De trois pieds de haut, sur deux pieds six pouces de large.

Cela est noble et grand ; et si vous appliquez à ces restes d'architecture les principes que je viens d'établir, vous vous rendrez raison de leur noblesse et de leur grandeur en petit. Ici, il se joint encore aux objets un cortége d'idées accessoires et morales de l'énergie de la nature humaine, de la puissance des peuples. Quelles masses ! cela sembloit devoir être éternel. Cependant cela se détruit, cela passe, bientôt cela sera passé ; et il y a long-temps que la multitude innombrable d'hommes qui vivoient, s'agitoient, s'armoient, se haïssoient, projetoient autour de ces monumens, n'est plus. Parmi ces hommes, il y avoit un César, un Démosthène, un Cicéron, un Brutus, un Caton. A leur place, ce sont des serpens, des Arabes, des Tartares, des prêtres, des bêtes féroces, des ronces, des épines. Où régnoit la foule et le bruit, il n'y a plus que le silence et la solitude. Les ruines sont plus belles au soleil couchant que le matin. Le matin, c'est le moment où la scène du monde va devenir tumultueuse et bruyante. Le soir, c'est le moment où elle va devenir silencieuse et tranquille : eh bien ! ne voilà-t-il pas que je vais me plonger dans les profondeurs de l'analogie des idées et des sentimens, analogie qui dirige secrètement l'artiste dans le choix de ses accessoires ! Mais halte-là ; il faut finir.

MILLET FRANCISQUE.

52. *Un paysage, où Sainte Geneviève reçoit la bénédiction de Saint Germain.*

Couleur triste, touche lourde ; et puis un paysage de théâtre ou une marmotte du boulevard, un paysan et une paysane bariolés ; et un évêque d'Avranches ; tout ressemble à une scène d'opéra comique.

53. 54. *Autres paysages et têtes en pastel.*

Au Pont Notre-Dame.

NONNOTTE.

Je ne sais comment celui-ci est entré à l'académie : il faut que je voye son morceau de réception.

BOIZOT.

56. *Les Graces qui enchaînent l'Amour.*

La scène se passe en l'air, où l'on voit un Amour qui se tortille, et des Graces plus lourdes, plus épaisses, plus maflées, comme j'en vois aux étaux, lorsque je reviens chez moi par la rue des Boucheries.

57. *Mars et l'Amour disputent sur le pouvoir de leurs armes.*

Sujet tiré d'Anacréon.

C'est un plaisir, que de voir comme M. Boizot a platement parodié en peinture le poëte le plus élégant et le plus délicat de la Grèce. Je n'ai pas le courage de décrire cela. Lisez Anacréon; et si vous avez son buste, brûlez devant le tableau de Boizot; et qu'il lui soit défendu d'ouvrir jamais un auteur charmant, qui lui inspire d'aussi maussades choses.

LE BEL.

58. *Plusieurs tableaux de paysages.*

Je voudrois bien savoir comment Chardin, Vernet et Loutherbourg ne font pas tomber les pinceaux de la main à tous ces gens-là. Homère, Horace, Virgile, ont écrit; et j'ose bien écrire après eux : allons, M. le Bel, peignez donc. Ici, c'est une gorge pratiquée entre des montagnes ; celles de la droite, hautes et dans l'ombre ; celles de la gauche, basses et éclairées, avec quelques passans qui les traversent. Là, c'est encore une gorge pratiquée entre des montagnes ; celles de la droite, hautes et dans l'ombre ; celles de la gauche, basses et éclairées, avec un torrent qui se précipite dans l'intervalle.

Mauvaises figures, nature fausse, et pas la première étincelle des talens du peintre. M. le Bel ignore qu'un paysagiste est un peintre en portrait, qui n'a guère d'autre mérite que de faire très-ressemblant.

59. 65. PERRONEAU.

Parmi ses portraits, il y en avoit un de *femme* qu'on pouvoit regarder, bien dessiné, et mieux dessiné qu'à lui n'appartient. Il vivoit, et le fichu étoit à tromper.

VERNET.

Vue du port de Dieppe. Les quatre parties du jour. Deux vues des environs de Nogent-sur-Seine. Un naufrage. Un paysage. Un autre naufrage. Une marine au coucher du soleil. Sept petits paysages. Deux autres marines. Une tempête, et plusieurs autres tableaux sous un même numéro.

Vingt-cinq tableaux, mon ami ! vingt-cinq tableaux! et quels tableaux! C'est comme le créateur, pour la célérité ; c'est comme la nature, pour la vérité. Il n'y a presque pas une de ces compositions à laquelle un peintre, qui auroit bien employé son temps, n'eût donné les deux années qu'il a mises à les faire toutes. Quels effets incroyables de lumière! les beaux ciels! quelles eaux! quelle ordonnance! quelle prodigieuse variété de scènes ! Ici, un enfant échappé du naufrage est porté sur les épaules de son père; là, une femme étendue, morte sur le rivage, et son époux qui se désole. La mer mugit, les vents sifflent, le tonnerre gronde ; la lueur sombre et pâle des éclairs perce la nue, montre et dérobe la scène. On entend le bruit des flancs d'un vaisseau qui s'entr'ouvre ; ses mâts sont inclinés, ses voiles déchirées : les uns, sur le pont, ont les bras levés vers le ciel ; d'autres se sont élancés dans les eaux. Ils sont portés par les flots contre des rochers voisins, où leur sang se mêle à l'écume qui les blanchit. J'en vois qui flottent ; j'en vois qui sont prêts à disparoître dans le gouffre ; j'en vois qui se hâtent d'atteindre le rivage, contre lequel ils seront brisés. La même variété de caractères, d'actions et d'expressions règne sur les spectateurs : les uns frissonnent et détournent la vue ; d'autres secourent, d'autres immobiles regardent. Il y en a, qui ont allumé du feu sous une roche ; ils s'occupent à ranimer une femme expirante ; et j'espère qu'ils y réussiront. Tournez vos yeux sur une autre mer; et vous verrez le calme avec tous ses charmes. Les eaux tranquilles, aplanies et riantes, s'étendent en perdant insensiblement de leur transparence, et s'éclairant insensiblement à leur surface, depuis le rivage jusqu'où l'horizon confine avec le ciel. Les vaisseaux sont immobiles; les matelots, les passagers ont tous les amusemens qui peuvent tromper leur impatience. Si c'est le matin, quelles vapeurs légères s'élèvent! comme ces vapeurs éparses sur les objets de la nature, les ont rafraîchis et vivifiés! Si c'est le soir, comme la cîme de ces montagnes se dore! de quelles nuances les cieux sont colorés! comme les nuages marchent, se meuvent et viennent déposer dans les eaux la teinte de leurs couleurs! Allez à la campagne, tournez vos regards vers la voûte des cieux, observez bien les phénomènes de l'instant; et vous jurerez qu'on a coupé un morceau de la grande toile lumineuse que le soleil éclaire, pour le transporter sur le chevalet de l'artiste; ou fermez votre main, et faites-en un tube qui ne vous laisse appercevoir qu'un espace limité de la grande toile; et vous jurerez que c'est un tableau de Vernet, qu'on a pris sur son chevalet, et transporté dans le ciel. Quoique de tous nos peintres celui-ci soit le plus fécond, aucun ne me donne moins de travail. Il est impossible de rendre ses compositions; il faut les voir. Ses nuits sont aussi touchantes que ses jours sont beaux; ses ports sont aussi beaux que ses morceaux d'imagination sont piquans. Egalement merveilleux, soit que son pinceau captif s'assujettisse à une nature donnée, soit que sa muse, dégagée d'entraves, soit libre et abandonnée à elle-même, incompréhensible, soit qu'il emploie l'astre du jour ou celui de la nuit, la lumière naturelle ou les lumières artificielles, à éclairer ses tableaux; toujours harmonieux, vigoureux et sage, tel que ces grands poëtes, ces hommes rares, en qui le jugement balance si parfaitement la verve, qu'ils ne sont jamais ni exagérés, ni froids. Ses fabriques, ses édifices, les vêtemens, les actions, les hommes, les animaux, tout est vrai. De près, il vous frappe; de loin, il vous frappe plus encore. Chardin et Vernet, mon ami, sont deux grands magiciens. On diroit de celui-ci qu'il commence par créer le pays, et qu'il a des hommes, des femmes, des enfans en réserve dont il peuple sa toile, comme on peuple une colonie; puis il leur fait le temps, le ciel, la saison, le bonheur, le malheur qu'il lui plait. C'est le Jupiter de Lucien, qui, las d'entendre les cris lamentables des humains, se lève de table, et dit : de la grêle en Thrace; et l'on voit aussitôt les arbres dépouillés; les moissons hachées et le chaume des cabanes dispersé : la peste en Asie; et l'on voit les portes des maisons fermées, les rues désertes et les hommes se fuyant : ici, un volcan; et la terre s'ébranle sous les pieds, les édifices tombent, les animaux s'effarouchent, et les habitans des villes gagnent les campagnes : une guerre là ; et les nations courent aux armes et s'entr'égorgent : en cet endroit une disette ; et le vieux laboureur expire de faim sur sa porte. Jupiter appelle cela gouverner le monde, et il a tort. Vernet appelle cela faire des tableaux, et il a raison.

66. *Le port de Dieppe.*

Grande et immense composition. Ciel léger et argentin ; belle masse de bâtimens ; vue pittoresque et piquante ; multitude de figures occupées à la pêche, à l'apprêt, à la vente du poisson, au travail, au raccommodage des filets, et autres pareilles manœuvres ; actions naturelles et vraies ; figures vigoureusement et spirituellement touchées ; cependant, car il faut tout dire, ni aussi vigoureusement, ni aussi spirituellement que de coutume.

67. *Dans les quatre parties du jour,*

La plus belle entente de lumières. Je vais parcourant ces morceaux, et ne m'arrêtant qu'au talent particulier, au mérite propre qui les distinguent. Qu'en arrivera-t-il ? C'est qu'à la fin vous concevrez que cet artiste a tous les talens et tous les mérites.

68. *Deux vues de Nogent-sur-Seine.*

Excellente leçon pour Le Prince, dont on a entremêlé les compositions avec celles de Vernet. Il ne perdra pas ce qu'il a ; et il connoîtra ce qui lui manque. Beaucoup d'esprit, de légéreté et de naturel dans les figures de Le Prince; mais de la foiblesse, de la sécheresse, peu d'effet. L'autre peint dans la pâte, est toujours ferme, d'accord, et étouffe son voisin. Les lointains de Vernet son vaporeux, ses ciels légers: on n'en sauroit dire autant de Le Prince. Celui-ci n'est pourtant pas sans mérite. En s'éloignant de Vernet, il se fortifie et s'embellit; l'autre s'efface et s'éteint. Ce cruel voisinage est encore une des malices du tapissier.

69. *Deux pendans, l'un un naufrage, l'autre un paysage.*

Le paysage est charmant; mais le naufrage est tout autre chose. C'est sur-tout aux figures qu'il faut s'attacher: le vent est terrible; les hommes ont peine à se tenir debout. Voyez cette femme noyée qu'on vient de retirer des eaux; et défendez-vous de la douleur de son mari, si vous le pouvez.

70. *Autre naufrage au clair de lune.*

Considérez bien ces hommes occupés à réchauffer cette femme évanouie, au feu qu'ils ont allumé sous une roche; et dites que vous avez vu un des grouppes les plus intéressans qu'il fût possible d'imaginer. Et cette scène touchante, comme elle est éclairée! et cette voûte, comme elle est teinte de la lueur rougeâtre des feux! et ce contraste de la lumière foible et pâle de la lune, et de la lumière forte, rouge, triste et sombre des feux allumés. Il n'est pas permis à tout peintre d'opposer ainsi des phénomènes aussi discordans, et d'être harmonieux ; le moyen de n'être pas faux, où les deux lumières se rencontrent, se fondent et forment une splendeur particulière.

71. *Marine au coucher du soleil.*

Si vous avez vu la mer à cinq heures du soir en automne, vous connoissez ce tableau.

72. *Sept petits tableaux de paysage.*

Je voudrois en savoir un médiocre, je vous le dirois. Le plus foible est beau ; j'entends beau pour un autre ; car il y en a un ou deux qui sont au-dessous de l'artiste, et que Chardin a cachés. Pensez des autres tant de bien qu'il vous plaira.

Le jeune Loutherbourg a aussi exposé une scène de nuit, que nous eussions pu comparer avec celle de Vernet, si le tapissier l'eût voulu ; mais il a placé l'une de ces compositions à un des bouts du Salon, et l'autre à l'autre bout. Il a craint que ces deux morceaux ne se tuassent. Je les ai bien regardés ; mais j'avoue que je n'en sais pas assez pour juger entre eux. Il y a, ce me semble, plus de vigueur, d'un côté ; plus d'harmonie et de moelleux, de l'autre. Quant à l'intérêt, des pâtres mêlés avec leurs animaux qui se réchauffent sous une roche, ne sont pas à comparer avec une femme mourante, qu'on rappelle à la vie. Je ne crois pas non plus que le paysage qui occupe le reste de la toile de Loutherbourg, soit à mettre en parallèle avec la marine qui occupe le reste de la toile de Vernet. Les lumières de Vernet sont infiniment plus vraies, et son pinceau plus précieux. Je résume. Loutherbourg seroit vain du tableau de Vernet ; Vernet ne rougiroit pas de celui de Loutherbourg.

Un des morceaux des quatre Saisons, celui où l'on voit à droite, sur le fond, un moulin à eau, autour du moulin les eaux courantes, au bord des eaux des femmes qui lavent du linge, m'a singulièrement frappé par la couleur, la fraîcheur, la diversité des objets, la beauté du site, et la vie de la nature.

Le reste des paysages fait dire *aliquando bonus dormitat Homerus*. Ces roches jaunâtres sont ternes, sourdes, sans effet. C'est par-tout une même teinte ; composition malade de bile répandue : le pélerin qui les traverse est pauvre, mesquin, dur et sec. Un peintre, jaloux de sa réputation, n'auroit pas montré ce morceau ; un peintre, jaloux de la réputation de son confrère, l'auroit mis au grand jour. J'aime à voir que Chardin pense et sente bien.

Autre composition malade d'une maladie plus dangereuse ; c'est la bile verte répandue. Celui-ci est aussi sec, aussi monotone, aussi terne, aussi froid, aussi sale que le précédent. Chardin l'a fourré dans le même coin. M. Chardin, je vous en loue.

Il y aura, mon ami, dans cet article de Vernet, quelques redites de ce que j'en écrivois il y a deux ans; mais l'artiste me montrant le même génie et le même pinceau, il faut bien que je retombe dans le même éloge. Je persiste dans mon opinion. Vernet balance *Claude le Lorrain* dans l'art d'élever des vapeurs sur la toile; et il lui est infiniment supérieur dans l'invention des scènes, le dessin des figures, la variété des incidens, et le reste. Le premier n'est qu'un grand paysagiste tout court; l'autre est un peintre d'histoire, selon mon sens. *Le Lorrain* choisit des phénomènes de nature plus rares, et par cette raison peut être plus piquant. L'atmosphère de Vernet est plus commune, et par cette raison plus facile à reconnoître.

ROSLIN.

77. *Un père arrivant à sa terre, où il est reçu par sa famille.*

Tableau de dix pieds sur huit.

C'est la famille de la Rochefoucauld. Il y avoit concurrence entre Roslin et Greuze. Notre amateur, M. Watelet, qui sait en peinture tout ce qu'il en a écrit en poésie, et M. de Marigny,

chef et protecteur des arts, ont fait préférer Roslin. Voyons ce qu'a fait celui-ci; et nous dirons ensuite un mot de ce que l'autre se proposoit de faire. Je vais prendre ma description par la droite, et la suivre jusqu'à l'extrémité gauche de la toile.
— On voit d'abord un carrosse de campagne, le cocher sur son siége, et quelques valets de pied. Vers la portière, plus sur le devant, une paysanne par le dos, étalant son tablier pour recevoir quelque largesse. Au pied de cette femme, un enfant encore par le dos, agenouillé, et le corps appuyé sur une hotte; puis, un autre domestique. Plus sur le devant, un enfant en chemise et en culotte, tête et pieds nus, avec un grouppe de paysans et de paysannes, auxquels un autre valet-de-pied distribue des aumônes. Le fils de la maison derrière son père. Le père, au-devant duquel la mère et ses filles, l'une à sa gauche, l'autre à sa droite, s'avancent bien posément. Derrière la mère, à quelque distance, un jeune homme faisant une révérence maussade. Proche de lui, deux jeunes enfans. Tout-à-fait sur la gauche, une jeune fille. Voilà les personnages et quelques-uns des accessoires. Couvrez le fond d'une grande terrasse de verdure, et vous aurez toute la sublime composition de Roslin.

Une idée folle, dont il est impossible de se défendre au premier aspect de ce tableau, c'est qu'on voit le théâtre de Nicolet, et la plus belle parade qui s'y soit jouée. On se dit à soi-même : Voilà le père Cassandre ; c'est lui, je le reconnois à son air long, sec, triste, enfumé et maussade. Cette grande créature, qui s'avance en satin blanc, c'est mademoiselle Zirzabelle ; et celui-là qui tire sa révérence, c'est le beau M. Liandre; c'est lui. Le reste, ce sont les bambins de la famille.

Jamais composition ne fut plus sotte, plus plate et plus triste. Le roi des figures l'a surnommée le jeu de quilles. Mais faisons marcher aussi nos observations de la droite à la gauche. Les laquais, les valets-de-pied, les paysans, les enfans, le carrosse, durs et secs, tant qu'on veut. Les autres figures, sans expression dans les têtes, sans grace, sans dignité dans le maintien. C'est un cérémonial d'un froid, d'un empesé, à faire bâiller. Ni cette femme ne songe à aller au-devant de son époux les bras ouverts, ni cet époux à ouvrir ses bras pour la recevoir, ni aucun de ses petits enfans ne se détache des autres et ne crie : Bon jour, mon grand-papa ; bon jour, mon grand-papa. Je ne sais si tous ces gens-là étoient bien pressés, bien contens de le rejoindre ; cela devoit être ; car c'est la famille de France la plus unie, la plus honnête, et où l'on s'aime le plus ; mais c'est à l'hôtel, et non sur la toile de Roslin. Ici, il n'y a ni ame, ni vie, ni joie, ni vérité. Ni ame, ni vie, ni joie, ni vérité dans les maîtres.

Ni ame, ni vie, ni joie, ni vérité dans les valets. Ni ame, ni vie, ni vérité, ni joie, ni mouvement dans les paysans. C'est un grand et triste éventail. Cette grande terrasse verte et monotone, qui occupe le fond, joue très-bien le vieux tapis usé d'un billard, et achève d'obscurcir, d'assourdir et d'attrister la scène.

Cependant il faut avouer qu'il y a des étoffes, des draperies, des imitations de détail de la plus grande vérité. Ce satin, par exemple, de mademoiselle Zirzabelle, est on ne peut mieux de mollesse, de couleur, de reflets et de plis. Mais s'il ne faut pas habiller un homme comme un mannequin, il ne faut pas habiller un mannequin comme un homme. Plus la draperie est vraie, plus l'ensemble déplaît, si la figure est fausse. J'en dis autant de la perfection de ces broderies. Plus elles sont parfaites, plus elles font sortir la fausseté des objets faux sur lesquels elles sont appliquées. Puisque toutes les figures sont mannequinées, il falloit aussi mannequiner les draperies. Voulez-vous sentir la vérité de mon observation, attachez un beau point d'Hongrie sur un bras de bois, vous verrez comme le travail et la richesse du point, et la vérité des plis, dessécheront encore et roidiront ce bras de bois.

Ce rare morceau coûte quinze mille francs; et l'on donneroit toute chose à un homme de goût pour l'accepter, qu'il n'en voudroit point. Une seule tête de Greuze auroit mieux valu...Mais, me direz-vous, Greuze fait le portrait, et supérieurement à Roslin....Il est vrai.... Greuze compose, et Roslin n'y entend rien..... D'accord... Pourquoi donc le Watelet et le Marigny ?... Et qui est-ce qui sait les motifs particuliers qui meuvent ces grandes têtes-là ? Greuze proposoit de rassembler la famille dans un salon le matin, d'occuper les hommes à de la physique expérimentale, les femmes à travailler, et les enfans turbulens à désespérer les uns et les autres. Il proposoit quelque chose de mieux; c'étoit d'amener au château du bon seigneur, les paysans, pères, mères, frères, sœurs, enfans, pénétrés de la reconnoissance du secours qu'ils en avoient obtenu dans la disette de 1757. Dans cette année malheureuse, M. de la Rochefoucauld sacrifia soixante mille francs à faire travailler tous les habitans de sa terre. On donna six liards, deux sols aux enfans de cinq ans qui ramassoient des pierres dans des petits paniers. Voilà l'action qu'il convenoit de consacrer par la peinture; et l'on conviendra que ce spectacle eût autrement affecté que les complimens du père Cassandre, les révérences de M. Liandre, le satin de mademoiselle Zirzabelle, et toute la parade de Nicolet.

Roslin est aujourd'hui un aussi bon brodeur, que Carles Vanloo fut autrefois un grand teinturier. Cependant il pouvoit être un peintre; mais il fal-

loit venir de bonne heure dans Athènes. C'est là
qu'aux dépens de l'honneur, de la bonne-foi, de
la vertu, des mœurs, on a fait des progrès surprenans dans les choses de goût, d'art. Le sentiment de la grace dans la connoissance et le choix
des caractères, des expressions, et des autres accessoires d'un art qui suppose le tact le plus délié,
le plus délicat, le jugement le plus exquis, je ne
sais quelle noblesse, une sorte d'élévation, une
multitude de qualités fines, vapeurs délicieuses
qui s'élèvent du fond d'un cloaque. Ailleurs, on
aura de la verve; mais elle sera dure, agreste et
sauvage. Les Goths, les Vandales ordonneront
une scène; mais combien de siècles s'écouleront
avant qu'ils sachent, je ne dis pas l'ordonner
comme Raphaël, mais sentir combien Raphaël l'a
noblement, simplement, grandement ordonnée.
Croyez-vous que les beaux-arts puissent avoir
aujourd'hui, à Neufchatel ou à Berne, le caractère
qu'ils ont eu autrefois dans Athènes ou dans Rome,
ou même celui qu'ils ont sous nos yeux à Paris ?
Non, les mœurs n'y sont pas. Les peuples sont
dispersés par pelotons. Chacun parle un ramage
particulier, dur et barbare. Il n'y a point de concurrence d'un canton à un autre. Il faut la rivalité
et l'effervescence de vingt millions d'hommes réu-
nis, pour faire sortir de la foule un grand artiste.
Prenez ces soixante mille ouvriers qui forment
notre manufacture de Lyon; dispersez-les dans

le royaume; peut-être la main-d'œuvre restera-t-elle la même; mais le goût sera perdu. Il est une empreinte nationale que Roslin a gardée, et qui l'arrête. Si Mengs fait des prodiges, c'est qu'il s'est expatrié jeune; c'est qu'il est à Rome; c'est qu'il n'en est pas sorti. Arrachez-le d'au-delà des Alpes; séparez-le des grands modèles; enfermez-le à Breslaw; et nous verrons ce qu'il deviendra. Et pourquoi ne vous le garantirois-je pas abâtardi, nul, avant qu'il soit dix ans? Moi qui vois tous les jours nos maîtres et nos élèves perdre ici, dans la capitale, le grand goût qu'ils ont apporté de l'école romaine; moi qui connois par expérience l'influence du séjour de la province; moi qui ai vécu dans le même grenier avec Preisler et Wille, et qui sais ce qu'ils sont devenus. Jusqu'à présent, je n'ai connu qu'un homme, dont le goût soit resté pur et intact au milieu des barbares: c'est Voltaire; mais quelle conséquence générale à tirer d'un être bizarre qui devient généreux et gai, à l'âge où les autres deviennent avares et tristes!

78. *Une tête de jeune fille.*

Cet essai des pastels à l'huile ne me déplaît pas. Cette manière de peindre est vigoureuse; cela tiendra mieux que cette poussière précieuse que le peintre en pastel dépose sur sa toile, et qui s'en détache aussi facilement que celle des ailes du papillon.

79. *Autres Portraits.*

Ses autres portraits sont communs, pour ne rien dire de pis. Nulle transparence : ces emprunts imperceptibles, cette dégradation délicate d'où résulte l'harmonie, ne vous y attendez pas ; ils sont d'une couleur (je ne dis pas d'un coloris) entière ; c'est du rouge et du plâtre.

Nos deux Dames de France, bien engoncées, bien roides, bien massives, bien ignobles, bien maussades, bien plaquées de vermillon, ressemblent supérieurement à deux têtes de coiffeuses, surchargées de graines, de chenilles, d'agrémens, de chaînettes, de points, de souci de hannetons, de fleurs, de festons, de toute la boutique d'une marchande de modes : ce sont, si vous l'aimez mieux, deux grosses créatures en chasuble, qu'on ne sauroit regarder sans rire, tant le mauvais goût en est évident.

VALADE.

Nous devons, mon ami, un petit remercîment à nos mauvais peintres ; car ils ménagent votre copiste et mon temps. Vous m'acquitterez auprès de M. Valade, si vous le rencontrez jamais.

Roslin est un *Guide*, un *Titien*, un *Paul Véronèse*, un *Vandick*, en comparaison de Valade.

82. DESPORTES, Neveu.

Ne m'oubliez pas non-plus auprès de M. Desportes.

Desportes le neveu peint les animaux et les fruits. Voici un de ses morceaux ; et ce n'est pas le plus mauvais. Imaginez à droite un grand arbre ; suspendez à ses branches un lièvre grouppé avec un canard : au-dessous, accrochez la gibecière, la carnacière et la poire à poudre. Etendez à terre un lapin et quelques faisans : placez au centre du tableau, sur le devant, un chien couchant, formant un arrêt sur le gibier qui est au pied de l'arbre ; et, sur le fond, un lévrier qui retourne la tête, et fixe le gibier suspendu.

Cela n'est pas sans couleur et sans vérité. M. Desportes, attendez que M. Chardin n'y soit plus ; et nous vous regarderons. Je ne me soucie ni de ce morceau, ni de celui où sur une table de marbre on voit à droite des livres à plat, avec un gros *in-folio* sur la tranche, qui sert d'appui à un livre de musique ouvert, contre lequel est dressé un violon ; à gauche, une guirlande de muscats blancs, des fruits, des prunes, des grains de raisin détachés, et des roses. Mais j'aime mieux le premier.

Vous avez vu comme cela étoit dur et crud : eh bien ! entre vingt mille personnes, que nos peintres ont attirées au Salon, je gage qu'il n'y en a pas cinquante en état de distinguer ces tableaux de ceux de Chardin. Et puis, travaillez, donnez-vous bien de la peine, effacez, peignez, repeignez; et pour qui ? pour cette petite église invisible d'élus, qui entraînent les suffrages de la multitude, me répondrez-vous ; et qui assurent tôt ou tard à un artiste son véritable rang. En attendant, il est confondu avec la multitude ; et il meurt en attendant que nos apôtres clandestins ayent opéré la conversion des sots. Il faut, mon ami, travailler pour soi; et tout homme qui ne se paye pas par ses mains, en recueillant dans son cabinet, par l'ivresse, par l'enthousiasme du métier, la meilleure partie de sa récompense, feroit fort bien de demeurer en repos.

Madame VIEN.

83. *Un pigeon qui couve.*

Il est posé sur son panier d'osier. On voit des brins de la paille du nid, qui s'échappent irrégulièrement autour de l'oiseau. Il a de la sécurité. Sans voir le nid, un savant pigeonnier comme vous devineroit ce qu'il fait. Il est de profil ; et l'on croit le voir en entier. Son plumage brun est de la plus grande vérité : la tête et le cou sont à tromper. La finesse et le précieux de ce morceau arrêtent et font plaisir. Si je ne craignois qu'on m'accusât de m'arrêter à des fétus, je dirois que les brins d'osier du panier sont trop foiblement touchés par-devant, et que c'est le contraire aux brins de paille qui sortent du panier par-derrière.

DE MACHY.

Les belles études qu'il y auroit à faire au Salon ! Que de lumières à recueillir de la comparaison de Vanloo avec Vien, de Vernet avec le Prince, de Chardin avec Roland, de Machy avec Servandoni ! Il faudroit être accompagné d'un artiste habile et véridique, qui nous laisseroit voir et dire tout à notre aise ; et qui nous cogneroit de temps en temps le nez sur les belles choses que nous aurions dédaignées, et sur les mauvaises qui nous auroient extasiés. On ne tarderoit pas à s'entendre au technique : pour l'idéal, cela ne s'apprend pas. Celui qui sait juger un poëte sur ce point, sait aussi juger un peintre. Il y auroit seulement quelques sujets, où le *Cicerone* nous feroit sentir que l'artiste a préféré telle action moins vraie, tel caractère plus foible, telle position moins frappante, et d'autres dont il ne méconnoissoit pas l'avantage, parce qu'il y avoit plus à perdre qu'à gagner pour l'ensemble. De Machy, vu tout seul, peut obtenir un signe d'approbation. Placé devant

Servandoni, on crache dessus. En voyant l'un agrandir de petites choses, on sent que l'autre en rapetisse de grandes. Le coloris ferme et vigoureux du premier, fait sortir le papier mâché, le gris, le blafard du second. Quelqu'obtus qu'on soit, il faut être frappé de la fadeur, de l'insipidité de celui-ci, mise en contraste avec la verve et la chaleur de celui-là.

Allons au fait.

85. *Le Portail de Sainte-Geneviève, le jour que le roi en posa la première pierre.*

Ce portail, qui est grand et noble, est devenu un petit château de cartes. Ce concours, ce tumulte du peuple, où il y eut plusieurs citoyens blessés, étouffés, écrasés, il n'y est pas; mais à la place, de petits bataillons quarrés de marionnettes bien droites, bien tranquilles, bien de file les unes à côté des autres ; la froide symmétrie d'une procession, à la place du désordre, du mouvement d'une grande cérémonie. Il n'y a ni verve, ni variété, ni caractères, ni couleur, ni esprit ; nul effet général ; ton blafard. Cochin vaut infiniment mieux dans ses Bals de la cour.

86. *La Colonnade du Louvre.*

Second tableau de Machy, ne donne aucune idée de la chose. Il n'y a de surprenant que l'art de réduire à rien un des plus grands, des plus imposans monumens du monde. C'est tout au rebours de Servandoni. Ecrivez sous ce morceau : *Magnus videri, sentiri parvus.*

87. *Le passage sous le péristyle du Louvre, du côté de la rue Fromenteau.*

Troisième morceau, peint gris, grande architecture encore appauvrie ; c'est le talent de l'homme. Il y a cependant un rayon de soleil qui vient du dedans de la cour, qui a de l'effet.

88. *La construction de la nouvelle Halle,*

Quatrième morceau, est plate, toujours grise, sans entente de lumière : c'est un vrai tableau de lanterne magique. Comme il montre des grues, des échafauds, du fracas, et qu'il papillotte bien d'ombres noires, très-noires, et de lumières blanches, très-blanches ; projeté sur un grand drap, il réjouira beaucoup les enfans.

89. Je ne sais ce que c'est que ces *autres Ruines*, ni vous, ni moi, ni personne.

DROUAIS, *portraitiste.*

Bien des remercîmens à Drouais, avec les vôtres ; vous m'entendez. Tous les visages de cet homme-là ne sont que le rouge vermillon le plus précieux, artistement couché sur la craie la plus fine et la plus blanche. Passons tous ces portraits, vîte, vîte, pour nous arrêter un moment devant ce

90. *Jeune homme vêtu à l'espagnole, et jouant de la mandore.*

Il est certain qu'il est charmant de caractère, d'ajustement et de visage; et que, si un enfant de cet âge-là se promenoit au Palais-Royal ou aux Tuileries, il arrêteroit les regards de toutes nos femmes ; et qu'à l'église il n'y a point de dévote qui n'en eût quelque distraction : mais il est beau comme toutes nos dames que nous voyons passer dans leurs chars dorés sur le rempart. Il n'y en a pas une de laide sur le devant ou sur le fond de sa voiture, et pas une qui ne déplût sur la toile. Ce n'est pas de la chair ; car où est la vie, l'onctueux, le transparent, les tons, les dégradations, les nuances ? c'est un masque de cette peau fine dont on fait les gants de Strasbourg ; aussi ce jeune homme, attrayant par sa jeunesse, la grace de sa position, le luxe de son ajustement, est-il froid, insipide et mort.

Supposez, mon ami, au *petit Anglois* dont vous voulez que je parle, une couleur vraie ; et le morceau sera précieux ; car il est bien vêtu, et d'une naïveté d'expression et de caractère tout-à-fait piquante. Il a quelque chose de plus original que son Polisson, qui fit une fortune si générale au Salon dernier.

JULIART.

A M. Juliart la même politesse, s'il vous plaît, qu'à M. Drouais. Si vous trouvez ame qui vive à Paris, autre que *le menu M. de La Ferté*, qui sache que M. Juliart ait fait *un paysage, deux paysages, trois dessins de paysage*, j'ai tort de ne les avoir pas vus, admirés, et de m'en taire. Cependant, mon ami, ma devise n'est pas celle du sage d'Horace : *Nil admirari*. Si l'on ne peut obtenir et garder le bonheur qu'à cette condition, Denis le philosophe est fort à plaindre.... Vous entendez mal le *nil admirari* du poëte, me direz-vous ; c'est *il ne faut s'étonner de rien*.... Grimm, prenez-y garde ; on n'admire guère ce qui n'étonne pas ; et comptez que, si M. de La Ferté, propriétaire des productions de M. Juliart, admire ces productions, c'est qu'il est plus ou moins étonné du prodigieux talent de l'artiste.

CASANOVE.

C'est un grand peintre que ce Casanove ; il a de l'imagination, de la verve ; il sort de son cerveau des chevaux qui hennissent, bondissent, mordent, ruent et combattent ; des hommes qui s'égorgent en cent manières diverses ; des crânes entr'ouverts, des poitrines percées, des cris, des menaces, du feu, de la fumée, du sang, des morts, des mourans, toute la confusion, toutes les horreurs d'une mêlée. Il sait aussi ordonner des compositions plus tranquilles, et montrer aussi bien le soldat en marche, ou faisant halte, qu'en bataille; et quelques-unes des parties les plus importantes du technique ne lui manquent pas.

94. *Une Marche d'armée.*

Voici une des plus belles machines et des plus pittoresques que je connoisse. Le beau spectacle! la belle et grande poésie! Comment vous transporterai-je au pied de ces roches qui touchent le ciel? Comment vous montrerai-je ce pont de grosses poutres soutenues en dessous par des chevrons, et jeté du sommet de ces rochers vers ce vieux château? Comment vous donnerai-je une idée vraie de ce vieux château, des antiques tours dégradées qui le composent, et de cet autre pont en voûte qui les unit et les sépare? Comment ferai-je descendre le torrent des montagnes, en précipiterai-je les eaux sous ce pont, et les répandrai-je tout autour du site élevé sur lequel la masse de pierre est construite? Comment vous tracerai-je la marche de cette armée, qui part du sentier étroit qu'on a pratiqué sur le sommet des roches, et qui conduit laborieusement et tortueusement les hommes du haut de ces roches sur le pont qui les unit au château? Comment vous effrayerai-je pour ces soldats, pour ces lourdes et pesantes voitures de bagages qui passent de la montagne au château, sur cette tremblante fabrique de bois ? Comment vous ouvrirai-je entre ces bois pourris, des précipices obscurs et profonds ? Comment ferai-je passer tout ce monde sous les portes d'une des tours, le conduirai-je de ces portes sous la voute de pierre qui les unit, et le disperserai-je ensuite dans la plaine ? Dispersé dans la plaine, vous exigerez que je vous peigne les uns baignant leurs chevaux, les autres se désaltérant, ceux-ci étendus nonchalamment sur les bords de cet étang vaste et tranquille ; ceux-là, sous une tente qu'ils ont formée d'un grand voile qui tient ici au tronc d'un arbre, là à un bout de roche, buvant, causant, riant, mangeant, dormant, assis, debout, couchés sur le dos, couchés sur le ventre, hommes, femmes, enfans, armes, chevaux, bagages. Mais peut-être qu'en désespérant de réaliser dans votre imagination tant d'objets animés, inanimés, ils le sont ; et je l'ai fait. Si cela est, Dieu soit loué. Cependant, je ne m'en tiens pas quitte. Laissons respirer la muse de Casanove et la mienne ; et regardons leur ouvrage plus froidement.

A droite du spectateur, imaginez une masse de grandes roches de hauteur inégale ; sur les plus basses de ces roches, un pont de bois jeté de leur sommet, au pied d'une tour ; cette tour, unie et séparée d'une autre tour, par une voûte de pierre ; cette fabrique, d'ancienne architecture militaire, bâtie sur un monticule ; des eaux qui descendent des montagnes, se rendent sous le pont de bois, sous la voûte de pierre, font le tour par derrière le monticule, et forment à sa gauche un vaste étang. Supposez un arbre au pied du monticule; couvrez le monticule de mousse et de verdure; appliquez contre la tour, qui est à droite, une chaumière; faites sortir d'entre les pierres dégradées du sommet de l'une et l'autre tour, des arbrisseaux et des plantes parasites. Hérissez-en la cime des montagnes qui sont à gauche. Au-delà de l'étang, que les eaux ont formé à droite, supposez quelques ruines lointaines; et vous aurez une idée du local.

Voici maintenant la marche de l'armée.

Elle défile du sommet des montagnes qui sont à droite, par un sentier escarpé; elle se rend sur le pont de bois jeté des plus basses de ces montagnes au pied d'une des tours du château; elle tourne le monticule sur lequel le château est élevé; elle gagne la voute de pierre qui unit les deux tours; elle passe sous cette voûte; et de-là elle se répand, de gauche et de droite, autour du monticule, sur les bords de l'étang; et arrive, en se repliant, au bas des hautes montagnes du sommet desquelles elle est partie. En levant les yeux, chaque soldat peut mesurer avec effroi la hauteur d'où il est descendu.

Passons aux détails. On voit au sommet des roches quelques soldats en entier; à mesure qu'ils s'engagent dans le sentier escarpé, ils disparoissent; on les retrouve lorsqu'ils débouchent sur le pont de bois ; ce pont est chargé d'une voiture de bagages ; une grande partie de l'armée a déjà fait le tour du monticule, passé sous la voûte de pierre, et se repose. Supposez autour du monticule sur lequel le château s'élève, tous les incidens d'une halte d'armée ; et vous aurez le tableau de Casanove. Il n'est pas possible d'entrer dans le récit de ces incidens; ils se varient à l'infini ; et puis, ce que j'en ai esquissé dans les premières lignes suffit.

Ah ! si la partie technique de cette composition répondoit à la partie idéale ! Si Vernet avoit peint le ciel et les eaux, Loutherbourg le château et les roches, et quelqu'autre grand maître les figures. Si tous ces objets, placés sur des plans distincts, avoient été éclairés et colorés selon la distance de ces plans, il faudroit avoir vu une fois en sa vie ce tableau ; mais malheureusement il manque de toute la perfection qu'il auroit reçue de ces différentes mains. C'est un beau poëme, bien conçu, bien conduit, et mal écrit.

Ce tableau est sombre, il est terne, il est sourd. Toute la toile ne vous offre que les divers accidens d'une grande croûte de pain brûlé ; et voilà l'effet de ces grandes roches, de cette grande masse de pierre élevée au centre de la toile, de ce merveilleux pont de bois, et de cette précieuse voûte de pierre, détruit et perdu ; et voilà l'effet de toute cette variété infinie de grouppes et d'actions détruit et perdu. Il n'y a point d'intelligence dans les tons de la couleur ; point de dégradation perspective ; point d'air entre les objets ; l'œil est arrêté, et ne sauroit se promener. Les objets de devant n'ont rien de la vigueur exigée par leurs sites. Mon ami, si la scène se passe proche du spectateur, la figure placée la plus voisine de lui, sera au-moins huit ou dix fois plus grande que celle qui sera distante de huit ou dix toises de cette figure ; alors, ou de la vigueur sur le devant, ou point de vérité, point d'effet. Si au contraire le spectateur est loin de la scène, les objets seront relativement d'une dégradation plus insensible, et exigeront des tons plus doux, parce qu'il y aura plus de corps d'air entre l'œil et la scène. La proximité de l'œil sépare les objets ; sa distance les presse et les confond. Voilà l'*a*, *b*, *c*, que Casanove paroît avoir oublié. Mais comment, me direz-vous, a-t-il oublié ici ce dont il se souvient si bien ailleurs ? Vous répondrai - je comme je sens ? C'est qu'ailleurs son ordonnance est à lui ; il est inventeur. Ici, je le soupçonne de n'être que compilateur. Il aura ouvert ses portefeuilles d'estampes ; il aura habilement fondu trois ou quatre morceaux de paysagistes ensemble ; il en aura fait un croquis admirable ; mais lorsqu'il aura été question de peindre ce croquis, le faire, le métier, le talent, le technique l'auront abandonné. S'il avoit vu la scène dans la nature ou dans sa tête, il l'auroit vue avec ses plans, son ciel, ses eaux, ses lumières, ses vraies couleurs ; et il l'auroit exécutée. Rien n'est si commun et si difficile à reconnoître que le plagiat en peinture. Je vous en dirai peut-être un mot dans l'occasion. Le style le décèle en littérature ; la couleur, en peinture. Quoi qu'il en soit, combien de beautés détruites par le monotone de ce morceau, qui reste, malgré cela, par la poésie, la variété, la fécondité, les détails des actions, la plus belle production de Casanove.

Il est de onze pieds de long, sur sept pieds de haut.

95. *Une Bataille.*

Tableau de quatre pieds de long, sur trois pieds de haut.

C'est un combat d'Européens. On voit sur le devant un soldat mort ou blessé ; auprès, un cavalier dont le cheval reçoit un coup de bayonnette : ce cavalier lâche un coup de pistolet à un autre qui a le sabre levé sur lui. Vers la gauche, un cheval abattu, dont le cavalier est renversé ; sur le fond, une mêlée de combattans. A droite, sur le devant, des roches et des arbres rompus. Le ciel est éclairé de feux, et obscurci de fumée. Voilà la description la plus froide qu'il soit possible d'une action fort chaude.

95. *Autre Bataille.*

Mêmes dimensions qu'au précédent.

C'est une action entre des Turcs et des Européens. Sur le devant, un enseigne turc, dont le cheval est abattu d'un coup porté à la cuisse gauche : le cavalier semble d'une main couvrir sa tête de son drapeau, et de l'autre se défendre de son sabre. Cependant un Européen s'est saisi du drapeau, et menace de son épée la tête de l'ennemi. A droite, sur le fond, des soldats diversement attaquans et attaqués : entre ces soldats, on en remarque un, le sabre à la main, spectateur immobile. Sur le fond, à gauche, des morts, des mourans, des blessés, et d'autres soldats presque de repos.

Cette dernière bataille, c'est de la belle couleur prise sur la palette, et transportée sur la toile ; mais nulle forme, nul effet, point de dessin : et pourquoi ? C'est que les figures sont un peu grandes, et que notre Casanove ne sait pas rendre. Plus un morceau est grand, plus l'esquisse en est difficile à conserver.

La composition précédente, où les figures sont plus petites, est mieux. Toute-fois il y a du feu, du mouvement, de l'action dans toutes deux. On y frappe bien ; on s'y défend bien ; on y attaque, on y tue bien. C'est l'image que j'ai des horreurs d'une mêlée.

Casanove ne dessine pas précieusement. Ses figures sont courtes. Quoique chaud dans sa composition, je le trouve monotone et stérile. C'est toujours au centre de sa toile un grand cheval avec ou sans son cavalier. Je sais bien qu'il est difficile d'imaginer une action plus grande, plus noble, plus belle, que celle d'un beau cheval appuyé sur ses deux pieds de derrière, jetant avec impétuosité ses deux autres pieds en avant, la tête retournée, la crinière agitée, la queue ondoyante, franchissant l'espace au milieu d'un tourbillon de poussière : mais parce qu'un objet est beau, faut-il le répéter à tout propos ? Les autres affectent de pyramider de haut en bas; celui-ci, de pyramider de la surface de la toile vers le fond : autre monotonie. C'est toujours un point au centre de la toile, très-saillant en devant; puis, de ce point, sommet de la pyramide, des objets sur des plans qui vont successivement en s'étendant jusqu'à la partie la plus enfoncée, où se trouve le plus étendu de tous ces plans, ou la base de la pyramide. Cette ordonnance lui est si propre, que je le reconnoîtrois d'un bout à l'autre d'une galerie.

96. *Un Cavalier espagnol.*

Petite composition de dix pouces de large, sur quatorze pouces de haut.

L'Espagnol est à cheval : il occupe presque toute la toile. La figure, le cheval et l'action, sont du plus grand naturel. On voit, à droite, une troupe de soldats qui défilent vers le fond ; à gauche, ce sont des montagnes très-suaves.

Beau petit tableau, très-vigoureux, très-chaud de couleur, et très-vrai; bonne touche, et spirituelle ; effet décidé, sans dureté. Achetez ce beau petit tableau ; et soyez sûr de ne vous en jamais dégoûter, à-moins que vous ne soyez né inconstant dans vos goûts. On quitte la femme la plus aimable, sans autre motif que la durée de ses complaisances. On s'ennuie de la plus douce des jouissances, sans trop savoir pourquoi. Pourquoi le tableau auroit-il quelque privilège sur la chose ? C'est pourtant une chose bien agréable que la vie ! L'habitude, qui nous attache, rend les possessions moins flatteuses, et les privations plus cruelles. Comme cela est arrangé ! Y avez-vous jamais rien compris ?

BAUDOUIN.

Bon garçon, qui a de la figure, de la douceur, de l'esprit, un peu libertin ; mais qu'est-ce que cela me fait ? Ma femme a ses quarante-cinq ans passés ; et il n'approchera pas de ma fille, ni lui ni ses compositions.

Il y avoit au Salon une quantité de petits tableaux de Baudouin ; et toutes les jeunes filles, après avoir promené leurs regards distraits sur quelques tableaux, finissoient leurs tournées à l'endroit où l'on voyoit *la Paysanne querellée par sa Mère, et le cueilleur de Cerises;* c'étoit pour cette traversée qu'elles avoient réservé toute leur attention. On lit plutôt à un certain âge un ouvrage libre qu'un bon ouvrage ; et l'on s'arrête plutôt devant un tableau ordurier que devant un bon tableau. Il y a même des vieillards qui sont punis de la continuité de leurs débauches, par le goût stérile qu'ils en ont conservé. Quelques-uns de ces vieillards se traînoient aussi, béquille en main, dos voûté, lunettes sur le nez, aux petites infamies de Baudouin.

98. *Le Confessionnal.*

Un confessionnal est occupé par un prêtre. Il est entouré d'un troupeau de fillettes qui viennent s'accuser du péché qu'elles ont fait ou qu'elles feroient volontiers ; voilà pour l'oreille gauche du confesseur. Son oreille droite entendra les sottises des vieilles, des vieillards et des morveux qui occupent ce côté. Le hasard ou la pluie font entrer deux grands égrillards à l'église : les voilà qui ruent tout au travers des jeunes pénitentes. Le scandale s'élève. Le prêtre s'élance de sa boîte; il s'adresse durement à nos deux étourdis. Voilà le moment du tableau. Un de ces jeunes hommes, la lorgnette à la main, l'air ironique et méprisant, la tête retournée vers le confesseur, est tenté de lui dire son fait. Son camarade, qui pressent que l'affaire peut devenir grave, cherche à l'entraîner. Les fillettes ont la plûpart les yeux hypocritement baissés; les vieilles et les vieillards sont courroucés; les marmousets, placés derrière leurs parens, sourient. Cela est plaisant; mais la piété de notre archevêque, qui n'entend pas la plaisanterie, a fait ôter ce morceau.

99. *La Fille éconduite.*

Dans un petit appartement de plaisir, un boudoir, on voit nonchalamment étendu sur une chaise longue, un cavalier peu disposé à renouveler sa fatigue; debout, à côté de lui, une fille en chemise, l'air piqué, semble lui dire, en se remettant du rouge : *Et c'est là tout ce que vous saviez ?*

100. *Le Cueilleur de cerises.*

On voit sur un arbre un grand garçon jardinier qui cueille des cerises. Au pied de l'arbre, une jeune paysanne prête à les recevoir dans son tablier : une autre paysanne, assise à terre, regarde le cueilleur; entre celle-ci et l'arbre, un âne chargé de ses paniers, qui broute. Le jardinier a jeté sa poignée de cerises dans le giron de la paysanne; il ne lui en est resté dans la main que deux, accouplées sur la même queue qui les tient suspendues au doigt du milieu. Mauvaise pointe, idée plate et grossière; mais je dirai mon avis de tout cela à la fin.

101. *Petite Idylle galante.*

A droite, une ferme avec son colombier. A la porte de la ferme, au-dessous du colombier, une jeune paysanne assise, ou plutôt voluptueusement renversée sur un banc de pierre; derrière elle, sa sœur cadette, debout : elles regardent, toutes deux, deux pigeons qui sont à terre à quelque distance, et qui se caressent. L'aînée rêve et soupire; la cadette lui fait signe du doigt de ne pas effaroucher les deux oiseaux! Au haut de la maison, à la fenêtre d'un grenier à foin, un jeune paysan qui sourit malignement de l'indiscrétion voluptueuse de l'une, et de la crainte ingénue de l'autre. Passe pour cela; c'est comme ma description, on y entend tout ce qu'on veut et tout ce qui y est, sans rougir. Autour du banc, on a jeté confusément un chaudron, des choux, des panais, une cruche, un tonneau, et d'autres objets champêtres.

101. *Le Lever*.

C'est une jeune femme assise sur le bord d'un lit en baldaquin, et qui vient d'en sortir. Debout, sur un plan un peu plus reculé, une femme-de-chambre lui présente sa chemise ; à ses pieds, et plus sur le devant, une autre femme-de-chambre se dispose à lui mettre ses mules. Je ne sens pas le sel de cela. Voilà des mules où ces pieds n'entreront jamais : cela est ridicule et vrai.

101. *La Fille querellée par sa mère.*

La scène est dans une cave. La fille et son doux ami en étoient sur un point, sur un point... c'est dire assez que ne le dire point.... lorsque la mère est arrivée justement, justement... C'est dire encore ceci bien clairement. La mère est en grande colère ; elle a les deux poings sur les côtés. Sa fille debout, ayant derrière elle une belle botte de paille fraîchement foulée, pleure ; elle n'a pas eu le temps de rajuster son corset et son fichu ; et il y paroît bien. A côté d'elle, sur le milieu de l'escalier de la cave, on voit, par le dos, un gros garçon qui s'esquive. A la position de ses bras et de ses mains, on n'est aucunement en doute sur la partie de son vêtement qu'il relève. Nos amans étoient, du reste, gens avisés. Au bas de l'escalier, il y a sur un tonneau, un pain, des fruits, une serviette, avec une bouteille de vin.

Cela est tout-à-fait libertin ; mais on peut aller jusques-là. Je regarde, je souris, et je passe.

101. *La fille qui reconnoît son enfant à Notre-Dame, parmi les enfans-trouvés ; ou la Force du sang.*

L'église. Entre deux piliers, le banc des enfans-trouvés ; autour du banc, une foule, la joie, le bruit, la surprise. Dans la foule, derrière la sœur grise, une grande fille qui tient un enfant, et qui le baise.

Beau sujet manqué. Je prétends que cette foule nuit à l'effet, et réduit un événement pathétique à un incident qu'on devine à-peine ; qu'il n'y a plus ni silence, ni repos ; et qu'il ne falloit là qu'un petit nombre de spectateurs. Le dessinateur Cochin répond que plus la scène est nombreuse, plus la force du sang paroît. Le dessinateur Cochin raisonne comme un littérateur, et moi je raisonne comme un peintre. Veut-on faire sortir la force du sang dans toute sa violence, et conserver à la scène son repos, sa solitude et son silence, voici comme il falloit s'y prendre, et comme Greuze s'y seroit pris. Je suppose qu'un père et qu'une mère s'en soient allés à Notre-Dame avec leur famille, composée d'une fille aînée, d'une sœur cadette et d'un petit garçon. Ils arrivent au banc des enfans-trouvés; le père, la mère avec le petit garçon, d'un côté; la fille aînée et sa sœur cadette, de l'autre. L'aînée reconnoît son enfant. A l'instant, emportée par la tendresse maternelle, qui lui fait oublier la présence de son père, homme violent, à qui la faute avoit été cachée, elle s'écrie, elle porte ses deux bras vers cet enfant; sa sœur cadette a beau la tirer par son vêtement, elle n'entend rien. Cependant que cette cadette lui dit tout bas : *Ma sœur, vous êtes folle, vous n'y pensez pas; mon père....* la pâleur s'empare du visage de la mère, et le père prend un air terrible et menaçant; il jette sur sa femme des regards pleins de fureur; et le petit garçon, pour qui tout est lettre close, bâille aux corneilles. La sœur grise est dans l'étonnement : le petit nombre de spectateurs, hommes et femmes d'un certain âge, car il ne doit point y en avoir d'autres, marquent, les femmes, de la joie, de la pitié; les hommes, de la surprise. Et voilà ma composition, qui vaut mieux que celle de Baudouin. Mais il faut trouver l'expression de cette fille aînée, et cela n'est pas aisé. J'ai dit qu'il ne devoit y avoir autour du banc que des spectateurs d'un certain âge; c'est qu'il est honnête et d'expérience que les autres, jeunes garçons et jeunes filles, ne s'y arrêtent pas. Donc... donc, Cochin ne sait ce qu'il dit. S'il défend son confrère contre la lumière de sa conscience et de son propre goût, à-la-bonne-heure.

Greuze s'est fait peintre, prédicateur des bonnes mœurs ; Baudouin, peintre, prédicateur des mauvaises. Greuze, peintre de famille et d'honnêtes gens ; Baudouin, peintre de petites maisons et de libertins : mais heureusement il n'a ni dessin, ni génie, ni couleur ; et nous avons du génie, du dessin, de la couleur, et nous serons les plus forts. Baudouin me disoit le sujet d'un tableau. Il vouloit montrer chez une sage-femme une fille qui vient d'accoucher clandestinement, et que la misère forçoit d'abandonner son enfant aux Enfans-Trouvés ; et que ne placez-vous, lui répondis-je, la scène dans un grenier ; et que ne me montrez-vous une honnête femme, que le même motif contraint à la même action ? cela sera plus beau, plus touchant et plus honnête. Un grenier prête plus au talent que le taudis d'une sage-femme. Quand il n'en coûte aucun sacrifice à l'art, ne vaut-il pas mieux mettre la vertu que le vice en scène ? Votre composition n'inspirera qu'une pitié stérile ; la mienne inspirera le même sentiment avec fruit.... Oh ! cela est trop sérieux ; et puis des modèles de filles, j'en trouverai tant qu'il me plaira.... Eh bien ! voulez-vous un sujet gai ?.... Oui, et même un peu graveleux, si vous pouvez ; car, je ne m'en défends pas, j'aime la gravelure, et le public ne la hait pas.... Puisqu'il vous faut

G *

de la gravelure, il y en aura ; et vos modèles seront encore rue Fromenteau.... Dites vîte, dites vîte.... tandis qu'il se frottoit les mains d'aise. Imaginez, continuai-je, un fiacre qui s'en va en-entre onze heures et midi à Saint-Denis. Au milieu la rue de ce nom, une des soupentes du fiacre casse; et voilà la voiture sur le côté ; la portière s'ouvre et il en sort un moine et trois filles. Le moine se met à courir; la caniche du fiacre saute d'à côté de son maître, suit le moine, l'atteint, et saisit des dents sa longue jaquette. Tandis que le moine se démène pour se débarrasser du chien, le fiacre, qui ne veut pas perdre sa course, descend de son siège, et va au moine. Cependant une des filles pressoit avec sa main une bosse qu'une de ses compagnes s'étoit faite au front; et l'autre, à qui l'aventure paroissoit comique, toute débraillée, et les mains sur les côtés, s'éclatoit de rire : les marchands et les marchandes en rioient aussi sur leurs portes; et les polissons qui s'étoient rassemblés, crioient au moine : *Il a chié au lit ! il a chié au lit!*..... Cela est excellent, dit Baudouin.... et même un peu moral. C'est du-moins le vice puni. Et qui sait si le moine de ma connoissance, à qui la chose est arrivée, faisant un tour au Salon, ne se reconnoîtra pas, et ne rougira pas? Et n'est-ce rien que d'avoir fait rougir un moine ?

La mère qui querelle sa fille est le meilleur des petits tableaux de Baudouin : il est mieux dessiné que les autres, et d'une assez jolie couleur; toujours un peu grisâtre. L'abattement de l'homme étendu sur le sopha de la fille qui remet du rouge, pas mal. Toute la scène du confessionnal vouloit être mieux dessinée, demandoit plus d'humeur, plus de force. Cela est sans effet; et, par-dessus le marché, la besogne de la patience, du temps, du tiers et du quart, augmentée, revue et corrigée par le beau-père.

Il y a aussi des *miniatures* et des *portraits*, de jolis portraits, et assez joliment peints; un *Sylène porté par des satyres* : durs, secs, rougeâtres, et les satyres et le Sylène. Tout cela n'est pas absolument sans mérite; mais il y manque.... Comment dirai-je ce qu'il y manque? Cela est difficile à dire, et très-essentiel à avoir; et malheureusement cela ne vient pas comme des champignons.... Mais pourquoi est-ce que je suis si embarrassé? Jamais les femmes ne devineront. Il y eut une fois un professeur de l'université qui tomba amoureux de la nièce d'un chanoine, en lui apprenant le latin. Il fit un enfant à son élève. Le chanoine s'en vengea cruellement. Est-ce que Baudouin auroit montré le latin, aimé et fait un enfant à la nièce d'un chanoine? Et que Dieu, mon ami, vous ait en sa sainte garde; et si ce n'est pas sa volonté de vous garantir des nièces de chanoine, qu'il vous garantisse du-moins des oncles.

ROLLAND DE LA PORTE.

On a dit, mon ami, que celui qui ne rioit pas aux comédies de Regnard, n'avoit pas le droit de rire aux comédies de Molière. Eh bien! dites à ceux qui passent devant Roland de La Porte sans s'arrêter, qu'ils n'ont pas le droit de regarder Chardin. Ce n'est pourtant ni la touche, ni la vigueur, ni la vérité, ni l'harmonie de Chardin; c'est tout contre, c'est-à-dire à mille lieues et à mille ans. C'est cette petite distance imperceptible, qu'on sent et qu'on ne franchit point. Travaillez, étudiez, soignez, effacez, recommencez, peines perdues. La nature a dit : Tu iras là, jusques-là, et pas plus loin que là. Il est plus aisé de passer du pont Notre-Dame à Roland de La Porte, que de Roland de La Porte à Chardin.

102. *Médaillon du roi.*

C'est l'imitation d'un vieux plâtre, avec tous les accidens de la vétusté : il est écorné, troué; il y a la poussière, la crasse, la saleté; c'est le vrai, *mà un pocco freddo;* et puis ce genre est si facile, qu'il n'y a plus que le peuple qui l'admire.

103. *Un morceau de genre.*

Sur une table de bois, un mouchoir Masulipatan, un pot à l'eau de fayence, un verre d'eau, une tabatière de carton, une brochure sur un livre....

Pauvre victime de Chardin ! Comparez seulement le Masulipatan de Chardin avec celui-ci ; comme il vous paroîtra dur, sec et empesé.

103. *Un autre morceau de genre.*

Un grand évier coupe horisontalement la toile en deux ; et en allant de la droite à la gauche, on y voit des champignons autour d'un pot de terre où trempe une branche de laurier-thym, une botte d'asperges, des œufs frais sur un tablier de cuisine, dont une portion retombe au-devant de l'évier, et dont le reste, sur le fond et dans l'ombre, passe derrière la botte d'asperges ; un chaudron de cuivre incliné et vu par le dedans, une poivrière de fer-blanc, un égrugeoir de bois avec son pilon.... Autre victime de Chardin. Mais M. Roland de La Porte, consolez-vous ; que le diable m'emporte, si autre que vous et Chardin s'en doutent ; et songez que celui qui chez les anciens auroit su produire cette illusion-là, n'en déplaise aux mânes de Caylus et aux oreilles vivantes de Webb, auroit été chanté, apothéosé par les poëtes, et auroit une statue au Céramique, ou dans un recoin du Prytanée.

104. *Deux portraits.*

Je les ai vus. M. Roland, prêtez l'oreille à vos deux portraits ; et vous les entendrez, malgré l'air foible et éteint qu'ils ont, vous dire d'une voix claire et forte : Retourne à la chose inanimée. Ils sont de bon conseil ; ils disent comme s'ils étoient vivans.

104. *Autre tableau de genre.*

Je pourrois vous en faire grace ; mais ces morceaux circulent ; des fripons de brocanteurs les baptisent, et font des dupes. Toujours en allant de droite à gauche, c'est mon allure. Sur une table d'un marbre bleuâtre et brisée, des raisins, de petits morceaux de sucre, une tasse avec sa soucoupe de terre blanche ; sur le fond, une jatte pleine de pêches, une bouteille de ratafia ; autour, quelques prunes, une caraffe d'eau, des mies de pain, des poires, des pêches, des prunes, une boîte à café de fer-blanc. Ces différens objets ne vont point ensemble ; et c'est une faute que Chardin ne commet pas. Celui, mon ami, qui sait faire de la chair, excelle dans tous ces sujets ; et celui qui excelle dans ces sujets, ne sait pas pour cela faire de la chair. Les couleurs de la rose des jardins sont belles ; mais la vie n'y est pas, comme sous les roses du visage d'une jeune fille. Les premières sont tout ce qu'on peut comparer de mieux à celles-ci ; mais c'est elles qu'on flatte.

DESCAMP.

Encore à celui-ci, la petite politesse que vous savez.

Vous peignez gris, M. Descamp ; vous peignez

lourd et sans vérité. Cet enfant qui tient un oiseau est roide. L'oiseau n'est ni vivant ni mort. C'est un de ces morceaux de bois peint qui ont un sifflet à la queue. Et cette grosse, courte et maussade Cauchoise, que dit-elle ? à qui en veut-elle ? Entre deux de ces enfans qui se tracassent, c'est moi qu'elle regarde. Celui qui pleure, si c'est du poids de l'énorme tête que vous lui avez faite, il a raison. On dit que vous vous mêlez de littérature ; Dieu veuille que vous soyez meilleur en belles-lettres qu'en peinture. Si vous avez la manie d'écrire, écrivez en prose, en vers, comme il vous plaira ; mais ne peignez pas : ou si par délassement vous passez d'une muse à l'autre, mettez les productions de celles-ci dans votre cabinet ; vos amis, après dîner, la serviette sur le bras et le cure-dent à la main, diront : Mais cela n'est pas mal. Jeune homme qui dessinez, élèves qui modelez, petite fille qui donnes à manger à ton oiseau, allez tous au cabinet de M. Descamp, votre père; et n'en sortez pas.

BELLENGÉ.

106. *Un tableau de fleurs.* 107. *Plusieurs tableaux de fruits.*

Au pont Notre-Dame, chez Tremblin, sans rémission. Le *tableau de fleurs* est pourtant son morceau de réception. On prétend qu'il y a quelque chose. Mais la couleur en est-elle fraîche, séduisante ? Non. Le velours des fleurs y est-il ? Non. Qu'est-ce qu'il y a donc ?

PAROCEL.

108. *Céphale qui se réconcilie avec Procris, et Procris tuée par Céphale.*

Avez-vous vu quelquefois dans des auberges des copies de grands-maîtres ; eh bien ! c'est cela. Mais gardez m'en le secret. C'est un père de famille qui n'a que la palette pour nourrir une femme et cinq ou six enfans. En regardant ce Céphale tuer sa Procris en plein Salon, je lui disois : Tu fais bien pis que tu ne crois.... Ce Parocel est mon voisin. C'est un bonhomme, qui a même, à ce qu'on dit, quelque goût pour la décoration. Il me voit ; il m'aborde. Voilà mes tableaux, me dit-il. Eh bien ! qu'en pensez-vous ?... Mais, mais, j'aime votre Procris ; elle a de beaux gros tetons.... Eh oui ! cela séduit ; cela séduit... Tirez-vous-en mieux, si vous pouvez.

GREUZE.

Je suis peut-être un peu long ; mais si vous saviez comme je m'amuse en vous ennuyant : c'est comme tous les autres ennuyeux du monde. Et puis voilà pourtant cent dix tableaux de décrits, et trente-un peintres jugés.

Voici votre peintre et le mien, le premier qui se soit avisé, parmi nous, de donner des mœurs à l'art, et d'enchaîner des événemens d'après lesquels il seroit facile de faire un roman. Il est un peu vain, notre peintre : mais sa vanité est celle d'un enfant ; c'est l'ivresse du talent. Otez-lui cette naïveté qui lui fait dire de son propre ouvrage : *Voyez-moi cela ! C'est cela qui est beau !* vous lui ôterez la verve, vous eteindrez le feu, et le génie s'éclipsera. Je crains bien, lorsqu'il deviendra modeste, qu'il n'ait raison de l'être. Nos qualités, certaines du-moins, tiennent de près à nos défauts. La plûpart des honnêtes femmes ont de l'humeur ; les grands artistes ont un petit coup de hache à la tête. Presque toutes les femmes galantes sont généreuses ; les dévotes, les bonnes même, ne sont pas ennemies de la médisance. Il est difficile à un maître qui sent qu'il fait le bien, de n'être pas un peu despote. Je hais toutes ces petites bassesses, qui ne montrent qu'une ame abjecte ; mais je ne hais pas les grands crimes : premièrement, parce qu'on en fait de beaux tableaux et de belles tragédies ; et puis, c'est que les grandes et sublimes actions et les grands crimes portent le même caractère d'énergie. Si un homme n'étoit pas capable d'incendier une ville, un autre homme ne seroit pas capable de se précipiter dans un gouffre pour la sauver. Si l'ame de César n'eût pas été possible, celle de Caton ne l'auroit pas été davantage. L'homme est

Salon de 1765. H

né citoyen tantôt du Ténare, tantôt des Cieux ; c'est Castor et Pollux ; un héros, un scélérat ; Marc-Aurèle, Borgia : *diversis studiis ovo prognatus eodem.*

Nous avons trois peintres habiles, féconds et studieux observateurs de la nature, ne commençant, ne finissant rien, sans avoir appelé plusieurs fois le modèle. C'est La Grénée, Greuze et Vernet. Le second porte son talent par-tout, dans les cohues populaires, dans les églises, aux marchés, aux promenades, dans les maisons, dans les rues : sans cesse il va recueillant des actions, des passions, des caractères, des expressions. Chardin et lui parlent fort bien de leur talent ; Chardin, avec jugement et de sang-froid ; Greuze, avec chaleur et enthousiasme. La Tour, en petit comité, est aussi fort bon à entendre.

Il y a un grand nombre de morceaux de Greuze ; quelques médiocres, plusieurs bons, beaucoup d'excellens : parcourons-les.

110. *La jeune fille qui pleure son oiseau mort.*

La jolie élégie ! le joli poëme ! la belle Idylle que Gessner en feroit ! C'est la vignette d'un morceau de ce poëte. Tableau délicieux ! le plus agréable et peut-être le plus intéressant du Salon. Elle est de face ; sa tête est appuyée sur sa main gauche : l'oiseau mort est posé sur le bord supérieur de la cage, la tête pendante, les ailes traînantes, les pattes en l'air. Comme elle est naturellement placée ! que sa tête est belle ! qu'elle est élégamment coiffée ! que son visage a d'expression ! Sa douleur est profonde ; elle est à son malheur, elle y est toute entière. Le joli catafalque, que cette cage ! que cette guirlande de verdure qui serpente autour a de graces ! O la belle main ! la belle main ! le beau bras ! Voyez la vérité des détails de ces doigts ; et ces fossettes, et cette mollesse, et cette teinte de rougeur dont la pression de la tête a coloré le bout de ces doigts délicats, et le charme de tout cela. On s'approcheroit de cette main pour la baiser, si on ne respectoit cette enfant et sa douleur. Tout enchante en elle, jusqu'à son ajustement Ce mouchoir de cou est jeté d'une manière ! il est d'une souplesse et d'une légéreté ! Quand on apperçoit ce morceau on dit : *délicieux* ! Si l'on s'y arrête, ou qu'on y revienne, on s'écrie : *délicieux* ! *délicieux* ! Bientôt on se surprend conversant avec cette enfant, et la consolant. Cela est si vrai, que voici ce que je me souviens de lui avoir dit à différentes reprises.

Mais, petite, votre douleur est bien profonde, bien réfléchie ! Que signifie cet air rêveur et mélancolique ? Quoi ! pour un oiseau ! vous ne pleurez pas. Vous êtes afligée ; et la pensée accompagne votre affliction. Çà, petite, ouvrez-moi votre cœur : parlez-moi vrai ; est-ce bien la mort de cet oiseau qui vous retire si fortement et si tristement en vous-même ?.... Vous baissez les yeux ; vous ne me répondez pas. Vos pleurs sont prêtes à couler. Je ne suis pas père ; je ne suis ni indiscret, ni sévère.... Eh bien ! je le conçois ; il vous aimoit, il vous le juroit, et le juroit depuis long-temps. Il souffroit tant : le moyen de voir souffrir ce qu'on aime ?.... Et laissez-moi continuer ; pourquoi me fermer la bouche de votre main ? Ce matin-là, par malheur votre mère étoit absente. Il vint ; vous étiez seule : il étoit si beau, si passionné, si tendre, si charmant ! il avoit tant d'amour dans les yeux ! tant de vérité dans les expressions ! il disoit de ces mots qui vont si droit à l'ame ! et en les disant il étoit à vos genoux : cela se conçoit encore. Il tenoit une de vos mains ; de temps en temps vous y sentiez la chaleur de quelques larmes qui tomboient de ses yeux, et qui couloient le long de vos bras. Votre mère ne revenoit toujours point. Ce n'est pas votre faute ; c'est la faute de votre mère.... Mais voilà-t-il pas que vous pleurez.... Mais ce que je vous en dis n'est pas pour vous faire pleurer. Et pourquoi pleurer ? Il vous a promis ; il ne manquera à rien de ce qu'il vous a promis. Quand on a été assez heureux pour rencontrer un enfant charmant comme vous, pour s'y attacher, pour lui plaire ; c'est pour toute la vie.... Et mon oiseau ?... Vous souriez. (Ah ! mon ami, qu'elle étoit belle ! ah ! si vous l'aviez vu sourire et pleurer !) Je continuai. Eh bien ! votre oiseau ! Quand on s'oublie soi-même, se souvient-on de son oiseau ? Lorsque l'heure du retour de votre mère approcha, celui que vous aimez s'en alla. Qu'il étoit heureux, content, transporté ! qu'il eut de peine à s'arracher d'auprès de vous !.... Comme vous me regardez ! Je sais tout cela. Combien il se leva et se rassit de fois ! combien il vous dit, redit adieu sans s'en aller ! combien de fois il sortit et rentra ! Je viens de le voir chez son père : il est d'une gaîté charmante, d'une gaîté qu'ils partagent tous, sans pouvoir s'en défendre.... Et ma mère ?.... Votre mère ? à-peine fut-il parti, qu'elle rentra : elle vous trouva rêveuse, comme vous l'étiez tout-à-l'heure. On l'est toujours comme cela. Votre mère vous parloit, et vous n'entendiez pas ce qu'elle vous disoit ; elle vous commandoit une chose, et vous en faisiez une autre. Quelques pleurs se présentoient au bord de vos paupières ; ou vous les reteniez, ou vous détourniez la tête pour les essuyer furtivement. Vos distractions continues impatientèrent votre mère ; elle vous gronda ; et ce vous fut une occasion de pleurer sans contrainte et de soulager votre cœur... Continuerai-je ? je crains que ce que je vais dire ne renouvelle votre peine. Vous le voulez ?... Eh bien ! votre bonne mère se reprocha de vous avoir contristée ; elle s'approcha de vous, elle vous prit les mains, elle vous baisa le front et les joues, et vous en pleurâtes bien davantage. Votre tête se pencha sur elle ; et votre visage, que la rougeur commençoit à colorer, tenez, tout comme le voilà qui se colore, alla se cacher dans son sein. Combien cette mère vous dit de choses douces! et combien ces choses douces vous faisoient de mal! Cependant votre serin avoit beau chanter, vous avertir, vous appeler, battre des aîles, se plaindre de votre oubli ; vous ne le voyiez point, vous ne l'entendiez point : vous étiez à d'autres pensées. Son eau ni la graine, ne furent point renouvelées ; et ce matin, l'oiseau n'étoit plus.... Vous me regardez encore ; est-ce qu'il me reste encore quelque chose à dire ? Ah ! j'entends ; cet oiseau, c'est lui qui vous l'avoit donné : eh bien ! il en retrouvera un autre aussi beau... Ce n'est pas tout encore : vos yeux se fixent sur moi, et s'affligent ; qu'y a-t-il donc encore ? Parlez ; je ne saurois vous deviner.... Et si la mort de cet oiseau n'étoit que le présage ! que ferois-je ? que deviendrois-je ? S'il étoit ingrat.... Quelle folie ! Ne craignez rien : cela ne sera pas, cela ne se peut.... Mais, mon ami, ne riez-vous pas, vous, d'entendre un grave personnage s'amuser à consoler un enfant en peinture de la perte de son oiseau, de la perte de tout ce qu'il vous plaira ? Mais aussi voyez donc qu'elle est belle ! qu'elle est intéressante ! Je n'aime point à affliger ; malgré cela, il ne me déplairoit pas trop d'être la cause de sa peine.

 Le sujet de ce petit poëme est si fin, que beaucoup de personnes ne l'ont pas entendu ; ils ont cru que cette jeune fille ne pleuroit que son serin. Greuze a déjà peint une fois le même sujet ; il a placé devant une glace fêlée une grande fille en satin blanc, pénétrée d'une profonde mélancolie. Ne pensez-vous pas qu'il y auroit autant de bêtise à attribuer les pleurs de la jeune fille de ce Salon à la perte d'un oiseau, que la mélancolie de la jeune fille du Salon précédent à son miroir cassé? Cette enfant pleure autrechose, vous dis-je. D'abord, vous l'avez entendue, elle en convient; et son affliction réfléchie le dit de reste. Cette douleur ! à son âge ! et pour un oiseau !... Mais quel âge a-t-elle donc ?... Que vous répondrai-je ; et quelle question m'avez-vous faite ? Sa tête est de quinze à seize ans, et son bras et sa main, de dix-huit à dix-neuf. C'est un défaut de cette composition, qui devient d'autant plus sensible, que la tête étant appuyée contre la main, une des parties donne tout contre la mesure de l'autre. Placez la main autrement ; et l'on ne s'appercevra plus qu'elle est un peu trop forte et trop caractérisée. C'est, mon ami, que la tête a été prise d'après un modèle, et la main d'après un autre. Du reste, elle est très-vraie, cette main, très-belle, très-parfaitement coloriée et dessinée. Si vous voulez passer à ce morceau cette tache légère, avec un ton de couleur un peu violâtre, c'est une chose très-belle. La tête est bien éclairée, de la couleur la plus agréable qu'on puisse donner à une blonde: peut-être demanderoit-on qu'elle fît un peu plus le rond de bosse. Le mouchoir rayé est large, léger, du plus beau transparent; le tout fortement touché, sans nuire aux finesses de détail. Ce peintre peut avoir fait aussi bien; mais pas mieux. Ce morceau est ovale; il a deux pieds de haut.

Lorsque le Salon fut tapissé, on en fit les premiers honneurs à M. de Marigny. Poisson-Mécène s'y rendit avec le cortège des artistes favoris qu'il admet à sa table; les autres s'y trouvèrent : il alla, il regarda, il approuva, il dédaigna. *La Pleureuse* de Greuze l'arrêta et le surprit. Cela est beau, dit-il à l'artiste, qui lui répondit : Monsieur, je le sais; on me loue de reste; mais je manque d'ouvrage. C'est, lui répondit Vernet, que vous avez une nuée d'ennemis, et parmi ces ennemis, un quidam qui a l'air de vous aimer à la folie, et qui vous perdra. Et qui est ce quidam, lui demanda Greuze? C'est vous, lui répondit Vernet (*).

---

(1) Diderot arrange ici à sa manière cette petite scène entre Greuze et Vernet; elle est mieux, sans-doute, comme il la présente; et la circonstance où il place la leçon, rend celle-ci plus ferme et plus directe; mais le fait ne s'est pas passé en nature, tel qu'il le rapporte dans son drame.

. . . . . Pictoribus atque poetis
Quid libet audendi semper fuit æqua potestas.

NOTE DE L'ÉDITEUR.

111. *L'Enfant gâté* (1).

Tableau de deux pieds six pouces de haut, sur deux pieds de large.

C'est une mère placée à côté d'une table, et qui regarde avec complaisance son fils qui donne sa soupe à un chien. L'enfant présente sa soupe au chien avec sa cuiller. Voilà le fond du sujet. Il y a des accessoires ; comme, à droite, une cruche, une terrine de terre où trempe du linge; au-dessus, une espèce d'armoire ; à côté de l'armoire, une glane d'oignons suspendue ; plus haut, une cage attachée au côté de l'armoire, et deux ou trois perches appuyées contre le mur. De la gauche à la droite, depuis l'armoire, règne une sorte de buffet sur lequel l'artiste a placé un pot de terre, un verre à-moitié plein de vin, un linge qui pend ; et derrière l'enfant, une chaise de paille, avec une terrine. Tout cela signifie que

---

(1) L'article de Greuze, dans l'édition de ce Salon publiée il y a un an, n'offre que la seule description du tableau de la jeune fille qui pleure son oiseau. On n'y trouve pas un mot des autres tableaux du même artiste ; leur description manquoit dans le manuscrit, sur lequel on a d'abord imprimé cet ouvrage ; et l'éditeur, que je ne connois point, a eu la bonne-foi d'en avertir. Je remplis ici cette lacune d'après le manuscrit autographe de Diderot.

NOTE DE L'ÉDITEUR.

c'est sa petite blanchisseuse d'il y a quatre ans qui s'est mariée, et dont il se propose de suivre l'histoire.

Le sujet de ce tableau n'est pas clair. L'idéal n'en est pas assez caractérisque ; c'est, ou l'enfant, ou le chien gâté. Il pétille de petites lumières qui papillotent de tous côtés, et qui blessent les yeux. La tête de la mère est charmante de couleur ; mais sa coîffure ne tient pas à sa tête, et l'empêche de faire le rond de bosse. Ses vêtemens sont lourds, sur-tout le linge. La tête de l'enfant est de toute beauté, j'entends de beauté de peintre ; c'est un bel enfant de peintre, mais non pas comme une mère le voudroit. Cette tête est de la plus grande finesse de touche ; les cheveux bien plus légers qu'il n'a coutume de les faire ; c'est ce chien-là qui est un vrai chien ! La mère a la gorge opaque, sans transparence, et même un peu rouge. Il y a aussi trop d'accessoires, trop d'ouvrage. La composition en est allourdie, confuse. La mère, l'enfant, le chien et quelques ustensiles, auroient produit plus d'effet. Il y auroit eu du repos qui n'y est pas.

112. *Une tête de fille.*

Oui, de fille placée au coin de la rue, le nez en l'air, et lisant l'affiche en attendant le chaland. Elle est de profil. C'est ce qu'on peut appeler un morceau de la plus grande vigueur de couleur.

On la croiroit modelée, tant les plans en sont bien annoncés. Elle tue cinquante tableaux autour d'elle. Voilà une petite catin bien méchante. Voyez comme M. l'introducteur des ambassadeurs, qui est à côté d'elle, en est devenu blême, froid, applati et blafard ; le coup qu'elle porte de loin à Roslin et à toute sa triste famille ! Je n'ai jamais vu un pareil dégât.

113. *Une petite fille qui tient un petit capucin de bois.*

Quelle vérité ! quelle variété de tons ! Et ces plaques de rouge, qui est-ce qui ne les a pas vues sur le visage des enfans, lorsqu'ils ont froid, ou qu'ils souffrent des dents ? Et ces yeux larmoyans, et ces menottes engourdies et gelées, et ces couettes de cheveux blonds, éparses sur le front, tout ébouriffées ; c'est à les remettre sous le bonnet, tant elles sont légères et vraies. Bonne grosse étoffe de marmotte, avec les plis qu'elle affecte. Fichu de bonne grosse toile sur le cou, et arrangé comme on sait ; petit capucin bien roide, bien de bois, bien roidement drapé. M. Drouais, approchez. Voyez-vous cet enfant, c'est de la chair ; ce capucin, c'est du plâtre. Pour la vérité et la vigueur du coloris, petit Rubens.

114. *Tête en pastel.*

C'est encore une assez belle chose. Il y a tout plein de vérité de chair, et un moelleux infini.

Elle est bien par plans, et grassement faite ; cependant un peu grise ; les coins de la bouche qui baissent, lui donnent un air de douleur mêlé de plaisir. Je ne sais, mon ami, si je ne brouille pas ici deux tableaux. J'ai beau me frotter le front, peindre et repeindre dans l'espace, ramener l'imagination au Salon, peine inutile. Il faut que cela reste, comme le voilà.

114. *Portrait de madame Greuze.*

Voici, mon ami, de quoi montrer combien il reste d'équivoque dans le meilleur tableau. Vous voyez bien cette belle poissarde, avec son gros embonpoint, qui a la tête renversée en arrière, dont la couleur blême, le linge de tête étalé en désordre, l'expression mêlée de peine et de plaisir, montrent un paroxisme plus doux à éprouver qu'honnête à peindre ? Eh bien ! c'est l'esquisse, l'étude de la mère bien-aimée. Comment se fait-il qu'ici un caractère soit décent, et que là il cesse de l'être ? Les accessoires, les circonstances nous sont-elles nécessaires pour prononcer juste ces physionomies ? Sans ce secours, restent-elles indécises ? Il faut bien qu'il en soit quelque chose. Cette bouche entr'ouverte, ces yeux nageans, cette attitude renversée, ce cou gonflé, ce mélange voluptueux de peine et de plaisir, font baisser les yeux et rougir toutes les honnêtes femmes dans cet endroit. Tout à côté, c'est la même attitude, les mêmes yeux, le même cou, le même mélange de passions; et aucune d'elles ne s'en apperçoit. Au reste, si les femmes passent vîte devant ce morceau, les hommes s'y arrêtent long-temps; j'entends ceux qui s'y connoissent; et ceux qui, sous prétexte de s'y connoître, viennent jouir d'un spectacle de volupté forte; et ceux qui, comme moi, réunissent les deux motifs. Il y a au front, et du front sur les joues, et des joues vers la gorge, des passages de tons incroyables; cela vous apprend à voir la nature, et vous la rappelle. Il faut voir les détails de ce cou gonflé, et n'en pas parler. Cela est tout-à-fait beau, vrai et savant. Jamais vous n'avez vu la présence de deux expressions contraires aussi nettement caractérisées. Ce tour de force, Rubens ne l'a pas mieux fait à la galerie du Luxembourg, où le peintre a montré sur le visage de la reine et le plaisir d'avoir mis au monde un fils, et les traces du douloureux état qui a précédé.

116. *Portrait de M. Watelet.*

Il est terne; il a l'air d'être embu; il est maussade. C'est l'homme, retournez la toile.

117. *Autre portrait de madame Greuze.*

Ce peintre est certainement amoureux de sa femme; et il n'a pas tort. Je l'ai bien aimée, moi, quand j'étois jeune, et qu'elle s'appeloit mademoiselle Babuti. Elle occupoit une petite boutique de libraire sur le quai des Augustins; poupine, blanche et droite comme le lys, vermeille comme la rose. J'entrois avec cet air vif, ardent et fou que j'avois; et je lui disois : Mademoiselle, les contes de La Fontaine, un Pétrone, s'il vous plaît... Monsieur, les voilà. Ne vous faut-il point d'autres livres ?... Pardonnez-moi, Mademoiselle. Mais.... Dites toujours.... La Religieuse en chemise .... Fi donc, monsieur; est-ce qu'on a, est-ce qu'on lit ces vilenies-là ?... Ah! ah! ce sont des vilenies, Mademoiselle; moi, je n'en savois rien... Et puis un autre jour, quand je repassois, elle souriot, et moi aussi.

Il y avoit, au Salon dernier, un *portrait de madame Greuze enceinte ;* l'intérêt de son état arrêtoit; la belle couleur et la vérité des détails vous faisoient ensuite tomber les bras. Celui-ci n'est pas aussi beau. Cependant l'ensemble en est gracieux. il est bien posé ; l'attitude en est de volupté. Ses deux mains montrent des finesses de ton qui enchantent. La gauche seulement n'est pas ensemble; elle a même un doigt cassé. Cela fait peine. Le chien que la belle main caresse, est un épagneul à longs poils noirs, le museau et les pattes tachetés de feu. Il a les yeux pleins de vie. Si vous le regardez quelque temps, vous l'entendrez aboyer. La blonde qui coiffe la tête, est à faire demander l'ouvrier. J'en dis autant du reste du vêtement. La tête a donné bien de la peine au peintre et au modèle; on le voit ; et c'est déjà un défaut. Les passages du front sont trop jaunes. On sait bien qu'il reste aux femmes qui ont eu des enfans de ces taches-là ; mais si l'on pousse l'imitation de la nature jusqu'à vouloir les rendre, il faut les affoiblir ; c'est-là le cas d'embellir un peu, puisqu'on le peut sans que la ressemblance en souffre. Mais comme ces accidens du visage donnent lieu à l'artiste, par leurs difficultés, de déployer son talent, il est rare qu'il s'y refuse. Ces passages ont encore un œil rougeâtre, qui est vrai, mais déplaisant. Ses lèvres sont plates. Cet air pincé de la bouche lui donne un petit air sucré. Cela est tout-à-fait maniéré. Si ce maniéré est dans la personne, tant pis pour la personne, le peintre et le tableau. Cette femme agace-t-elle malignement son épagneul contre quelqu'un ? L'air malin et sucré sera moins faux, mais sera toujours choquant. Au reste, le tour de la bouche, les yeux, tous les autres détails sont à ravir ; des finesses de couleurs sans fin ; le cou soutient la tête à merveille. Il est beau de dessin et de couleur, et va, comme il doit, s'attacher aux épaules. Mais pour cette gorge, je ne saurois la regarder ; et si, même à cinquante ans, je ne hais pas les gorges. Le peintre a penché sa figure en devant ; et par cette attitude, il semble dire au spectateur : Voyez la gorge de ma femme. Je la vois, M. Greuze. Eh bien ! votre femme a la gorge molle et jaune. Si elle ressemble, tant pis encore pour vous, pour elle et pour le tableau. Un jour M. de la Martelière descendoit de son appartement ; il rencontra sur l'escalier un grand garçon qui montoit à l'appartement de madame. Madame de la Martelière avoit la plus belle tête du monde ; et M. de la Martelière, regardant monter le jeune galant chez sa femme, disoit entre ses dents : Oui, oui ; mais je l'attends à la cuisse. Madame Greuze a la tête aussi fort belle ; et rien n'empêchera M. Greuze de dire aussi quelque jour entre ses dents : Oui, oui ; mais je l'attends à la gorge. Cela n'arrivera pas ; car sa femme est sage. La couleur jaune et la mollesse de cette gorge sont de madame ; mais le défaut de transparence et le mat, sont de monsieur.

118. *Portrait du graveur Wille.*

Très-beau portrait. C'est l'air brusque et dure de Wille; c'est sa roide encolure; c'est son œil petit, ardent, effaré ; ce sont ses joues couperosées. Comme cela est coîffé ! que le dessin est beau ! que la touche est fière ! quelles vérités et variétés de tons ! et le velours, et le jabot, et les manchettes d'une exécution ! J'aurois plaisir à voir ce portrait à côté d'un Rubens, d'un Rembrant, ou d'un Vandick. J'aurois plaisir à sentir ce qu'il y auroit à perdre ou à gagner pour notre peintre. Quand on a vu ce Wille, on tourne le dos aux portraits des autres, et même à ceux de Greuze.

123. *La Mère bien-aimée.* Esquisse.

Les esquisses ont communément un feu que le tableau n'a pas. C'est le moment de chaleur de l'artiste, la verve pure, sans aucun mélange de l'apprêt que la réflexion met à tout; c'est l'ame du peintre, qui se répand librement sur la toile. La plume du poëte, le crayon du dessinateur habile, ont l'air de courir et de se jouer. La pensée rapide caractérise d'un trait. Or, plus l'expression des arts est vague, plus l'imagination est à l'aise. Il faut entendre dans la musique vocale ce qu'elle exprime. Je fais dire à une symphonie bien faite, presque ce qu'il me plaît; et comme je sais mieux que personne la manière de m'affecter, par l'expérience que j'ai de mon propre cœur, il est rare que l'expression que je donne aux sons, analogue à ma situation actuelle, sérieuse, tendre ou gaie, ne me touche plus qu'une autre qui seroit moins à mon choix. Il en est à-peu-près de même de l'esquisse et du tableau. Je vois dans le tableau une chose prononcée : combien dans l'esquisse y supposai-je de choses qui y sont à-peine annoncées.

La composition de *la Mère bien-aimée* est si naturelle, si simple, qu'elle fait croire à ceux qui réfléchissent peu, qu'ils l'auroient imaginée, et qu'elle n'exigeoit pas un grand effort d'esprit. Je me contente de dire à ces gens-là : Oui, je

H *

pense bien que vous auriez répandu autour de cette mère tous ses enfans, et que vous les auriez occupés à la caresser : mais vous auriez fait pleurer celui-ci du chagrin de n'être pas distingué des autres; et vous auriez introduit dans ce moment cet homme si gai, si content d'être l'époux de cette femme, et si vain d'être le père de tant d'enfans. Vous lui auriez fait dire : C'est moi qui ai fait tout cela ! Et cette grand'mère, vous auriez songé à l'amener là ; vous en êtes bien sûr !

Etablissons le local. La scène se passe à la campagne. On voit dans une salle basse, en allant de la droite à la gauche, un lit; au-devant du lit, un chat sur un tabouret; puis la mère bien-aimée renversée sur sa chaise longue, et tous ses enfans répandus sur elle. Il y en a six au-moins : le plus petit est entre ses bras; un second est pendu d'un côté ; un troisième est pendu de l'autre; un quatrième, grimpé au dossier de la chaise, lui baise le front; un cinquième lui mange les joues ; un sixième, debout, a la tête penchée sur son giron, et n'est pas content de son rôle. La mère de ces enfans a la joie et la tendresse peintes sur son visage, avec un peu de ce mal-aise inséparable du mouvement et du poids de tant d'enfans qui l'accablent, et dont les caresses violentes ne tarderoient pas à l'excéder si elles duroient. C'est cette sensation qui touche à la peine, fondue avec la tendresse et la joie, avec cette position ren-

versée et de lassitude, et cette bouche entr'ouverte, qui donnent à cette tête, séparée du reste
de la composition, un caractère si singulier. Sur
le devant du tableau, autour de ce grouppe charmant, à terre, un corps d'enfant, avec un petit
charriot. Sur le fond du salon, le dos tourné à
une cheminée couverte d'une glace, la grand'mère
assise dans un fauteuil, et bien grand'merisée de
tête et d'ajustemens, éclatant de rire de la scène
qui se passe. Plus sur la gauche et sur le devant,
un chien qui aboye de joie, et se fait de fête. Tout-
à-fait vers la gauche, presqu'à autant de distance
de la grand'mère qu'il y en a de la grand'mère à
la mère bien-aimée, le mari qui revient de la
chasse; il se joint à la scène, en étendant ses
bras, se renversant le corps un peu en arrière,
et en riant. C'est un jeune et gros garçon, qui se
porte bien, et au travers de la satisfaction duquel on discerne la vanité d'avoir produit toute
cette jolie marmaille. A côté du père, son chien;
derrière lui, tout-à-fait à l'extrémité de la toile,
à gauche, un panier à sécher du linge; puis,
sur le pas de la porte, un bout de servante qui
s'en va.

Cela est excellent, et pour le talent, et pour
les mœurs. Cela prêche la population, et pein,
très-pathétiquement le bonheur et le prix ines-
timables de la paix domestique. Cela dit à tout
homme qui a de l'ame et du sens : « Entretiens

» ta famille dans l'aisance ; fais des enfans à ta
» femme ; fais-lui-en tant que tu pourras ; n'en
» fais qu'à elle ; et sois sûr d'être bien chez toi ».

119. *Le Fils ingrat.* Autre esquisse.

Je ne sais comment je me tirerai de celle-ci ;
encore moins de la suivante. Mon ami, ce Greuze
va vous ruiner.

Imaginez une chambre où le jour n'entre guère
que par la porte, quand elle est ouverte ; ou que
par une ouverture quarrée pratiquée au-dessus
de la porte, quand elle est fermée. Tournez les
yeux autour de cette chambre triste ; et vous n'y
verrez qu'indigence. Il y a pourtant sur la droite,
dans un coin, un lit qui ne paroît pas trop mauvais ; il est couvert avec soin. Sur le devant, du
même côté, un grand confessionnal de cuir noir,
où l'on peut être commodément assis : asséyez-y
le père du fils ingrat. Attenant à la porte, placez
un bas d'armoire, et tout près du vieillard caduc, une petite table sur laquelle on vient de
servir un potage.

Malgré le secours dont le fils aîné de la maison
peut être à son vieux père, à sa mère et à ses
frères, il s'est enrôlé ; mais il ne s'en ira point,
sans avoir mis à contribution ces malheureux. Il
vient avec un vieux soldat ; il a fait sa demande.
Son père en est indigné ; il n'épargne pas les mots
durs à cet enfant dénaturé, qui ne connoît plus
ni père, ni mère, ni devoirs, et qui lui rend in-

jures pour reproches. On le voit au centre du tableau ; il a l'air violent, insolent et fougueux ; il a le bras droit élevé du côté de son père, au-dessus de la tête d'une de ses sœurs ; il se dresse sur ses pieds ; il menace de la main ; il a le chapeau sur la tête ; et son geste et son visage sont également insolens. Le bon vieillard, qui a aimé ses enfans, mais qui n'a jamais souffert qu'aucun d'eux lui manquât, fait effort pour se lever ; mais une de ses filles, à genoux devant lui, le retient par les basques de son habit. Le jeune libertin est entouré de l'aînée de ses sœurs, de sa mère et d'un de ses petits frères. Sa mère le tient embrassé par le corps ; le brutal cherche à s'en débarrasser, et la repousse du pied. Cette mère a l'air accablé, désolé ; la sœur aînée s'est aussi interposée entre son frère et son père : la mère et la sœur semblent, par leur attitude, chercher à les cacher l'un à l'autre. Celle-ci a saisi son frère par son habit, et lui dit, par la manière dont elle le tire : «Malheureux, que fais-
» tu ? Tu repousses ta mère, tu menaces ton
» père ; mets-toi à genoux, et demande pardon ».
Cependant le petit frère pleure, porte une main à ses yeux ; et, pendu au bras droit de son grand frère, il s'efforce à l'entraîner hors de la maison. Derrière le fauteuil du vieillard, le plus jeune de tous a l'air intimidé et stupéfait. A l'autre extrémité de la scène, vers la porte, le vieux soldat

qui a enrôlé et accompagné le fils ingrat chez ses parens, s'en va, le dos tourné à ce qui se passe, son sabre sous le bras, et la tête baissée. J'oubliois qu'au milieu de ce tumulte, un chien placé sur le devant, l'augmentoit encore par ses aboyemens.

Tout est entendu, ordonné, caractérisé, clair dans cette esquisse, et la douleur, et même la foiblesse de la mère pour un enfant qu'elle a gâté, et la violence du vieillard, et les actions diverses des sœurs et des petits enfans, et l'insolence de l'ingrat, et la pudeur du vieux soldat qui ne peut s'empêcher de lever les épaules de ce qui se passe; et ce chien qui aboye, est un de ces accessoires que Greuze sait imaginer par un goût tout particulier.

Cette esquisse, très-belle, n'approche pourtant pas, à mon gré, de celle qui suit.

120. *Le mauvais Fils puni.*

Il a fait la campagne. Il revient ; et dans quel moment ? au moment où son père vient d'expirer. Tout a bien changé dans la maison. C'étoit là demeure de l'indigence. C'est celle de la douleur et de la misère. Le lit est mauvais et sans matelas. Le vieillard mort est étendu sur ce lit. Une lumière qui tombe d'une fenêtre n'éclaire que son visage ; le reste est dans l'ombre. On voit à ses pieds, sur une escabelle de paille, le cierge béni qui brûle, et le bénitier. La fille aînée, assise dans le vieux confessionnal de cuir, a le corps renversé en arrière, dans l'attitude du désespoir, une main portée à sa tempe, et l'autre élevée et tenant encore le crucifix qu'elle a fait baiser à son père. Un de ses petits-enfans, effrayé, s'est caché le visage dans son sein. L'autre, les bras en l'air, et les doigts écartés, semble concevoir les premières idées de la mort. La cadette, placée entre la fenêtre et le lit, ne sauroit se persuader qu'elle n'a plus de père : elle est penchée vers lui ; elle semble chercher ses derniers regards ; elle soulève un de ses bras ; et sa bouche entr'ouverte, crie : Mon père, mon père ; est-ce que vous ne m'entendez plus ? La pauvre mère est debout, vers la porte, le dos contre le mur, désolée, et ses genoux se dérobant sous elle.

Voilà le spectacle qui attend le fils ingrat. Il s'avance. Le voilà sur le pas de la porte. Il a perdu la jambe, dont il a repoussé sa mère ; et il est perclus du bras, dont il a menacé son père.

Il entre. C'est sa mère qui le reçoit. Elle se tait ; mais ses bras tendus vers le cadavre lui disent : Tiens, vois, regarde ; voilà l'état où tu l'as mis.

Le fils ingrat paroît consterné ; la tête lui tombe en devant, et il se frappe le front avec le poing.

Quelle leçon pour les pères et pour les enfans !

Ce n'est pas tout ; celui-ci médite ses accessoires aussi sérieusement que le fond de son sujet.

A ce livre placé sur une table, devant cette

fille aînée, je devine qu'elle a été chargée, la pauvre malheureuse ! de la fonction douloureuse de réciter la prière des agonisans.

Cette fiole qui est à côté du livre, contient apparemment les restes d'un cordial.

Et cette bassinoire qui est à terre, on l'avoit apportée pour réchauffer les pieds glacés du moribond.

Et puis, voici le même chien, qui est incertain s'il reconnoîtra cet éclopé pour le fils de la maison, ou s'il le prendra pour un gueux.

Je ne sais quel effet cette courte et simple description d'une esquisse de tableau fera sur les autres ; pour moi, j'avoue que je ne l'ai point faite sans émotion.

Cela est beau, très-beau, sublime ; tout, tout. Mais comme il est dit que l'homme ne fera rien de parfait, je ne crois pas que la mère ait l'action vraie du moment ; il me semble que pour se dérober à elle-même la vue de son fils et celle du cadavre de son époux, elle a dû porter une de ses mains sur ses yeux, et de l'autre montrer à l'enfant ingrat le cadavre de son père. On n'en auroit pas moins apperçu sur le reste de son visage toute la violence de sa douleur ; et la figure en eût été plus simple et plus pathétique encore ; et puis le costume est lésé dans une bagatelle, à-la-vérité ; mais Greuze ne se pardonne rien. Le grand bénitier rond, avec le goupillon, est celui que l'église mettra au pied de la bière; pour celui qu'on met dans les chaumières, aux pieds des agonisans, c'est un pot à l'eau, avec un rameau du buis béni le dimanche des Rameaux.

Du reste, ces deux morceaux sont, à mon sens, des chefs-d'œuvres de composition : point d'attitudes tourmentées ni recherchées ; les actions vraies qui conviennent à la peinture ; et dans ce dernier, sur-tout, un intérêt violent, bien un, et bien général. Avec tout cela, le goût est si misérable, si petit, que peut-être ces deux esquisses ne seront jamais peintes ; et que, si elles sont peintes, Boucher aura plutôt vendu cinquante de ses indécentes et plates marionnettes, que Greuze ses deux sublimes tableaux. Eh! mon ami, je sais bien ce que je dis. Son Paralytique, ou son tableau de la Récompense de la bonne éducation donnée, n'est-il pas encore dans son atelier? c'est pourtant un chef-d'œuvre de l'art. On en entendit parler à la cour; on le fit venir : il fut regardé avec admiration; mais on ne le prit pas; et il en coûta une vingtaine d'écus à l'artiste, pour avoir le bonheur inestimable... Mais je me tais; l'humeur me gagne; et je me sens tout disposé à me faire quelque affaire sérieuse.

A propos de ce genre de Greuze, permettez-vous qu'on vous fasse quelques questions ? La première, c'est : Qu'est-ce que la véritable poésie ? La seconde, c'est : S'il y a de la poésie dans ces deux dernières esquisses de Greuze ? La troisième : Quelle différence mettez-vous entre cette poésie et celle de l'esquisse du tombeau d'Artémise ; et laquelle vous préférez ? La quatrième : De deux coupoles, l'une qu'on prend pour une coupole peinte, l'autre pour une coupole réelle, quoiqu'elle soit peinte, quelle est la belle ? La cinquième : De deux lettres, par exemple, d'une mère à sa fille ; l'une pleine de beaux et grands traits d'éloquence et de pathétique, sur lesquels on ne cesse de se récrier, mais, qui ne font illusion à personne ; l'autre simple, naturelle, et si naturelle et si simple, que tout le monde s'y trompe, et la prend pour une lettre réellement écrite par une mère à sa fille : quelle est la bonne, et même quelle est la plus difficile à faire ? Vous vous doutez bien que je n'entamerai point ces questions ; votre projet ni le mien n'est pas que je fasse un livre dans un autre.

121. *Les Sevreuses.* Autre esquisse.

Chardin l'a placée au-dessous de la famille de Roslin : c'est comme s'il eût écrit au-dessous de l'un des tableaux : Modèle de discordance ; et au-dessous de l'autre : Modèle d'harmonie.

En allant de la droite à la gauche, trois tonneaux debout sur une même ligne, une table ; sur cette table une écuelle, un poêlon, un chaudron, et autres ustensiles de ménage. Sur le plan antérieur, un enfant qui conduit un chien avec une corde ; à cet enfant tourne le dos une paysanne, sur le giron de laquelle une petite fille est endormie. Plus vers le fond, un assez grand enfant qui tient un oiseau ; on voit un tambour à ses pieds, et la cage de l'oiseau attachée au mur. Ensuite une autre femme assise et grouppée avec trois petits enfans ; derrière elle un berceau ; sur le pied du berceau un chaton ; à terre, au-dessous, un coffre, un oreiller, des bâtons de coteret, et autres agrès de chaumières et de sevreuses.

Ostade ne désavoueroit pas ce morceau. On ne peint pas avec plus de vigueur. L'effet en est vrai. On ne cherche pas d'où vient la lumière. Les grouppes sont charmans. C'est la petite ordonnance la moins recherchée et la mieux entendue. Vous croyez être dans une chaumière. Rien ne détrompe, ni la chose, ni l'art. On demande que le berceau soit plus piqué de lumière ; pour moi, c'est le tableau que je demande. . . . Ah ! je respire ; me voilà tiré de Greuze. Le travail qu'il me donne est agréable ; mais il m'en donne beaucoup.

GUERIN.

Serviteur à M. Guérin, à ses *Dessineuses*, à sa *Femme qui fait danser un chien*, à son *Ecolière*, à son *Ange qui conduit un enfant au ciel*.

Ce sont les plus misérables chiffons. Fuyez M.

Guérin au Salon; mais dans la rue, tirez-lui votre chapeau. Voyez comme son article est court; encore n'en falloit-il point parler.

BRIARD.

Fuyez aussi M. Briard au Salon; mais dans la rue, saluez M. Briard, qui ménage votre copiste et votre ami.

127. *La Résurrection de Jésus-Christ.*

Comme cela est fait, miséricorde! Ce Christ est si menu, si fluet, qu'il feroit douter de la résurrection, si l'on y croyoit, et croire à la palingénésie, si l'on en doutoit. Et ce grand soldat placé sur le devant, qui s'élève sur la pointe du pied, qui cadence son autre jambe, qui développe ses beaux bras; c'est le danseur Dupré, qui fait la gargouillade. Ces autres-là, à droite et à gauche du tombeau, ressemblent très-bien à ces marauds qui vont jouer les possédés au Saint Suaire de Besançon. Les autres dorment; laissons-les dormir, et le peintre aussi.

128. *Le Samaritain.*

Mais est-ce qu'on tente ce sujet-là, quand on est une pierre? Pas l'ombre de pathétique, ni dans celui qui secourt, ni dans celui qui est secouru. Que signifie ce gros homme, court, agenouillé, qui presse le dos et la poitrine de ce malade nu, et qui regarde par-dessus sa tête ? A juger de cet homme par la richesse et le volume de son vêtement, il est opulent : pourquoi voyage-t-il sur une rosse ? Cette aventure n'est-elle pas mille fois plus intéressante dans ma vieille bible, que sur votre toile ? Pourquoi donc l'avoir peinte ? M. Briard, ne faites plus de Samaritain : ne faites rien ; faites des souliers.

129. *Une Sainte Famille.*

C'est un assez bon petit tableau. Ce docteur de la loi qui lit, est d'assez beau caractère. Ce Joseph qui l'écoute, écoute fort bien. La lampe qui éclaire votre scène est d'une lueur bien jaune. Votre Vierge est simple ; si elle s'intéressoit davantage à une lecture où il s'agit de la bonne ou mauvaise fortune de son fils, cela n'en seroit pas plus mal. Pour ces jeunes filles qui s'amusent à regarder l'enfant, c'est leur rôle. Vous avez fait cet ouvrage à Rome ; on le voit bien, car c'est la couleur de Natoire.

130. *Psyché abandonnée.*

Briard a placé des montagnes à droite : on voit, au pied de ces montagnes, Psyché évanouie et étendue sur la terre ; puis quelques bouts d'arbres, vers le haut desquels l'Amour s'envole, et fait fort bien de planter là cette femme, non parce qu'elle est curieuse, car où est la femme qui ne le soit pas; mais parce qu'elle est déplaisante, du-moins quand elle s'évanouit. Chacun a ses graces : il y a des femmes charmantes, quand elles rient ; d'autres sont si belles, quand elles pleurent, qu'on seroit tenté de les faire pleurer toujours. J'en ai vu d'évanouies qui étoient très-intéressantes ; mais ce n'étoit pas la Psyché de Briard. Sur le devant, vers la gauche, l'artiste a ramassé des eaux qui ne rendent pas son paysage plus frais. Point de cette vapeur humide qui semble donner à l'air de l'épaisseur, et qui auroit rendu le *frigus opacum* du poëte. Ce paysage forme le fond. Le sujet de ce morceau est incertain. Voilà bien une femme que l'Amour abandonne ; mais tant d'autres sont dans le cas. Pourquoi celle-ci est-elle Psyché ? qu'est-ce qui m'apprend que cet Amour est un amant, et non pas une de ces figures allégoriques si communes dans les ouvrages de peintures ? Voici le fait. C'est que le sujet est un paysage pur et simple, et que les figures n'y ont été introduites que pour l'animer ; ce qu'elles ne font pas.

130. *La rencontre de Psyché et du Pêcheur.*

Figurez-vous de grosses roches à droite ; au bas de ces roches, une femme avec un homme ; par-derrière ces deux figures, quelques arbres ; sur le devant, une autre femme assise ; près de cette femme, un chien; sur le devant, à la pointe d'un bateau, un batelier tenant son croc, et vu par le dos. Dans ce bateau, une femme accroupie et courbée, qui tire de l'eau un filet. Dans le lointain, tout-à-fait à la droite, un château ruiné.... Je vous prie, mon ami, de vous arrêter tout court, et de vous demander le sujet de ce tableau... Mais ne vous fatiguez pas inutilement; c'est ce qu'il a plu à l'artiste d'appeler la Rencontre de Psyché et du Pêcheur. Encore une fois qu'est-ce qui m'indique Psyché ? Où est le Pêcheur ? où est la rencontre ? Que signifient cette femme assise à terre et son chien ? et ce batelier, et son bateau ? et cette femme accroupie ? et son filet ? La Psyché rencontrée n'est pas plus agréable que la Psyché évanouie ; aussi n'inspire-t-elle pas un grand intérêt au prétendu Pêcheur. Il est froid. Le batelier vu par le dos est roide, sec et de bois. Cette femme assise à terre est là pour occuper une place et lier la composition. C'est aussi la fonction de son chien. Les roches de la droite sont détestables. Le lointain de la gauche ne vaux pas mieux. Il n'y a de supportable, que la femme qui tire de l'eau son filet.

131. *Le Devin du Village.*

Certainement cet homme peint sans savoir ce qu'il fait. Il ne sait pas encore ce que c'est qu'un sujet. Il ne se doute pas qu'il doit être caractérisé par quelques circonstances essentielles ou accidentelles qui le distinguent de tout autre. Quand il a placé devant un paysan un peu singulièrement vêtu une jeune fille soucieuse, debout; à côté d'elle une vieille femme attentive; qu'il a jeté par-ci par-là quelques arbres, et fait sortir d'entre ces arbres la tête d'un jeune paysan qui rit; il imagine que je dois savoir que c'est le *Devin du Village*. On dit qu'un bon homme de peintre, qui avoit mis dans son tableau un oiseau, et qui vouloit que cet oiseau fût un coq, écrivit au-dessous : c'est un coq. Sans y entendre plus de finesse, M. Briard auroit fort bien fait d'écrire sous les personnages de son tableau : Celui-ci, c'est un devin; celle-là, c'est une fille qui vient le consulter; cette autre femme, c'est sa mère; et voilà l'amant de la fille. Fût-on cent fois plus sorcier que son devin, comment devine-t-on que celui qui rit est d'intelligence avec le devin? Il faut donc encore écrire : Ce jeune fripon et ce vieux fripon-là s'entendent. Il faut être clair, n'importe par quel moyen.

BRENET.

132. *Le Baptême de Jésus-Christ, par Saint Jean.*

Il y a deux Baptêmes de J.-C. par Saint Jean; l'un, de Brenet; et l'autre, de l'Epicié. On les a mis en pendans. Ils ne sont séparés que par l'*Hector* de Challe ; et jugez combien ils sont mauvais, puisque l'*Hector* de Challe n'a pu les rendre médiocres. Si ces peintres-là avoient eu un peu de sens et d'idée, ils se seroient demandé : Quel est le moment que je vais peindre ? et ils se seroient répondu : C'est celui où le Père Éternel va reconnoître et nommer son fils, s'avouer père à la face de la terre. C'est donc un jour de triomphe et de gloire pour le fils, un jour d'instruction pour les hommes. Ma scène peut rester sauvage ; mais elle ne doit pas être solitaire. J'assemblerai donc les peuples sur les bords du fleuve ; je tâcherai de produire quelque grand effet de lumière qui attire les regards vers le ciel ; je ferai tomber la force et la masse de cette lumière sur le prophète ministre du sacrement, et sur la tête de celui qui le reçoit. Je veux que les gouttes d'eau qui descendront de la coquille, éclairées, soient étincelantes comme le diamant. Je ne puis faire sortir une voix d'entre ces nuages que par des hommes, des femmes, des enfans sur-tout, qui paroîtront écouter. Mes deux principales figures seront grandes. Cela ne sera pas difficile pour le Saint Jean, un Essénien fanatique ; habitant les forêts, errant dans les montagnes, couvert d'une peau de mouton, nourri de sauterelles, et criant dans le désert ; il est pittoresque de lui-même. Mon premier souci doit être de conserver au Christ son caractère de mansuétude, et de le sauver de cette plate et piteuse figure traditionnelle, dont il ne m'est permis de m'écarter qu'avec circonspection. Mon autre souci, c'est de savoir si je montrerai ou si je cacherai cette mesquine colombe, qu'ils appellent le Saint Esprit. Si je le montre, je ne me garantirai de sa mesquinerie qu'en l'agrandissant un peu, faisant sa tête, ses pattes et ses ailes d'humeur, et l'ébouriffant de lumière. Mais est-ce que ces gens-là sont fous ? est-ce qu'ils parlent jamais seuls ? Oh ! que non ; et si leurs ouvrages sont muets, c'est qu'ils ne se sont pas dit un mot.

Voyez dans *le Baptême* de Brenet, à droite, un Christ sec, roide, ignoble, qui est de je ne sais quoi ; car ce n'est ni de la chair, ni de la pierre, ni du bois. Derrière ce Christ, sur un plan un peu plus enfoncé, des Anges. Des Anges ! sont-ce là les vrais spectateurs de la scène ? Grouppez-en quelques-uns dans vos nuages, j'y consens ; mais les avoir descendus à terre, placés sur les bords du fleuve, mis en actions, cela n'a pas le sens commun. Entre le Christ et le Saint Jean, un de ces Anges tient la draperie du Christ séparée de ses épaules, de peur qu'elle ne soit mouillée de l'eau sacramentelle. A-t-on jamais rien imaginé de si pauvre, de si petit ! Quand un artiste n'a rien dans la tête, qu'il se repose.... Mais s'il n'a toujours rien dans la tête, il se reposera long-temps.... Il est vrai ; je suis sûr que M. Brenet, après avoir trouvé cette gentillesse, cet Ange officieux qui n'aime pas les vêtemens mouillés, se frottoit les mains d'aise, s'en félicitoit, et qu'il tomberoit des nues s'il savoit ce que j'en pense; ce sont comme les pointes, ceux qui les font sont tous déconcertés quand on n'en rit pas. J'avoue pourtant que cette idée, précieusement exécutée dans un petit morceau de La Grénée, grand comme la main, m'auroit trouvé moins sévère. Le Christ a l'air d'un pécheur contrit qu'on lave de sa souillure ; et le Saint Jean qui occupe le côté gauche de la toile, a un faux air de la physionomie d'un faune. Du reste, la scène se passe clandestinement, entre Saint Jean, le Christ et des Anges. Pas une ame qui entende crier la voix qui dit : Celui-ci est mon fils bien-aimé ! que ceux pour qui il étoit inutile qu'elle parlât ; et puis, mauvaise couleur, pauvre ordonnance, figures mal dessinées, airs de tête ignobles, et nuages comme des flocons de laine emportés par le vent.

133. *L'Amour caressant sa mère, pour ravoir ses armes.*

La Vénus est couchée; on ne la voit que par le dos. L'Amour en l'air, et plus sur le fond, la baise. Et c'est pour ravoir ses armes? Et qui est-ce qui m'apprend cela? le livret. Il n'y a là qu'un enfant qui baise sa mère. Si cet enfant eût fait en-même-temps le geste de reprendre ses armes de sa mère, qui les auroit retenues ? Si sa mère eût cherché à esquiver ses baisers, le sujet auroit commencé à se décider :

> Dùm flagrantia detorquet ad oscula
> Cervicem; aut facili sævitiâ negat,
> Quæ poscente magis gaudeat eripi,
> Interdùm rapere occupat.

Et puis il faut voir la grace, la volupté de cette Vénus; l'espiéglerie et la finesse de cet enfant. On croiroit à m'entendre, que cela y est; point du tout. C'est ce qui y manque. Quant à la couleur, ce sera pour une autre fois.

LOUTHERBOURG.

Voici ce jeune artiste qui débute par se mettre, pour la vérité des animaux, pour la beauté des sites et des scènes champêtres, pour la fraîcheur des montagnes, sur la ligne du vieux Berghem; et qui ose lutter pour la vigueur du pinceau, pour l'entente des lumières naturelles et artificielles, et les autres qualités du peintre, avec le terrible Vernet.

Courage, jeune homme, tu as été plus loin qu'il ne l'est permis à ton âge. Tu ne dois pas connoître l'indigence; car tu fais vîte; et tes compositions sont estimées. Tu as une compagne charmante, qui doit te fixer. Ne quitte ton atelier, que pour aller consulter la nature. Habite les champs avec elle. Va voir le soleil se lever et se coucher ; le ciel, se colorer de nuages. Promène-toi dans la prairie, autour des troupeaux. Vois les herbes brillantes des gouttes de la rosée. Vois les vapeurs se former sur le soir, s'étendre sur la plaine, et te dérober peu à peu la cîme des montagnes. Quitte ton lit de grand matin, malgré la femme jeune et charmante, près de laquelle tu reposes. Devance le retour du soleil. Vois son disque obscurci, les limites de son orbe effacées, et toute la masse de ses rayons perdue, dissipée, étouffée dans l'immense et profond brouillard qui n'en reçoit qu'une teinte foible et rougeâtre. Déjà le volume nébuleux commence à s'affaisser sous son propre poids ; il se condense vers la terre ; il l'humecte, il la trempe, et le globe amolli va s'attacher à tes pieds. Tourne tes regards vers le sommet des montagnes. Les voilà qui commencent à percer l'océan vaporeux. Précipite tes pas ; grimpe vîte sur quelque colline élevée ; et de-là contemple la surface de cet océan qui ondule mollement au-dessus de la terre ; et découvre, à mesure qu'il s'abaisse, le haut des clochers, la cîme des arbres, les faîtes des maisons, les bourgs, les villages, les forêts entières, toute la scène de la nature éclairée de la lumière de l'astre du jour. Cet astre commence à-peine sa carrière ; ta compagne charmante a les yeux encore fermés. Bientôt un de ses bras te cherchera à son côté. Hâte-toi de revenir. La tendresse conjugale t'appelle. Le spectacle de la nature animée t'attend. Prends le pinceau que tu viens de tremper dans la lumière, dans les eaux, dans les nuages; les phénomènes divers, dont ta tête est remplie, ne demandent qu'à s'en échapper et à s'attacher à la toile. Tandis que tu t'occupes, pendant les heures brûlantes du jour, à peindre la fraîcheur des heures du matin, le ciel te prépare de nouveaux phénomènes. La lumière s'affoiblit ; les nuages s'émeuvent, se séparent, s'assemblent ; et l'orage s'apprête. Va voir l'orage se former, éclater et finir; et que, dans deux ans d'ici, je retrouve au Salon les arbres qu'il aura brisés, les torrens qu'il aura grossis, tout le spectacle de son ravage; et que, mon ami et moi, l'un contre l'autre appuyés, les yeux attachés sur ton ouvrage, nous en soyons encore effrayés.

134. *Rendez-vous de chasse du Prince de Condé dans la partie de la forêt de Chantilly nommée le* Rendez-vous de la Table.

Il y a un assez grand nombre de compositions de Loutherbourg, car cet artiste est fécond; il y en a plusieurs excellentes ; pas une sans quelque mérite. Celle-ci dont je vais parler est moins bonne ; aussi est-ce un ouvrage de commande. Le site et le sujet étoient donnés, et la muse du peintre emprisonnée.

Si quelqu'un ignore l'effet maussade de la symmétrie, il n'a qu'à regarder ce tableau. Tirez une ligne verticale du haut en bas ; pliez la toile sur cette ligne ; et vous verrez la moitié de l'enceinte tomber sur l'autre moitié. A l'entrée de cette enceinte, un bout de barricade tomber sur un bout de barricade ; en s'avançant de-là peu à peu vers le fond, des chasseurs et des chiens tomber sur des chasseurs et des chiens ; successivement une portion de forêt, tomber sur une égale portion de forêt. L'allée qui sépare ces deux portions touffues, et la table placée au milieu de cette portion coupée en deux, tomber aussi, l'une des moitiés de la table sur l'autre moitié ; l'une des moitiés de l'allée sur l'autre. Prenez des ciseaux, et divisez par la ligne verticale la composition en deux lambeaux ; et vous aurez deux demi-tableaux calqués l'un sur l'autre.

Mais, M. Loutherbourg, n'étoit-il pas permis de rompre cette symmétrie ? Falloit-il de nécessité que cette allée s'ouvrît rigoureusement au centre de votre toile ; le sujet en auroit-il été moins un rendez-vous de chasse, quand elle auroit été percée de côté ? Le local n'a-t-il pas, dans la forêt de Chantilly, cent points d'où on y arrive et d'où on le voit, sans qu'il cesse d'être le même ? Pourquoi avoir préféré le point du milieu ? Pourquoi n'avoir pas senti qu'en s'assujettissant au cérémonial de Du Fouillou et de Salnove, vous alliez faire une platitude ? Ce n'est pas tout. C'est que vos chasseurs et vos amazones sont roides et mannequinés. Portez-moi tout cela à la foire Saint-Ovide, on en aura débit ; car, il faut l'avouer, ces poupées sont fort supérieures à celles qu'on y vend; pas toutes pourtant, car il y en a que les enfans prendroient pour des morceaux de carton jaune découpés. Ces arbres sont mal touchés, et d'un verd que vous n'avez jamais vu. Pour ces chiens, ils sont très-bien; et la terrasse qui forme l'enceinte, et qui s'élève du bord de votre toile jusqu'au fond, la seule chose dont vous avez pu disposer, je vous y reconnois; c'est vous, à sa vérité, à ses accidens, à sa couleur chaude, et à sa merveilleuse dégradation. Elle est belle, et très-belle.

Mon ami, si vous rêvez un moment à la symmétrie, vous verrez qu'elle ne convient qu'aux grandes masses de l'architecture, et de l'architecture seule, et non à celle de la nature, comme les montagnes; c'est qu'un bâtiment est un ouvrage de règle, et que la symmétrie se raccorde avec cette idée; c'est que la symmétrie soulage l'attention et agrandit. La nature a fait l'animal symmétrique, un front dont un côté ressemble à l'autre, deux yeux, au milieu un nez, deux oreilles, une bouche, deux joues, deux bras, deux mamelles, deux cuisses, deux pieds. Coupez l'animal par une ligne verticale qui passe par le milieu du nez, et une des deux moitiés sera tout-à-fait semblable à l'autre. De-là l'action, le mouvement et le contraste introduits entre la position des membres qu'ils varient; de-là, la tête de profil plus agréable que la tête de face, parce qu'il y a ordre et variété sans symmétrie; de-là, la tête des trois quarts plus ou moins préférable encore au profil, parce qu'il y a ordre, variété et symmétrie prononcée et dérobée. Dans la peinture, si l'on décore un fond avec une fabrique d'architecture, on la place de biais, pour en dérober la symmétrie qui choqueroit; ou, si on la montre de front, on appelle quelques nuages, ou l'on plante quelques arbres qui la brisent. Nous ne voulons pas tout savoir à-la-fois. Les femmes ne l'ignorent pas; elles accordent et refusent; elles exposent et dérobent. Nous aimons que le plaisir dure; il y faut donc quelques progrès. La pyramide est plus belle que le cône qui est simple, mais sans variété. La statue équestre plaît plus que la statue pédestre; la ligne droite brisée, que la ligne droite; la ligne circulaire, que la ligne droite brisée; l'ovale, que la circulaire; la serpentante, que l'ovale. Après la variété, ce qui nous frappe le plus c'est la masse; de-là les grouppes, plus intéressans que les figures isolées; les grandes lumières, belles; tous les objets présentés par grandes parties, beaux. Les masses nous frappent dans la nature et dans l'art. Nous sommes frappés de la masse énorme des Alpes et des Pyrénées; de la vaste étendue de l'Océan, de la profondeur obscure des forêts, de l'étendue de la façade du Louvre, quoique laide; de la grande fabrique des tours de Notre-Dame, malgré la multitude infinie des petits repos qui en divisent la hauteur, et aident l'art à les mesurer; des pyramides d'Égypte, de l'éléphant, de la baleine, des grandes robes de la magistrature et de leurs plis volumineux; de la longue, touffue, hérissée et terrible crinière du lion. C'est cette idée de masse puisée secrètement dans la nature, avec le cortége des idées de durée, de grandeur, de puissance, de solidité qui l'accompagnent, qui a donné naissance au faire simple, grand et large, même dans les plus petites choses; car on fait large un fichu. C'est dans un artiste l'absence de cette idée, qui rend son goût petit dans ses formes, petit et chiffonné dans ses draperies, petit dans ses caractères, petit dans toute sa composition. Donnez-moi, donnez à ces derniers les Cordillières, les Pyrénées et les Alpes; et nous réussirons, eux d'imbécillité, moi d'artifice, à en détruire l'effet grand et majestueux. Nous n'aurons qu'à les couvrir de petits gazons arrondis et de petites places pelées; et vous ne les verrez plus que comme revêtues et couvertes d'une grande pièce d'étoffe à petits carreaux. Plus les carreaux seront petits, et la pièce d'étoffe étendue, plus le coup-d'œil sera déplaisant, et plus le contraste du petit au grand sera ridicule; car le ridicule naît souvent du voisinage et de l'opposition des qualités. Une bête grave vous fait rire, parce qu'elle est bête et qu'elle affecte le maintien de la dignité. L'âne et le hibou sont ridicules, parce qu'ils sont sots, et qu'ils ont l'air de méditer. Voulez-vous que le singe qui se tortille en cent manières diverses, de comique qu'il est devienne ridicule, mettez-lui un chapeau; le voulez-vous plus ridicule? mettez sous ce chapeau une longue perruque à la conseillère. Voilà pourquoi le président de Brosses, que je respecte en habit ordinaire, me fait mourir de rire en habit de palais. Et le moyen de voir, sans que les coins de la bouche ne se relèvent, une petite tête gaie, ironique et satiresque, perdue dans l'immensité d'une forêt de cheveux qui l'offusque; et cette forêt descendant à droite et à gauche, qui va s'emparer des trois quarts du reste de la petite figure? Mais revenons à Loutherbourg.

135. *Une matinée après la pluie.*

136. *Un commencement d'orage au soleil couchant.*

Au centre de la toile, un vieux château; auprès du château, des bestiaux qui vont aux champs; derrière, un pâtre à cheval qui les conduit; à gauche, des roches et un chemin pratiqué entre ces roches. Comme ce chemin est éclairé! A droite, un lointain avec un bout de paysage. Cela est beau; belle lumière; bel effet; mais effet difficile à sentir, quand on n'a pas habité la campagne. Il faut y avoir vu, le matin, ce ciel nébuleux et grisâtre, cette tristesse de l'atmosphère, qui annonce encore du mauvais temps pour le reste de la journée. Il faut se rappeler cette espèce d'aspect blême et mélancolique que la pluie de la nuit a laissé sur les champs, et qui donne de l'humeur au voyageur, lorsqu'au point du jour il se lève et s'en va, en chemise et en bonnet de nuit, ouvrir le volet de la fenêtre de l'auberge, et voir le temps et la journée que le ciel lui promet.

Celui qui n'a pas vu le ciel s'obscurcir à l'approche de l'orage, les bestiaux revenir des champs, les nuages s'assembler, une lumière rougeâtre et foible éclairer le haut des maisons ; celui qui n'a pas vu le paysan se renfermer dans sa chaumière, et qui n'a pas entendu les volets des maisons se fermer de tous côtés avec bruit ; celui qui n'a pas senti l'horreur, le silence et la solitude de cet instant s'établir subitement dans tout un hameau, n'entend rien au commencement de l'Orage de Loutherbourg.

J'aime, dans le premier de ces deux tableaux, la fraîcheur et le site ; dans le second, j'aime le vieux château et cette porte obscure qui y donne entrée... Les nuages qui annoncent l'orage sont lourds, épais, et simulant trop le tourbillon de poussière, ou la fumée.... d'accord. La vapeur rougeâtre.... Cette vapeur est crue.... d'accord encore, pourvu que vous ne parliez pas de celle qui couvre ce moulin qu'on voit à gauche. C'est une imitation sublime de la nature. Plus je la regarde, moins je connois les limites de l'art. Quand on a fait cela, je ne sais plus ce qu'il y a d'impossible.

137. *Une Caravane.*

C'est au sommet et au centre de la toile, sur un mulet, une femme qui tient un petit enfant, et qui l'alaite. Cette femme et ce mulet, partie sur un autre mulet chargé de hardes, de bagages, d'ustensiles de ménage, sur celui qui le conduit et sur le chien qui le suit; partie sur un autre mulet pareillement chargé de bagages et de marchandises : et ce chien, et ce conducteur, et les deux mulets, sur un troupeau de moutons, ce qui forme une belle pyramide d'objets entassés les uns sur les autres, entre des rochers arides à gauche, et des montagnes couvertes de verdure à droite.

Voilà ce que produit l'affection outrée et mal entendue de pyramider, quand elle est séparée de l'intelligence des plans. Or il n'y a ici nulle intelligence, nulle distinction de plans. Tous ces objets semblent vraiment assis les uns sur les autres, les moutons à la base; sur cette base de moutons les deux mulets, le conducteur et son chien; sur ce chien, ces mulets et le conducteur, le mulet de la femme; sur ce dernier, la femme et son enfant, qui forment la pointe.

M. Loutherbourg, quand on a dit que, pour plaire à l'œil, il falloit qu'une composition pyramidât, ce n'est pas par deux lignes droites qui allassent concourir en un point et former le sommet d'un triangle isocèle ou scalène; c'est par une ligne serpentante qui se promenât sur différens objets, et dont les inflexions, après avoir atteint, en rasant, la cîme de l'objet le plus élevé de la composition, s'en allât en descendant par d'autres inflexions, raser la cîme des autres objets; encore cette règle souffre-t-elle autant d'exceptions qu'il y a de scènes différentes en nature.

Du reste, cette Caravane est de couleur vigoureuse; les objets en sont bien empâtés, et les figures très-pittoresquement ajustées. C'est dommage que ce soit un chaos pointu. Jamais ce chaos ne se tirera des montagnes où le peintre s'est engagé; il y restera.

138. *Des voleurs attaquant des voyageurs dans une gorge de montagnes.*

139. *Les mêmes voleurs pris et conduits par des cavaliers.*

Il n'y a rien à ajouter aux titres, ils disent tout. Les petites figures qui composent les sujets, on ne sauroit plus joliment, plus spirituellement faites. Les montages qui s'élèvent des deux côtés, traitées à merveille, et de la plus forte couleur; et les ciels charmans de couleur et d'effet.

Vous voyez, M. Loutherbourg, que j'aime à louer, que c'est le penchant de mon cœur, et que je me satisfais moi-même lorsque l'occasion de vanter le mérite se présente sous ma plume. Mais pourquoi ne pas toujours faire ainsi ? car il est certain que cela dépend de vous. D'où vient, par exemple, que, dans ces deux morceaux, les voleurs pris et conduits par les cavaliers, ne sont pas aussi précieux pour les figures, que ces mêmes coquins attaquant les voyageurs ?

140. *Plusieurs autres tableaux de paysage.*

Les paysages de Loutherbourg n'ont pas la finesse de ton de ceux de Vernet ; mais les effets en sont bien décidés. Il peint dans la pâte. Il est vrai qu'il est quelquefois un peu crud, et noir dans les ombres.

M. Francisque, vous qui vous mêlez de paysage, venez, approchez, voyez comme ces roches à gauche sont vraies ! comme ces eaux courantes sont transparentes ! Suivez le prolongement de cette roche ; là, en allant vers la droite, regardez bien cette tour avec son petit pont voûté par-derrière ; et apprenez que c'est ainsi qu'on pose, qu'on élève et qu'on éclaire une fabrique de pierre, quand on en a besoin dans son tableau. Ne dédaignez pas d'arrêter votre attention sur les arbrisseaux et plantes sauvages qui sortent d'entre les fentes des rochers sur lesquels la tour est bâtie, parce que c'est la vérité. Cette porte étroite et obscure pratiquée dans le roc ne fait pas mal ; qu'en dites-vous ? Et ces paysans, et ces soldats que vous appercevez au loin, en regardant vers la droite ; ils sont dessinés, ils ont du mouvement. Et ce ciel; il a de l'effet. M. Francisque, cela ne vous consterne pas ? Ah ! vous vous croyez de la force de Loutherbourg ; et c'est autant de perdu que ma leçon. Allez donc, M. Francisque, continuez de vous estimer, et de vous estimer vous seul.

Le plus beau morceau de Loutherbourg est sa *Nuit.* Je l'ai comparée à celle de Vernet. Il est inutile d'y revenir. Ceux qui trouvent les animaux mauvais oublient que ce sont des rosses, de vilaines bêtes de somme. Mais il m'est impossible de me taire des *deux petits paysages*, grands comme la main, que vous aurez vus au-dessus du guichet qui conduit aux salles de l'académie. Ils sont suaves, ils sont chauds, ils sont délicieux. L'un est le Point du Jour, au printemps: on voit sortir, à gauche, d'une cabane, des troupeaux qui s'en vont aux champs ; à droite, c'est une campagne. L'autre est un Coucher du Soleil, en automne, entre deux montagnes ; à droite, il n'y a que les montagnes obcures ; à gauche, les montagnes éclairées ; entre deux, une portion enflammée du ciel ; sur le devant, une terrasse, sur laquelle un pâtre, placé au-dessous, fait monter ses animaux. Ce sont deux beaux morceaux, mais ce dernier sur-tout ; c'est le plus piquant et le plus vigoureux. Cet homme-ci ne tatônne pas ; sa touche est large et fière. J'abandonne ces deux paysages à tout le bien qu'il vous plaira d'en penser.

Si le Salon vous est présent, vous demanderez raison de mon silence sur celui où l'on voit des bestiaux, qu'un pâtre mène abreuver au ruisseau qui coule sur le devant, et dont les eaux murmurent contre des cailloux jaunâtres ; et sur celui où, entre des montagnes hautes et roides, à droite, et d'autres montagnes avec un bout de forêt, à gauche, l'artiste a répandu des moutons, et montré sur le devant une paysanne qui trait une vache ; c'est, mon ami, que je ne ferois que répéter les mêmes éloges.

LE PRINCE.

C'est un débutant, qui n'est pas sans mérite. Outre son morceau de réception, qui est un très-beau tableau, il a exposé une quantité d'autres compositions, parmi lesquelles on en discerne quelques-unes qui peuvent arrêter un homme de goût. En général il possède la base de l'art, le dessin. Il dessine très-bien ; il touche ses figures avec esprit. C'est dommage que sa couleur ne réponde pas en général à ces deux qualités. En opposant le travail de Le Prince à celui de Vernet, Chardin semble avoir dit au premier : Jeune homme, regardez bien ; et vous apprendrez à faire fuir vos lointains, à rendre vos ciels moins lourds, à donner de la vigueur à votre touche ; sur-tout, dans vos grands morceaux, à la rendre moins sourde, et à tendre à l'effet.

Je ne réponds point des imitations russes ; c'est

à ceux qui connoissent le local et les mœurs du pays à prononcer là-dessus ; mais je les trouve, pour la plûpart, foibles comme la santé de l'artiste, mélancoliques et douces comme son caractère.

141. *Vue d'une partie de Pétersbourg.*

Elle est prise du palais qu'occupoit notre ambassadeur, M. de l'Hôpital. Elle montre l'île de Saint-Basile, le Port, la Douane, le Sénat, le Collège de Justice, la Forteresse et la Cathédrale. Les petites figures françoises placées sur le devant, sont l'ambassadeur et les personnes de sa suite. Elles sont spirituelles. Ce charriot où l'on voit une femme couchée, se promenant ou voyageant sans-doute à la manière du pays, fait très-bien. Mais je n'ai pas le courage de louer ce morceau, à l'aspect du Port de Dieppe de Vernet. Il est sombre, triste, sans ciel, sans effet de lumière, sans effet du tout.

142. *Parti de troupes Cosaques, Tartares, etc. Ils reviennent d'un pillage ; ils ont rassemblé leur butin, pour le partager.*

La scène est tranquille. Pourquoi s'asservir si scrupuleusement au costume et aux mœurs ? Il me semble qu'une querelle survenue entre ces brigands auroit animé cette froide composition, où l'on n'est intéressé que par le pittoresque des vêtemens, et dont on n'a à louer que la touche des figures, qui est plus large ici qu'en aucune des compositions de l'artiste. Le technique s'acquiert à la longue ; la verve, l'idéal ne viennent point : il faut les apporter en naissant. Je dirois volontiers aux Quarante rassemblés trois fois la semaine au Louvre : Et que m'importe qu'il n'y ait pas un solécisme dans tous vos écrits, s'il n'y a pas une idée frappante, pas une ligne qui vive? Vous écrivez comme Le Prince peint, et comme Pierre dessine ; très-correctement, d'accord ; mais très-froidement. Il n'y a, à proprement parler, que trois grands peintres originaux, Raphaël, Le Dominicain et Le Poussin. Entre les autres, qui forment, pour ainsi dire, leur école, il y en a qui se sont distingués par quelques qualités particulières. Le Sueur a son coin, Rubens le sien. On peut reprocher à celui-ci une main estropiée, une tête mal emmanchée ; mais quand on a vu ses figures, elles vous suivent, et vous inspirent le dégoût des autres.

143. *Préparatifs pour le départ d'une horde.*

A droite, des arbres auxquels on a suspendu un cimeterre, un carquois plein de flèches, et d'autres armes. Un Calmouk est occupé à les détacher. Il obéit à l'ordre de son officier, qui est debout et qui lui commande. Entre l'officier et le Calmouck, sous une tente formée d'un grand voile tendu, on voit un Tartare et sa femme assis. La femme est tout-à-fait agréable. Elle intéresse par son naturel et sa grace. Sur la gauche, la horde commence à défiler.

Morceau où l'on voit tout ce que l'artiste a de talent et de défauts ; bon, et puis c'est tout.

144. *Pastorale Russe.*

Songez, mon ami, que je laisse toujours là les mœurs que je ne connois point. Les artistes diront de celui-ci tout ce qu'il leur plaira ; mais il y a un sombre, un repos, une paix, un silence, une innocence qui m'enchantent. Il semble qu'ici le peintre ait été secondé par sa propre foiblesse. Le sujet simple demandoit une touche légère et douce ; elle y est : peu d'effet de lumière ; il y en a peu. C'est un vieillard qui a cessé de jouer de sa guitarre, pour entendre un jeune berger jouer de son chalumeau. Le vieillard est assis sous un arbre. Je le crois aveugle ; s'il ne l'est pas, je voudrois qu'il le fût. Il y a une jeune fille debout à côté de lui. Le jeune garçon est assis à terre, à quelque distance du vieillard et de la jeune fille. Il a son chalumeau à la bouche. Il est de position, de caractère, de vêtement, d'une simplicité qui ravit ; la tête sur-tout est charmante. Le vieillard et la jeune fille écoutent à merveille. Le côté droit de la scène montre des rochers, au pied desquels on voit paître quelques moutons. Cette composition va droit à l'ame. Je me trouve bien là. Je resterai appuyé contre cet arbre, entre ce vieillard et sa jeune fille, tant que le jeune garçon jouera. Quand il aura cessé de jouer, et que le vieillard remettra ses doigts sur sa balalaye, j'irai m'asseoir à côté du jeune garçon ; et lorsque la nuit s'approchera, nous reconduirons tous les trois ensemble le bon vieillard dans sa cabane. Un tableau avec lequel on raisonne ainsi, qui vous met en scène, et dont l'ame reçoit une sensation délicieuse, n'est jamais un mauvais tableau. Vous me direz : Mais il est foible de couleur... D'accord... Mais il est sourd et monotone.... Cela se peut ; mais il touche, mais il arrête : et que m'importe tes passages de tons savans, ton dessin pur et correct, la vigueur de ton coloris, la magie de ton clair-obscur, si ton sujet me laisse froid ? La peinture est l'art d'aller à l'ame par l'entremise des yeux. Si l'effet s'arrête aux yeux, le peintre n'a fait que la moindre partie du chemin.

145. *La Pêche aux environs de Saint-Pétersbourg.*

Triste et malheureuse victime de Vernet !

146. *Quelques paysans qui se disposent à passer un bac, et se reposent en l'attendant.*

Mais pourquoi se reposent-ils simplement ? Est-ce qu'il n'y avoit pas moyen de varier ce repos ? C'est le moment où une femme peut donner à teter à son enfant ; où des paysans peuvent compter ce qu'ils ont gagné ; où , s'il y a une jeune fille et un jeune garçon qui s'aiment, ils se le marqueront par quelques caresses furtives. Le batelier n'en viendra pas moins vîte. Les montagnes qui sont à droite me semblent vraies. J'oserai dire que ces eaux ne sont pas mal, au hasard de faire rire Vernet, s'il m'entendoit. Ce rivage est bien. Si ces passagers qui attendent ne font que cela, ils le font naturellement ; et ce passeur ne me déplaît pas.

147. *Vue d'un pont de la ville de Nerva.*

C'est peut-être une grande fabrique sur les lieux; elle peut en imposer par la masse, surprendre par la bizarrerie de sa construction, effrayer par la hauteur de ses arches ; ce sera , si l'on veut, le sujet d'une bonne planche dans un auteur de voyage; mais c'est une chose détestable en peinture. Si vous me demandez ce que cela seroit devenu sous le crayon ou le pinceau de ce sorcier de Servandoni, je vous répondrai que je n'en sais rien. Pour Le Prince, il n'en a fait qu'une plate composition. Le pont est maigre et sans effet. Ces masses aigues qui le soutiennent sont grossières , sans aucun de ces accidens qui en auroient rendu l'aspect piquant. Toute la montagne est d'ocre. S'il y a quelque maître de forges dans les environs, il a tort de ne pas fouiller là.

148. *Halte de Tartares.*

On voit à droite des forêts, un charriot attelé et passant, un bout de roche; puis sur un autre endroit où le terrein est rompu, et forme une élévation, une femme debout et un homme assis; plus vers la gauche, un Tartare ou un voyageur à cheval; tout-à-fait sur la gauche, d'autres Tartares. C'est sur l'élévation formée par la rupture du terrein, au centre de la toile, un peu au-delà, vers la gauche, près de la femme debout et de l'homme assis, que la halte se fait. Si les mœurs sont vraies, ce morceau peut intéresser par-là. Du reste c'est peu de chose. Les objets n'y sont liés que pour l'œil. Aucune action qui les enchaîne. En effet, qu'ont entre eux de commun ce charriot qui passe, cette femme debout, cet homme assis, ce voyageur à cheval? Qu'ont-ils de commun avec une halte ou le sujet principal? Rien qui se sente. Cela est placé là, comme, dans un tableau de genre, un mouchoir, une table, une soucoupe, une jatte, une corbeille de fruit; et à-moins qu'il n'y ait dans le tableau de genre la plus grande vérité de ressemblance et le plus beau faire, et dans un paysage tel que celui-ci une grande beauté de site avec la plus rigoureuse imitation de mœurs, cela ne signifie rien.

149. *Manière de voyager en hiver.*

Et pour faire sortir le décousu de tous ces objets, je vais décrire ce tableau-ci, comme si c'étoit un Chardin. En allant de la droite à la gauche, de petites montagnes couvertes de neige; derrière ces montagnes, les toits blancs d'un hameau; sur le devant et au pied des petites montagnes, un poteau de seigneur qui marque le chemin; ce poteau est planté à l'entrée d'un pont de bois; une voiture tirée par des chevaux, allant vers la droite, et prête à entrer sur le pont; quelque grande rivière supposée au-dessous du pont; car on apperçoit les arrière-becs et les mâts de quelques grands bateaux retirés vers le rivage; sur le devant, un paysan voiture vers la gauche des provisions.

Tout ce qu'on apprend là, c'est la manière dont les voitures sont construites en Russie. Je ne sais si ces bâtons recourbés ne seroient pas, en ce pays-ci même, sur-tout dans les provinces où les chemins sont unis et ferrés, d'un très-bon usage, avec la précaution d'y ajuster de larges roulettes de fer.

150. *Halte de Paysans en été.*

A droite, on voit un bout de forêt, et près de là, un charriot chargé de bestiaux; plus bas, un ruisseau; en s'avançant vers la gauche, un grand charriot; vers ce charriot, une vache et un mouton; un homme vu par le dos, est penché dans le coffre de bois porté sur le charriot; sur le fond, encore un charriot; sur un lieu plus bas et plus avancé vers la gauche, un grouppe d'hommes et de femmes en repos. Tout-à-fait à gauche et vers le fond, un second grouppe d'hommes et de femmes.

Tous ces objets, quoiqu'isolés, sont assez harmonieusement disposés. Il y a quelqu'art à les avoir liés pour l'œil, par la seule variété du site et des lumières. Mais la vue en est presqu'aussi froide que la description; et s'ils sont vrais, ce que je suppose toujours, ils ne peuvent guère attacher qu'un homme transplanté à sept à huit cents lieues de son pays, et qui, venant à jeter les yeux sur un de ces morceaux, se retrouve en un instant chez lui au milieu de ses compatriotes, proche de son père, de sa mère, de sa femme, de ses parens, de ses amis. Si j'étois à Moscou, doutez-vous, cher Grimm, que la vue d'une carte de Paris ne me fît plaisir. Je dirois, voilà la rue neuve Luxembourg, c'est là qu'habite celui que je chéris; peut-être il pense à moi dans ce moment; il me regrette; il me souhaite tout le bonheur que je puis avoir loin de lui. Voilà la rue neuve des Petits-Champs. Combien nous avons collationné de fois dans cette maisonnette! C'est là que demeurent la gaîté, la plaisanterie, la raison, la confiance, l'amitié, l'honnêteté, la tendresse, et la liberté. L'hôtesse aimable avoit promis à l'Esculape Génevois de s'endormir à dix heures; et nous causions et nous rïons encore à minuit. Voilà la rue Royale-Saint-Roch. C'est là que se rassemble tout ce que la capitale renferme d'honnêtes et d'habiles gens. Ce n'est pas assez pour trouver cette porte ouverte, que d'être titré ou savant; il faut encore être bon. C'est là que le commerce est sûr. C'est là qu'on parle histoire, politique, finance, belles-lettres, philosophie. C'est là qu'on s'estime assez pour se contredire. C'est là qu'on trouve le vrai Cosmopolite, l'homme qui sait user de sa fortune, le bon père, le bon ami, le bon époux. C'est là que tout étranger, de quelque nom et de quelque mérite, veut avoir accès et peut compter sur l'accueil le plus doux et le plus poli (1). Et cette méchante (2) baronne, vit-elle encore? Se moque-

---

(1) Peinture charmante et vraie de la société du baron d'Holbach...... *Et in Arcadiâ ego.*

NOTE DE L'ÉDITEUR.

(2) On sent assez que cette épithète est ici une pure plaisanterie. Je crois néanmoins devoir en avertir, parce que ceux qui liront cet ouvrage, et qui ne connoissent pas madame d'Holbach, pourroient peut-être s'y tromper.

NOTE DE L'ÉDITEUR.

t-elle toujours de beaucoup de gens qui ne l'en aiment pas moins ? Voilà la rue des Vieux-Augustins. Là, mon ami, la parole me manqueroit. Je m'appuyerois la tête sur mes deux mains ; quelques larmes tomberoient de mes yeux ; et je me dirois à moi-même : Elle est là ; comment se fait-il que je sois ici ?

151. *Le Berceau pour les enfans.*

C'est une des meilleures compositions de Le Prince..... Vous le trouvez, me dites-vous, mieux colorié que *le Baptême* ?... Oh ! non... Il vous paroît plus intéressant que *le Baptême* ?.. Oh ! non. Mais diable, aussi c'est que ce *Baptême russe*, auquel vous comparez ce tableau-ci, est une belle chose. Dans *le Berceau pour les enfans*, on voit, à droite, une portion d'une baraque en bois ; à la porte de cette baraque, sur un banc grossier, un vieux paysan en chemise, jambes singulièrement vêtues, et pieds singulièrement chaussés. Autour de ce vieillard, à terre, sur le devant, parmi de mauvaises herbes, une terrine, un auget, des bâtons, un coq qui cherche sa vie ; devant le vieillard une espèce de petit hamac, occupé par un bambin, gras, potelé, bien nourri, tout nu, étendu sur ses langes. Ce hamac est suspendu, par une corde, à une grosse branche d'arbre ; la corde fait plusieurs tours autour de la branche. Une grande servante, assez jeune et assez bien vêtue pour n'être pas la femme du vieux paysan, tire la corde, comme si c'étoit son dessein d'élever le hamac ou berceau, ou peut-être de le descendre; autour du hamac, deux autres enfans, l'un sur le fond, l'autre sur le devant; l'un vu de face, l'autre par le dos; tous les deux regardant avec joie le petit suspendu. Sur le devant, une chèvre et un mouton; plus vers la gauche, une vieille avec sa quenouille et son fuseau. Elle a interrompu son ouvrage, pour parler à celle qui tient la corde du hamac. Tout-à-fait à gauche, vers le devant et sur le fond, chaumière et hameau. Autour de la chaumière, différens outils et agrès champêtres.

Le paysan est très-beau, vrai caractère, vraie nature rustique; sa chemise, tout son vêtement, larges et de bon goût. J'en dis autant de la vieille qui filoit, et qui paroît être la grand'mère des enfans. C'est une vieille excellente; belle tête, belle draperie, action simple et vraie. Les enfans, et celui qui est dans le hamac, et les deux autres, charmans. Mais il y a tout plein de choses ici qui me chiffonnent, et qui tiennent peut-être à la connoissance des mœurs. Voilà bien la chaumière du paysan; mais il est trop grossier, trop pauvrement vêtu, pour que cette vieille soit sa femme. Celle qui tient la corde du hamac, et qui remonte ou descend le berceau, peut bien être la fille ou la servante de la vieille ; mais elle n'est de rien au paysan. Quel est l'état de ces deux femmes ? Où est leur habitation ? Ou je me trompe fort, ou il y a quelque amphibologie dans cette composition. Seroit-ce qu'en Russie les femmes sont bien, et les maris mal ? Quoi qu'il en soit, ici le coloris du peintre et sa touche sont beaucoup plus fermes, Il est moins briqueté, moins rougeâtre de ton que dans son *Baptême*; mais ce *Baptême* intéresse bien autrement; il est bien plus riche de caractères. Nous en parlerons tout-à-l'heure.

152. *L'intérieur d'une chambre de paysan russe.*

On voit, dans cette chambre, une paysanne russe, assise ; cette paysanne est aussi très-bien vêtue, notez cela ; c'est comme au tableau précédent. Près d'elle, vers la droite, une petite table sur laquelle elle est accoudée, le bras étendu sur une corbeille pleine d'œufs. Devant elle, un jeune paysan fort démonstratif, les bras élevés, et tenant un œuf dans chaque main ; un grand rideau blanc, attaché sur une perche, tombe en s'élargissant derrière la paysanne. Elle a à ses pieds un chat qui fait le dos, et qui se frotte contre elle. Elle est élevée sur une espèce d'estrade qui n'a qu'une marche. Le peintre a répandu sur cette estrade et au-dessous, à terre, un panier, un autre panier, une terrine remplie de différens légumes ; plus vers la gauche, et sur le devant, il y a une table, avec un pot à l'eau ; tout-à-fait à gauche, et dans l'ombre, une vieille qui dort et qui laisse à la jeune marchande d'œufs, sa fille, toute la facilité possible d'accepter l'échange qu'on lui propose. Ce tableau est joli. L'idée en est polissonne, ou je me trompe fort. Le jeune paysan est vigoureux. Jeune fille, je n'entends pas trop ce qu'il vous promet ; en France, je vous conseillerois d'en rabattre la moitié. Mais laissons ce point-là. Il faudroit savoir jusqu'où les hommes tiennent parole aux femmes en Russie.

153. *Vue d'un moulin dans la Livonie.*

Aussi indifférent, quoiqu'un peu moins mauvais que le pont de Nerva.

154. *Un Paysage, avec figures vêtues en différentes modes.*

Ce paysage montre sur la droite une montagne ; un peu au-delà de la montagne, des eaux avec des bateaux à bord ; en avançant vers la gauche, d'autres montagnes qui occupent et forment le fond ; au centre de la toile, un traîneau en brancard tiré par un cheval. Sur ce traîneau, un panier dans lequel on voit un mouton et un veau ; en allant toujours vers la gauche, un grouppe d'hommes diversement vêtus, qui se reposent ; puis une fabrique élevée sur pilotis ; sur cet espace piloté, un charriot; près du charroit, un jeune homme couché ; tout-à-fait à gauche, des eaux.

Il faudroit à toutes ces actions isolées un peu plus de mouvement et d'intérêt ; quelque chose dans les êtres animés qui réflétât du sentiment sur les êtres inanimés ; quelque chose dans ceux-ci qui fît de l'effet sur les premiers ; en un mot, de l'invention, une convenance de scène particulière, un choix d'incidens. Il n'y a rien de tout cela. Tout homme qui sait dessiner seulement comme notre ami Carmontel, sans avoir plus de verve que lui, n'a qu'à mettre le pied hors des barrières, sur les cinq heures du soir ou sur les neuf heures du matin ; et il y trouvera des sujets pour mille tableaux ; mais ces tableaux ne pourront piquer la curiosité qu'à Moscou. Oh ! si le faire étoit supérieur ; si, dans chaque figure, l'imitation de nature étoit à son dernier point ; si c'étoit ou un gueux de Calot, ou un vielleux de Berghem, ou un ivrogne de Wouvermans, la vérité de l'objet en feroit oublier la pauvreté.

Nous avons bien battu du pays. Je ne sais, mon ami, si vous en êtes aussi fatigué que moi. Mais dieu merci, nous voilà de retour. Asséyons-nous. Délassons-nous. Si nous nous raffraîchissions, ce ne seroit pas mal fait. Nous quitterions ensuite nos habits de voyage, et nous irions ensuite à ce *Baptême russe*, auquel nous sommes invités.

155. *Le Baptême russe.*

Nous y voilà. Ma foi c'est une belle cérémonie. Cette grande cuve baptismale d'argent fait un bel effet. La fonction de ces trois prêtres qui sont tous les trois à droite, debout, a de la dignité. Le premier embrasse le nouveau-né par-dessus les bras, et le plonge par les pieds dans la cuve. Le second tient le Rituel, et lit les prières sacramentelles : il lit bien, comme un vieillard doit lire, en éloignant le livre de ses yeux. Le troisième regarde attentivement sur le livre. Et ce quatrième, qui répand des parfums dans une poêle ardente placée vers la cuve baptismale, ne remarquez-vous pas comme il est bien, richement et noblement vêtu ? comme son action est naturelle et vraie ? Vous conviendrez que voilà quatre têtes bien vénérables. Mais vous ne m'écoutez pas. Vous négligez les prêtres vénérables et toute la sainte cérémonie ; et vos yeux demeurent attachés sur le parrain et la marraine. Je ne vous en sais pas mauvais gré. Il est certain que ce parrain a le caractère le plus franc et le plus honnête qu'il soit possible d'imaginer. Si je le retrouve hors d'ici, je ne pourrai jamais me défendre de rechercher sa connoissance et son amitié. J'en ferai mon ami, vous dis-je. Pour cette marraine, elle est si aimable, si décente, si douce.... que j'en ferai, dites-vous, ma maîtresse, si je puis.... Et pourquoi, non ?.... Et s'ils sont

époux, voilà donc votre bon ami le Russe....
Vous m'embarrassez. Mais aussi, c'est qu'à la place du Russe, ou je ne laisserois pas approcher mes amis de ma femme, ou j'aurois la justice de dire : Ma femme est si charmante, si aimable, si attrayante.... Et vous pardonneriez à votre ami?...
Oh! non. Mais ne voilà-t-il pas une conversation bien édifiante, tout au travers de la plus auguste cérémonie du christianisme ; celle qui nous régénère en Jésus-Christ, en nous lavant de la faute que notre grand-père a commise il y a sept à huit mille ans ?... Comme ce parrain et cette marraine sont bien à leurs fonctions ; ils en imposent ; ils sont pieux, sans bigoterie. Par-derrière ces trois prêtres, ce sont apparemment des parens, des témoins, des amis, des assistans. Les belles études de tête que Le Poussin feroit ici ! car elles ont tout-à-fait le caractère des siennes... Que voulez-vous dire avec vos études du Poussin ? Je veux dire que j'oubliois que je vous parle d'un tableau. Et ce jeune acolyte, qui étend sa main pour recevoir les vaisseaux de l'huile sainte qu'un autre lui présente sur un plat, convenez qu'il est posé de la manière la plus simple et pourtant la plus élégante ; qu'il étend son bras avec facilité et avec grace ; et que c'est de tout point une figure charmante. Comme il tient bien sa tête ! comme cette tête est bien placée ! comme ses cheveux sont bien jetés ! la physionomie distinguée qu'il a ! comme il est droit !

K *

sans être ni maniéré, ni roide! comme il est bien et simplement habillé! Cet homme, qui est à côté de lui et qui est baissé sur un coffre ouvert, c'est apparemment le père, ou quelqu'assistant qui cherche de quoi emmailloter promptement l'enfant, au sortir de la cuve. Regardez bien cet enfant; il a tout ce qu'il faut pour faire un bel enfant. Ce jeune homme, que je vois derrière le parrain, est, ou son page ou son écuyer; et cette femme assise sur le fond, à gauche, à côté de lui, c'est ou la sage-femme, ou la garde-malade. Pour celle qu'on entrevoit dans un lit, sous ce rideau, il n'y a pas à s'y tromper, c'est l'accouchée, à qui l'odeur de ces parfums qu'on brûle donnera un mal de tête effroyable, si l'on n'y prend garde. A cela près, voilà, ma foi, une belle cérémonie et un beau tableau! C'est le morceau de réception de l'artiste. Combien de noms qu'on ne liroit pas sur le livret, si l'on n'étoit admis à l'académie qu'en produisant de pareils titres! J'ai honte de vous dire que le coloris en est cuivreux et rougeâtre; que le fond en est trop brun; que les passages de lumières... Mais il faut bien que l'homme perce par quelqu'endroit. Du reste, cette composition est soutenue; toutes les figures en sont intéressantes; la couleur même est vigoureuse. Je vous jure que l'artiste a fait celui-là dans un intervalle de bonne santé; et que, si j'étois jeune, libre, et qu'on me proposât cet honnête Russe pour beau-père, et pour femme cette jeune fille qui tient si modestement un cierge à côté de lui, avec un peu d'aisance, tout autant qu'il en faudroit pour que ma petite Russe pût, quand il lui plairoit, dormir la grasse matinée, moi lui faire compagnie sur le même oreiller, et élever sans peine les petits bambins que ces vénérables papas viendroient anabaptiser chez moi tous les neuf à dix mois ; ma foi, je serois tenté d'aller voir quel temps il fait dans ce pays-là.

DESHAYS.

C'est le frère de celui que nous avons perdu. Ces deux frères me rappellent une aventure de la jeunesse de Piron ; car aujourd'hui ce vieux fou se frappe la poitrine et se fesse devant Dieu de tous les mots plaisans qu'il a dits, et de toutes les drôles de sottises qu'il a faites. Pardieu, mon ami, cet atome, qu'on appelle un homme, a de la vanité bien plus gros que lui ! Un malheureux, méchant, petit poëte qui s'imagine qu'il a fâché l'Eternel, qu'il le réjouit, et qu'il est en son pouvoir de faire rire ou pleurer Dieu, à son gré, comme un idiot de parterre ! Ce Piron donc, qui s'étoit un soir enivré avec un acteur, un musicien et un maître à danser, s'en revenoit avec ses convives, faisant bacchanale dans les rues. On les prend ; on les conduit chez le commissaire la Fosse, qui demande à l'auteur qui il est. Celui-ci répond : Le père des *Fils Ingrats* ; à l'acteur, qui répond qu'il est le tuteur des *Fils Ingrats* ; au maître à danser, au musicien, qui répondent, l'un, qu'il apprend à danser, l'autre, qu'il montre à chanter aux *Fils Ingrats*. Le commissaire, sur ces réponses, n'a pas de peine à deviner les gens à qui il a affaire. Il accueille Piron ; il lui dit qu'il étoit un peu de la famille, et qu'il avoit eu un frère qui étoit homme d'esprit. Pardieu, lui dit Piron, je le crois bien, j'en ai bien un, moi, qui n'est qu'une foutue-bête. Le Deshays que nous n'avons plus, en auroit pu dire autant, et même à un commissaire ; car il s'exposoit volontiers à visiter ces magistrats subalternes qui veillent ici à ce qu'on ne casse pas les lanternes, et qu'on ne batte pas les filles chez elles. Je m'amuse à vous faire des contes, parce que je n'ai rien à vous dire du cadet de Deshays, dont les tableaux sont plus mauvais encore que ceux de l'aîné n'étoient bons, quoiqu'ils fussent très-bons ; qui n'a pas une bluette de génie ; qui est sans talent ; et qui est entré à l'académie de peinture, comme l'abbé du Resnel à l'académie françoise. A propos de ce dernier, il disoit : Connoissez-vous un mortel plus heureux que moi ? J'ai desiré trois choses en ma vie, et je les ai eues toutes trois. J'ai voulu être poëte, et je l'ai été. J'ai voulu être de l'académie, et j'en suis. J'ai voulu avoir un carrosse, et j'en ai un. Un conte, mon ami, et un propos plaisant valent mieux que cent mauvais tableaux, et que tout le mal qu'on en pourroit dire.

L'ÉPICIÉ.

Mon ami, si nous continuions à faire des contes ?

162. *La descente de Guillaume-le-Conquérant en Angleterre.*

Un général ne pouvoit guère faire mieux entendre à ses soldats qu'il falloit vaincre ou mourir, qu'en brûlant les vaisseaux qui les avoient apportés. C'est ce que fit Guillaume. Le beau trait pour l'historien ! le beau modèle pour le conquérant ! le beau sujet pour le peintre ! pourvu que ce peintre ne soit pas l'Épicié ! Quel instant croyez-vous que celui-ci ait choisi ? Celui où la flamme consume les vaisseaux, et où le général annonce à son armée l'alternative terrible ? Vous croyez qu'on voit sur la toile les vaisseaux en flamme ; Guillaume sur son cheval parlant à ses troupes ; et sur cette multitude innombrable de visages, toute la variété des impressions, de l'inquiétude, de la surprise, de l'admiration, de la terreur, de l'abattement et de la joie ! Votre tête se remplit de grouppes ; vous y cherchez l'action véritable de Guillaume, les caractères de ses principaux officiers, le silence ou le murmure, le repos ou le mouvement de son armée. Tranquillisez-vous, et ne vous donnez pas une peine dont l'artiste s'est dispensé ! Quand on a du génie, il n'y a point d'instans ingrats. Le génie feconde tout. On voit à droite, du côté de la mer et des vaisseaux, une foible lueur, de la fumée, qui indique que l'incendie est tombé; quelques soldats oisifs et muets, sans mouvement, sans passion, sans caractère; puis, tout seul, un gros homme court, les bras étendus, criant à tue-tête, et à qui, j'ai demandé cent fois, à qui il en vouloit, sans avoir pu le savoir. Ensuite Guillaume, au centre de son armée, sur son cheval, s'avançant de la droite à la gauche, comme dans son pays, et dans une occasion commune; il est précédé d'infanterie et de cavalerie en marche, du même côté et vue par le dos. Ni bruit, ni tumulte, ni enthousiasme militaire, ni clairons, ni trompettes. Cela est mille fois plus froid et plus maussade que le passage d'un régiment sous les murs d'une ville de province, en allant à sa garnison. Trois objets seuls se font remarquer; cette grosse, courte et lourde figure pédestre, placée seule entre Guillaume et les vaisseaux brûles, les bras étendus et criant sans qu'on l'entende. Guillaume sur son cheval. L'homme et le cheval aussi pesans et aussi monstrueux, aussi faux et aussi tristes, moins nobles et moins signifians que votre Louis XIV de la place Vendôme; et puis le dos énorme d'un cavalier, et la croupe plus énorme encore de son cheval.

Mais, mon ami, voulez-vous un tableau? Laissez ces figures à-peu-près comme elles sont distribuées; et faites faire volte-face. Enflammez les vaisseaux; faites parler Guillaume; et montrez-moi sur les visages les passions, avec leur expression accrue par la lueur rougeâtre de la flamme des vaisseaux ; que l'incendie vous serve encore à produire quelque étonnant effet de lumière. La disposition des figures s'y prête, même sans la changer. Mais voyez, mon ami, le prestige de l'étendue et de la masse. Cette composition frappe, appelle d'abord, mais n'arrête pas. Si j'avois la tête de Le Sueur, de Rubens, du Carrache ou de tel autre, je vous dirois comment on auroit pu tirer parti de l'instant que l'artiste a préféré; mais au défaut de l'une de ces têtes-là, je n'en sais rien. Je conçois seulement qu'il faut remplacer l'intérêt du moment qu'on néglige, par je ne sais quoi de sublime qui s'accorde très-bien avec la tranquillité apparente ou réelle, et qui est infiniment au-dessus du mouvement. Témoin ce Déluge universel du Poussin, où il n'y a que trois ou quatre figures. Mais qu'est-ce qui trouve de ces choses-là ? et quand l'artiste les a trouvées, qui est-ce qui les sent? Au théâtre ce n'est pas dans les scènes violentes, où la multitude s'extasie, que le grand acteur me montre son talent. Rien n'est si facile que de se livrer à la fureur, aux injures, à l'emportement. C'est : *Prends un siège, Cinna,* et non pas *un fils tout dégoûtant* du meurtre de son père, et sa tête à la main, demandant son salaire, qu'il est difficile de bien dire. L'auteur qui fait ici le rôle de l'instant dans la peinture, est pour la moitié de l'effet de la déclamation. C'est lorsque la passion retenue, couverte, dissimulée, bouillonne secrètement au fond du cœur, comme le feu dans la chaudière souterraine des volcans; c'est dans le moment qui précède l'explosion ; c'est quelquefois dans le moment qui la suit, que je vois ce qu'un homme sait faire; et ce qui me rendroit un peu vain, ce seroit de valoir quelque chose, quand les tableaux ne valent rien. C'est dans la scène tranquille, que l'acteur me montre son intelligence, son jugement. C'est lorsque le peintre a laissé de côté tout l'avantage qu'il pouvoit tirer d'un moment chaud, que j'attends de lui de grands caractères, du repos, du silence, et tout le merveilleux d'un idéal rare, et d'un technique presqu'aussi rare. Vous trouverez cent peintres, qui se tireront d'une bataille engagée ; vous n'en trouverez pas un qui se tire d'une bataille perdue ou gagnée. Rien ne remplace, dans le tableau de l'Epicié, l'intérêt qu'il a négligé. Il n'y a ni harmonie ni noblesse. Il est sec, dur et crud.

163. *Jésus-Christ baptisé par Saint Jean.*

Pressés de finir et d'être payés, ces gens-là ne savent ce qu'ils font. Malheur aux productions de l'artiste qui mesure le temps, et qui ne voit que son salaire. Celui-ci a fait, comme l'autre, de son Baptême une scène solitaire; et par le ton vaporeux et grisâtre dont il l'a peinte, on diroit de ses figures, que c'est un arrangement fortuit et bizarre des nuées. On voit, à droite sur le fond, trois apôtres effrayés; et de quoi ? Une voix, qui dit : Voilà mon fils bien-aimé, n'a rien d'effrayant. Ce Saint-Jean, les yeux tournés vers le ciel, verse l'eau sur la tête du Christ, sans regarder ce qu'il fait. Et ce gros quartier de pierre équarri sur lequel il est posé, qui est-ce qui l'a apporté là ? On diroit qu'il étoit essentiel à la cérémonie, et qu'un bout de roche détaché n'eût pas été tout aussi bon, plus naturel et plus pittoresque. Car que fait un maçon, quand il taille une pierre? Il en ôte tous les accidens. C'est le symbole de l'éducation qui nous civilise, ôte à l'homme l'empreinte brute et sauvage de la nature, nous rend très-agréables dans le monde, très-plats dans un poëme ou sur la toile. Et ce vêtement mou, flexible et doux, si vous me donnez cela pour une peau de mouton ! Vous avez raison, c'en est une en effet, mais bien peignée, bien soufrée, bien blanche, bien passée en mégie ; et nullement celle de l'homme des forêts et de la montagne. Ce Christ, qui est vers la gauche, est étique, avec son air toujours ignoble et gueux. Est-il donc impossible de s'affranchir de ce misérable caractère traditionnel ? Je le crois d'autant moins, que nous avons deux différens caractères de Christ : le Christ sur la croix est autre que le Christ au milieu de ses apôtres. A gauche, comme de coutume, au centre de la lumière, la divine et chétive colombe; autour d'elle, d'un côté, quelques chérubins ; de l'autre, quelques anges grouppés. Et puis il faut voir la couleur, les pieds, les mains, le dessin, les chairs de tout cela.

Mais il me semble que, les tableaux dont on décore les temples n'étant faits que pour graver dans la mémoire des peuples les faits et gestes des héros de la religion, et accroître la vénération des peuples ; il n'est pas indifférent qu'ils soient bons ou mauvais. A mon sens, un peintre d'église est une espèce de prédicateur plus clair, plus frappant, plus intelligible, plus clair, plus à la portée du commun, que le curé et son vicaire. Ceux-ci parlent aux oreilles, qui sont souvent bouchées. Le tableau parle aux yeux, comme le spectacle de la nature, qui nous a appris presque tout ce que nous savons. Je pousse la chose plus loin ; et je regarde les iconoclastes et les contempteurs des processions, des images, des statues et de tout l'appareil du culte extérieur, comme des exécuteurs aux gages du philosophe ennuyé de la superstition; avec cette différence, que ces valets lui font bien plus de mal que leurs maîtres.

Supprimez tous les symboles sensibles ; et le reste bientôt se réduira à un galimatias métaphysique, qui prendra autant de formes et de tournures bizarres qu'il y aura de têtes. Que l'on m'accorde pour un instant que tous les hommes devinssent aveugles ; et je gage qu'avant qu'il soit dix ans ils disputent et s'exterminent à propos de la forme, de l'effet et de la couleur des êtres les plus familiers de l'univers. De même en religion, supprimez toute représentation et toute image ; et bientôt ils ne s'entendront plus, et s'entr'égorgeront sur les articles les plus simples de leur croyance. Ces absurdes rigoristes ne connoissent pas l'effet des cérémonies extérieures sur le peuple ; ils n'ont jamais vu notre adoration sur la croix au Vendredi-Saint, l'enthousiasme de la multitude à la procession de la Fête-Dieu, enthousiasme qui me gagne moi-même quelquefois. Je n'ai jamais vu cette longue file de prêtres en habits sacerdotaux, ces jeunes acolytes vêtus de leurs aubes blanches, ceints de leurs larges ceintures bleues, et jetant des fleurs devant le Saint Sacrement ; cette foule qui les précède et qui les suit dans un silence religieux ; tant d'hommes, le front prosterné contre la terre ; je n'ai jamais entendu ce chant grave et pathétique donné par les prêtres, et répondu affectueusement par une infinité de voix d'hommes, de femmes, de jeunes filles et d'enfans, sans que mes entrailles ne s'en soient émues, n'en ayent tressailli, et que les larmes ne m'en soient venues aux yeux. Il y a là-dedans je ne sais quoi de grand, de sombre, de solemnel, de mélancolique. J'ai connu un peintre protestant, qui avoit séjourné long-temps à Rome, et qui confessoit n'avoir jamais vu le souverain pontife officier dans Saint-Pierre, au milieu des cardinaux et de son clergé, sans devenir catholique. Il reprenoit sa religion à la porte. Mais, disent-ils, ces images, ces cérémonies conduisent à l'idolâtrie. Il est plaisant de voir des marchands de mensonges craindre que le nombre ne s'en augmente avec l'engouement. Mon ami, si nous aimons mieux la vérité que les beaux-arts, prions Dieu pour les iconoclastes.

164. *Saint-Crépin et Saint-Crépinien, distribuant leur bien aux pauvres.*

Mon ami, encore un petit conte. Vous connoissez le marquis de Chimène, celui à qui votre bon ami le comte de Thiars disoit à propos d'un coup de pied que le marquis avoit reçu de son cheval : Que ne le lui rendois-tu? Eh bien! ce marquis de Chimène, qui fait des tragédies comme M. L'Epicié des tableaux, lisoit un jour à l'abbé de Voisenon une tragédie sienne, farcie des plus beaux vers de Corneille, de Racine, de Voltaire, de Crébillon; et l'abbé, à tout moment, ôtoit son chapeau, et faisoit une profonde révérence,

Et qui saluez-vous donc là, lui dit le marquis ? Mes amis que je vois passer, lui répondit l'abbé. Mon ami, tirez aussi votre chapeau ; faites aussi la révérence à *Saint-Crépin et à Saint-Crépinien*, et saluez *Le Sueur*.

Les deux jeunes Saints sont élevés et debout sur une espèce d'estrade. A droite, au-dessous de l'estrade, des vieillards, des femmes, des enfans, une troupe de pauvres, les bras tendus vers eux, et attendant la distribution. Sur l'estrade, derrière les Saints, à gauche, deux assistans ou compagnons.

Le Saint-Crépin est beau de draperie, de position et de caractère ; c'est la simplicité même et la commisération ; mais il appartient à Le Sueur. Pour tous ces gueux, ils sont trop bien vêtus ; ils ont les couleurs et les chairs trop fraîches ; les enfans sont gras et potelés ; les femmes, du plus bel embonpoint ; les vieillards, bien nourris et vigoureux ; et, dans un état bien policé, ces fainéans ne seroient pas là ; ils seroient renfermés. Carles Vanloo, dans ses esquisses, a mieux connu la limite de la poésie et de la vérité.

Je vous ai promis quelque part un mot sur le plagiat en peinture ; et je vais vous tenir parole. Rien, mon ami, n'est si commun, et si difficile à reconnoître. Un artiste voit une figure ; c'est une femme qui lui plaît de position : en deux coups de crayon, voilà le sexe changé, et la position prise. L'expression d'un enfant, on la transporte sur le visage d'un adulte ; la joie, la frayeur d'un adulte, on la donne à un enfant. On a un portefeuille d'estampes ; on détache ici un bout de site, là un autre bout ; on dérobe à celui-ci sa chaumière, à celui-là sa vache ou son mouton, à cet autre une montagne ; et de toutes ces pièces rapportées, on se fait une grande fabrique générale, comme le maréchal de Belle-Isle se fit une terre. On a encore la ressource de jeter dans l'ombre ce qui étoit dans le clair, et réciproquement d'exposer à la lumière ce qui étoit dans l'ombre. Je veux qu'un peintre, qu'un poëte en instruise, en inspire, en échauffe un autre ; et cet emprunt de lumière et d'inspiration n'est point un plagiat. Sédaine entend dire à une femme décrépite, qui se mouroit dans son fauteuil, le visage tourné vers une fenêtre que le soleil éclairoit : Ah ! mon fils, que cela est beau, le soleil ! Il s'en souvient ; et il fait dire à une jeune échappée du couvent, la première fois qu'elle voit les rues : Ah ! ma bonne, que c'est beau, les rues ! Voilà en petit comme il est permis d'imiter en grand.

AMAND.

Saluez encore celui-ci, non comme plagiaire; ce qu'il a est bien à lui, malheureusement.

165. *Mercure dans l'action de tuer Argus.*

Son Mercure, de toutes les natures célestes la plus svelte, est lourd, paralisé d'un bras; et c'est celui dont il menace Argus. Cet Argus endormi est bien maigre, bien sec, comme le doit être un surveillant; mais il est roide et hideux, comme aucune figure ne doit être en peinture. Et cette vache, qui est couchée entre Mercure et lui, ce n'est qu'une vache; point de douleur, nulle passion, point d'ennui, rien qui indique la métamorphose. Quand on a du génie, c'est là qu'on le montre. Jamais un ancien n'eût pris le pinceau, sans s'être fait de cette vache une image singulière. M. Amand, ce morceau n'est qu'une vieille croûte, qui a noirci chez le brocanteur. Qu'elle y retourne.

166. *La famille de Darius.*

J'ai beaucoup cherché votre *Famille de Darius*, sans pouvoir la découvrir, ni personne qui l'eût découverte.

167. *Joseph vendu par ses frères.*

Pour *Joseph vendu par ses frères*, je l'ai vu. Optez, mon ami : voulez-vous la description de ce tableau, ou aimez-vous mieux un conte?... Mais il me semble, dites-vous, que la composition n'en est pas mauvaise... J'en conviens...

Que ce gros quartier de roche, sur lequel on compte le prix de l'enfant, fait assez bien au centre de la toile.... D'accord.... Que le marchand penché sur cette pierre, et que celui qui est derrière, sont passables de caractères et de draperies.... Je ne le nie pas... Que, parce que ce Joseph est roide, court, sans grace, sans belle couleur, sans expression, sans intérêt, et même un peu hydropique des jambes, ce n'est pas une raison pour déchirer tout le tableau..... Je n'ai garde..... Que ces grouppes de frères d'un côté, de marchands de l'autre, sont même distribués avec intelligence.... Cela me semble aussi.... Que la couleur.... Ho! ne parlez pas de la couleur ni du dessin; je ferme les yeux là-dessus. Mais ce que je sens, c'est un froid mortel qui me gagne dans le sujet le plus pathétique. Où avez-vous pris qu'il fût permis de me montrer une pareille scène, sans me fendre le cœur? Ne parlons plus de ce tableau, je vous prie; y penser m'afflige.

168. *Tancrède pansé par Herminie.*

Au pont Notre-Dame.

169. *Armide et Renaud.*

Pis cent fois que Boucher. Chez Tremblin.

172. *Cambise entre en fureur contre les Egyptiens, et tue leur dieu Apis.* Esquisse.

Grands sujets pris par un je ne sais qui ; car ce n'est pas un artiste, que cela. Cela n'en a aucune des parties, si ce n'est une étincelle de verve, qui s'éteint quand il veut passer de l'esquisse au tableau. Ah ! mon ami, que le mot de Le Moine est vrai ! Ce Cambise qui tue le dieu Apis, est court ; mais il est heurté fièrement, et voilà ce qu'on peut appeler de la fureur.

172. *Psammétichus, l'un des douze rois de l'Egypte, dans un sacrifice solemnel, au défaut d'une coupe, se sert de son casque, pour faire ses libations à Vulcain.* Esquisse.

Ce Psammétichus qui, au défaut de coupe, fait ses libations avec son casque, beau sujet, bien poétique, bien pittoresque ; mais je le cherche, et n'apperçois que cinq ou six valets de tuerie qui terrassent un bœuf. Cela est chaud pourtant, mais strapassé tant qu'on veut.

175. *Magon répand au milieu du sénat de Carthage les anneaux des chevaliers romains qui avoient péri à la bataille de Cannes.* Esq.

Magon répandant au milieu du sénat de Carthage les anneaux des chevaliers romains tués à la bataille de Cannes. Quel sujet encore ! Cette esquisse est moins chaude que les précédentes ; mais mieux entendue de lumière, et bien ordonnée pour l'effet.

Ah ! si je pouvois dépouiller cet Amand de ce qu'il a de chaleur et de poésie, pour en doter La Grénée ! et si j'avois un enfant qui eût déjà fait quelques progrès dans l'art, comme en lui tenant un moment les yeux sur la *Justice* et la *Clémence* de La Grénée, entre le *Médor et Angélique* de Boucher, et le *Renaud et Armide* d'Amand, il auroit bientôt conçu ce que c'est que le vrai et le faux, l'extravagant et le sage, le froid et le chaud, le noble et le maniéré, la bonne et la mauvaise couleur, etc....

FRAGONARD.

176. *Le grand-prêtre Corésus s'immole, pour sauver Callirhoé.*

Il m'est impossible, mon ami, de vous entretenir de ce tableau. Vous savez qu'il n'étoit plus au Salon, lorsque la sensation générale qu'il fit m'y appela. C'est votre affaire que d'en rendre compte. Nous en causerons ensemble. Cela sera d'autant mieux, que peut-être découvrirons-nous pourquoi, après un premier tribut d'éloges payé à l'artiste, après les premières exclamations, le public a semblé se refroidir. Toute composition, dont le succès ne se soutient pas, manque d'un vrai mérite. Mais, pour remplir cet article, *Fragonard*, je vais vous faire part d'une vision assez étrange, dont je fus tourmenté la nuit qui suivit un jour, dont j'avois passé la matinée à voir des tableaux, et la soirée à lire quelques *dialogues de Platon*.

L'antre de Platon.

Il me sembla que j'étois renfermé dans le lieu qu'on appelle l'antre de ce philosophe. C'étoit une longue caverne obscure. J'y étois assis parmi une multitude d'hommes, de femmes et d'enfans. Nous avions tous les pieds et les mains enchaînés; et la tête si bien prise entre des éclisses de bois, qu'il nous étoit impossible de la tourner. Mais ce qui m'étonnoit, c'est que la plûpart buvoient, rioient, chantoient, sans paroître gênés de leurs chaînes; et que vous eussiez dit à les voir que c'étoit leur état naturel. Il me sembloit même qu'on regardoit de mauvais œil ceux qui faisoient quelqu'effort pour recouvrer la liberté de leurs pieds, de leurs mains et de leurs têtes; qu'on les désignoit par des noms odieux; qu'on s'éloignoit d'eux, comme s'ils eussent été infectés d'un mal contagieux; et que, lorsqu'il arrivoit quelque désastre dans la caverne, on ne manquoit jamais de les en accuser. Equipés, comme je viens de vous le dire, nous avions tous le dos tourné à l'entrée de cette demeure; et nous n'en pouvions regarder que le fond, qui étoit tapissé d'une toile immense.

Par-derrière nous, il y avoit des rois, des ministres, des prêtres, des docteurs, des apôtres, des prophètes, des théologiens, des politiques, des fripons, des charlatans, des artisans d'illusions, et toute la troupe des marchands d'espérances et de craintes. Chacun d'eux avoit une provision de petites figures transparentes et colorées, propres à son état; et toutes ces figures étoient si bien faites, si bien peintes, en si grand nombre et si variées, qu'il y en avoit de quoi fournir à la représentation de toutes les scènes comiques, tragiques et burlesques de la vie.

Ces charlatans, comme je le vis ensuite, placés entre nous et l'entrée de la caverne, avoient par-derrière eux une grande lampe suspendue, à la lumière de laquelle ils exposoient leurs petites figures, dont les ombres portées par-dessus nos têtes, et s'agrandissant en chemin, alloient s'arrêter sur la toile tendue au fond de la caverne, et y former des scènes, mais des scènes si naturelles, si vraies, que nous les prenions pour réelles; et que tantôt nous en rions à gorge déployée, tantôt nous en pleurions à chaudes larmes: ce qui vous paroîtra d'autant moins étrange, qu'il y avoit derrière la toile d'autres fripons subalternes aux gages des premiers, qui prêtoient à ces ombres les accens, les discours, les vraies voix de leurs rôles.

Malgré le prestige de cet apprêt, il y en avoit dans la foule quelques-uns d'entre nous qui le soupçonnoient, qui secouoient de temps en temps leurs chaînes, et qui avoient la meilleure envie de se débarrasser de leurs éclisses et de tourner la tête; mais à l'instant, tantôt l'un, tantôt l'autre des charlatans que nous avions à dos, se mettoit à crier d'une voix forte et terrible : Garde-toi de tourner la tête; malheur à qui secouera sa chaîne! Respecte les éclisses. Je vous dirai une autre fois ce qui arrivoit à ceux qui méprisoient le conseil de la voix, les périls qu'ils couroient, les persécutions qu'ils avoient à souffrir. Ce sera pour quand nous ferons de la philosophie. Aujourd'hui qu'il s'agit de tableaux, j'aime mieux vous en décrire quelques-uns de ceux que je vis sur la grande toile. Je vous jure qu'ils valoient bien les meilleurs du Salon. Sur cette toile, tout paroissoit d'abord assez décousu; on pleuroit, on rioit, on jouoit, on buvoit, on chantoit, on se mordoit les poings, on s'arrachoit les cheveux, on se caressoit, on se fouettoit; au moment où l'un se noyoit, un autre étoit pendu, un troisième élevé sur un piédestal. Mais à la longue, tout se lioit, s'éclaircissoit et s'entendoit. Voici ce que je vis s'y passer à différens intervalles que je rapprocherai pour abréger.

D'abord ce fut un jeune homme, ses longs vêtemens sacerdotaux en désordre, la main armée d'un thyrse, le front couronné de lierre, qui versoit d'un grand vase antique, des flots de vin dans de larges et profondes coupes qu'il portoit à la bouche de quelques femmes, aux yeux hagards, et à la tête échevelée. Il s'enivroit avec elles; elles s'enivroient avec lui; et quand ils étoient ivres, ils se levoient et se mettoient à courir les rues en poussant des cris mêlés de fureur et de joie. Les peuples frappés de ces cris se renfermoient dans leurs maisons, et craignoient de se trouver sur leurs passages. Ils pouvoient mettre en pièces le téméraire qu'ils auroient rencontré; et je vis qu'ils le faisoient quelquefois. Eh bien! mon ami, qu'en dites-vous ?

GRIMM.

Je dis que voilà deux assez beaux tableaux, à-peu-près du même genre.

DIDEROT.

En voici un troisième d'un genre différent. Le jeune prêtre qui conduisoit ces furieuses étoit de la plus belle figure : je le remarquai ; et il me sembla, dans le cours de mon rêve, que, plongé dans une ivresse plus dangereuse que celle du vin, il s'adressoit avec le visage, le geste, et les discours les plus passionnés et les plus tendres, à une jeune fille dont il embrassoit vainement les genoux, et qui refusoit de l'entendre.

GRIMM.

Celui-ci, pour n'avoir que deux figures, n'en seroit pas plus facile à faire.

DIDEROT.

Sur-tout s'il s'agissoit de leur donner l'expression forte et le caractère peu commun qu'elles avoient sur la toile de la caverne.

Tandis que ce prêtre sollicitoit sa jeune inflexible, voilà que j'entends tout-à-coup, dans le fond des habitations, des cris, des ris, des hurlemens, et que j'en vois sortir des pères, des mères, des femmes, des filles, des enfans. Les pères se précipitoient sur leurs filles, qui avoient perdu tout sentiment de pudeur; les mères, sur leurs fils, qui les méconnoissoient; les enfans des différens sexes mêlés, confondus, se rouloient à terre; c'étoit un spectacle de joie extravagante, de licence effrénée, d'une ivresse et d'une fureur inconcevable. Ah! si j'étois peintre. J'ai encore tous ces visages-là présens à mon esprit.

GRIMM.

Je connois un peu nos artistes; et je vous jure qu'il n'y en a pas un seul en état d'ébaucher ce tableau.

DIDEROT.

Au milieu de ce tumulte, quelques vieillards que l'épidémie avoit épargnés, les yeux baignés de larmes, prosternés dans un temple, frappant la terre de leurs fronts, embrassoient de la manière la plus suppliante les autels du dieu; et j'entendis très-distinctement le dieu ou peut-être le fripon subalterne qui étoit derrière la toile, dire : Qu'elle meure, ou qu'un autre meure pour elle.

GRIMM.

Mais, mon ami, du train dont vous rêvez, savez-vous qu'un seul de vos rêves suffiroit pour une galerie entière ?

DIDEROT.

Attendez, attendez, vous n'y êtes pas. J'étois dans une extrême impatience de connoître quelle seroit la suite de cet oracle funeste, lorsque le temple s'ouvrit de rechef à mes yeux. Le pavé en étoit couvert d'un grand tapis rouge, bordé d'une large frange d'or. Ce riche tapis et la frange retomboient au-dessous d'une longue marche, qui régnoit tout le long de la façade. A droite, près de cette marche, il y avoit un de ces grands vaisseaux de sacrifice destinés à recevoir le sang des victimes. De chaque côté de la partie du temple que je découvrois, deux grandes colonnes d'un marbre blanc et transparent sembloient en aller chercher la voûte. A droite, au pied de la colonne la plus avancée, on avoit placé une urne de marbre noir, couverte en partie des linges propres aux cérémonies sanglantes. De l'autre côté de la même colonne, c'étoit un candelabre de la forme la plus noble; il étoit si-haut, que peu s'en falloit qu'il n'atteignît le chapiteau de la colonne. Dans l'intervalle des deux colonnes de l'autre côté, il y avoit un grand autel ou trépied triangulaire, sur lequel le feu sacré étoit allumé. Je voyois la lueur rougeâtre des brasiers ardens; et la fumée des parfums me déroboit une partie de la colonne intérieure. Voilà le théâtre d'une des plus terribles et des plus touchantes représentations qui se soient exécutées sur la toile de la caverne, pendant ma vision.

GRIMM.

Mais, dites-moi, mon ami, n'avez-vous confié votre rêve à personne ?

DIDEROT.

Non. Pourquoi me faites-vous cette question ?

GRIMM.

C'est que le temple que vous venez de décrire, est exactement le lieu de la scène du tableau de Fragonard.

DIDEROT.

Cela se peut. J'avois tant entendu parler de ce tableau, les jours précédens, qu'ayant à faire un temple en rêve, j'aurai fait le sien. Quoi qu'il en soit, tandis que mes yeux parcouroient ce temple, et des apprêts qui me présageoient je ne sais quoi dont mon cœur étoit oppressé, je vis arriver seul un jeune acolyte, vêtu de blanc; il avoit l'air triste ; il alla s'accroupir au pied du candelabre, et s'appuyer les bras sur la saillie de la base de la colonne intérieure. Il fut suivi d'un prêtre. Ce prêtre avoit les bras croisés sur la poitrine, la tête tout-à-fait penchée. Il paroissoit absorbé dans la douleur et la réflexion la plus profonde ; il s'avançoit à pas lents. J'attendois qu'il relevât sa tête ; il le fit en tournant les yeux vers le ciel, et poussant l'exclamation la plus douloureuse, que j'accompagnai moi-même d'un cri, quand je reconnus ce prêtre. C'étoit le même que j'avois vu quelques instans auparavant presser avec tant d'instance et si peu de succès la jeune inflexible ; il étoit aussi vêtu de blanc ; toujours beau ; mais la douleur avoit fait une impression profonde sur son visage ; il avoit le front couronné de lierre, et il tenoit dans sa main droite le couteau sacré; il alla se placer debout, à quelque distance du jeune acolyte qui l'avoit précédé. Il vint un second acolyte, vêtu de blanc, qui s'arrêta derrière lui.

Je vis entrer ensuite une jeune fille ; elle étoit pareillement vêtue de blanc. Une couronne de roses lui ceignoit la tête. La pâleur de la mort couvroit son visage. Ses genoux tremblans se déroboient sous elle. A-peine eut-elle la force d'arriver jusqu'aux pieds de celui dont elle étoit adorée ; car c'étoit celle qui avoit si fièrement dédaigné sa tendresse et ses vœux. Quoique tout se passât en silence, il n'y avoit qu'à les regarder l'un et l'autre et se rappeler les mots de l'oracle, pour comprendre que c'étoit la victime, et qu'il alloit en être le sacrificateur. Lorsqu'elle fut proche du grand-prêtre, son malheureux amant, ah! cent fois plus malheureux qu'elle, la force l'abandonna tout-à-fait; et elle tomba renversée sur le lit ou le lieu même où elle devoit recevoir le coup mortel. Elle avoit le visage tourné vers le ciel. Ses yeux étoient fermés. Ses deux bras, que la vie sembloit avoir déjà quittés, pendoient à ses côtés; le derrière de sa tête touchoit presque aux vêtemens du grand-prêtre, son sacrificateur et son amant. Le reste de son corps étoit étendu. Seulement l'acolyte qui s'étoit arrêté derrière le grand-prêtre, le tenoit un peu relevé.

Tandis que la malheureuse destinée des hommes et la cruauté des dieux ou de leurs ministres, car les dieux ne sont rien, m'occupoient, et que j'essuyois quelques larmes qui s'étoient échappées de mes yeux, il étoit entré un troisième acolyte, vêtu de blanc comme les autres, et le front couronné de roses. Que ce jeune acolyte étoit beau! Je ne sais si c'étoit sa modestie, sa jeunesse, sa douceur, sa noblesse qui m'intéressoient; mais il me parut l'emporter sur le grand-prêtre même. Il s'étoit accroupi à quelque distance de la victime évanouie; et ses yeux attendris étoient attachés sur elle. Un quatrième acolyte, en habit blanc aussi, vint se ranger près de celui qui soutenoit la victime ; il mit un genou en terre, et il posa sur son autre genou un grand bassin qu'il prit par les bords, comme pour le présenter au sang qui alloit couler. Ce bassin, la place de cet acolyte, et son action ne désignoient que trop la fonction cruelle. Cependant il étoit accouru dans le temple beaucoup d'autres personnes. Les hommes, nés compatissans, cherchent dans les spectacles cruels l'existence de cette qualité.

Je distinguai vers le fond, proche de la colonne intérieure du côté gauche, deux prêtres âgés, debout, et remarquables par le vêtement irrégulier dont leur tête étoit enveloppée, la sévérité de leurs caractères, et la gravité de leur maintien.

Il y avoit presque en dehors, contre la colonne antérieure du même côté, une femme seule ; un peu plus loin, et plus en dehors, une autre femme, le dos appuyé contre une borne, avec un enfant nu sur ses genoux. La beauté de cet enfant, et plus peut-être encore l'effet singulier de la lumière qui les éclairoit, sa mère et lui, les ont fixés dans ma mémoire. Au-delà de ces femmes, mais dans l'intérieur du temple, deux autres spectateurs. Au-devant de ces spectateurs, précisément entre les deux colonnes, vis-à-vis de l'autel et de son brasier ardent, un vieillard dont le caractère et les cheveux gris me frappèrent. Je me doute bien que l'espace plus reculé étoit rempli de monde ; mais de l'endroit que j'occupois dans mon rêve et dans la caverne, je ne pouvois rien voir de plus.

GRIMM.

C'est qu'il n'y avoit rien de plus à voir ; que ce sont là tous les personnages du tableau de Fragonard ; et qu'ils se sont trouvés, dans votre rêve, placés tout juste comme sur sa toile.

DIDEROT.

Si cela est, oh! le beau tableau que Fragonard a fait ! Mais écoutez le reste.

Le ciel brilloit de la clarté la plus pure. Le soleil sembloit précipiter toute la masse de sa lumière dans le temple, et se plaire à la rassembler sur la victime, lorsque les voûtes s'obscurcissent de ténèbres épaisses qui, s'étendant sur nos têtes, et se mêlant à l'air, à la lumière, produisirent une horreur soudaine. A travers ces ténèbres, je vis planer un génie infernal, je le vis. Des yeux hagards lui sortoient de la tête. Il tenoit un poignard d'une main ; de l'autre il secouoit une torche ardente. Il crioit. C'étoit le Désespoir ; et l'Amour, le redoutable Amour, étoit porté sur son dos. A l'instant, le grand-prêtre tire le couteau sacré ; il lève le bras ; je crois qu'il en va frapper la victime ; qu'il va l'enfoncer dans le sein de celle qui l'a dédaigné, et que le ciel lui a livrée. Point du tout ;

il s'en frappe lui-même. Un cri général perce et déchire l'air. Je vois la mort et ses symptômes errer sur les joues, sur le front du tendre et généreux infortuné ; ses genoux défaillent, sa tête retombe en arrière, un de ses bras est pendant, la main dont il a saisi le couteau le tient encore enfoncé dans son cœur. Tous les regards s'attachent ou craignent de s'attacher sur lui. Tout marque la peine et l'effroi. L'acolyte qui est au pied du candelabre a la bouche entr'ouverte, et regarde avec effroi. Celui qui soutient la victime retourne la tête, et regarde avec effroi. Celui qui tient le bassin funeste relève ses yeux effrayés. Le visage et les bras tendus de celui qui me parut si beau montrent toute sa douleur et tout son effroi. Ces deux prêtres âgés, dont les regards cruels ont dû se repaître si souvent de la vapeur du sang dont ils ont arrosé les autels, n'ont pu se refuser à la douleur, à la commisération, à l'effroi ; ils plaignent le malheureux, ils souffrent, ils sont effrayés. Cette femme seule, appuyée contre une des colonnes, saisie d'horreur et d'effroi, s'est retournée subitement ; et cette autre, qui avoit le dos contre une borne, s'est renversée en arrière, une de ses mains s'est portée sur ses yeux, et son autre bras semble repousser d'elle ce spectacle effrayant. La surprise et l'effroi sont peints sur les visages des spectateurs éloignés d'elle. Mais rien n'égale la consternation et la douleur du vieillard aux cheveux gris. Ses cheveux se sont dressés sur son front ; je crois le voir encore, la lumière du brâsier ardent l'éclairant, et ses bras étendus au-dessus de l'autel. Je vois ses yeux, je vois sa bouche, je le vois s'élancer. J'entends ses cris, ils me réveillent. La toile se replie, et la caverne disparoît.

GRIMM.

Voilà le tableau de Fragonard ; le voilà avec tout son effet.

DIDEROT.

En vérité ?

GRIMM.

C'est le même temple, la même ordonnance, les mêmes personnages, la même action, les mêmes caractères, le même intérêt général, les mêmes qualités, les mêmes défauts. Dans la caverne, vous n'avez vu que les simulacres des êtres ; et Fragonard, sur sa toile, ne vous en auroit montré non plus que les simulacres. C'est un beau rêve que vous avez fait ; c'est un beau rêve qu'il a peint. Quand on perd son tableau de vue pour un moment, on craint toujours que sa toile ne se replie comme la vôtre, et que ces fantômes intéressans et sublimes ne se soient évanouis comme ceux de la nuit. Si vous aviez vu son tableau, vous auriez été frappé de la même magie de lumière ; et de la manière dont les ténèbres se fondoient avec elle, du lugubre que ce mélange portoit dans tous les points de sa composition ; vous auriez éprouvé la même commisération, le même effroi ; vous auriez vu la masse de cette lumière, forte d'abord, se dégrader avec une vîtesse et un art surprenant ; vous en auriez remarqué les échos se jouant supérieurement entre les figures. Ce vieillard, dont les cris perçans vous ont réveillé, il y étoit, au même endroit, et tel que vous l'avez vu ; et les deux femmes, et le jeune enfant, tous vêtus, éclairés, effrayés, comme vous l'avez dit. Ce sont les mêmes prêtres âgés avec leur draperie de tête, large, grande et pittoresque ; les mêmes acolytes avec leurs habits blancs et sacerdotaux, répandus précisément sur sa toile comme sur la vôtre. Celui que vous avez trouvé si beau, il étoit beau dans le tableau comme dans votre rêve, recevant la lumière par le dos, ayant par conséquent toutes ses parties antérieures dans la demi-teinte ou l'ombre ; effet de peinture plus facile à rêver qu'à produire, et qui ne lui avoit ôté ni sa noblesse, ni son expression.

DIDEROT.

Ce que vous me dites me feroit presque croire que moi, qui n'y crois pas pendant le jour, je suis en commerce avec lui pendant la nuit. Mais l'instant effroyable de mon rêve, celui où le sacrificateur s'enfonce le poignard dans le sein, est donc celui que Fragonard a choisi ?

GRIMM.

Assurément. Nous avons seulement observé, dans le tableau, que les vêtemens du grand-prêtre tenoient un peu trop de ceux d'une femme.

DIDEROT.

Attendez..... Mais c'est comme dans mon rêve.

GRIMM.

Que ces jeunes acolytes, tout nobles, tout charmans qu'ils étoient, étoient d'un sexe indécis, des espèces d'hermaphrodites.

DIDEROT.

C'est encore comme dans mon rêve.

GRIMM.

Que la victime, bien couchée, bien tombée, étoit peut-être un peu trop étroitement serrée d'en bas par ses vêtemens.

DIDEROT.

Je l'ai aussi remarqué dans mon rêve; mais je lui faisois un mérite d'être décente, même dans ce moment.

GRIMM.

Que sa tête, foible de couleur, peu expressive, sans teintes, sans passages, étoit plutôt celle d'une femme qui sommeille que d'une femme qui s'évanouit.

Je l'ai rêvée avec ces défauts.

GRIMM.

Pour la femme, qui tenoit l'enfant sur ses genoux, nous l'avons trouvée supérieurement peinte et ajustée ; et le rayon de lumière échappé qui l'éclairoit, à faire illusion ; le reflet de la lumière sur la colonne antérieure, de la dernière vérité ; le candelabre, de la plus belle forme, et faisant bien l'or. Il a fallu des figures aussi vigoureusement coloriées que celles de Fragonard, pour se soutenir au-dessus de ce tapis rouge, bordé d'une frange d'or. Les têtes des vieillards nous ont paru faites d'humeur, et marquant bien la surprise et l'effroi ; les génies, bien furieux, bien aëriens ; et la vapeur noire qu'ils amenoient avec eux, bien éparse, et ajoutant un terrible étonnant à la scène ; les masses d'ombre relevant de la manière la plus forte et la plus piquante la splendeur éblouissante des éclairs ; et puis un intérêt unique. De quelque côté qu'on portât les yeux, on rencontroit l'effroi ; il étoit dans tous les personnages ; il s'élançoit du grand-prêtre ; il se répandoit, il s'accroissoit par les deux génies, par la vapeur obscure qui les accompagnoit, par la sombre lueur des brasiers. Il étoit impossible de refuser son ame à une impression si répétée. C'étoit comme dans les émeutes populaires, où la passion du grand nombre nous saisit avant même que le motif en soit connu. Mais, outre la crainte qu'au premier signe de croix tous ces beaux simulacres ne disparussent, il y a des juges d'un goût sévère, qui ont cru sentir dans toute la composition je ne sais quoi de théâtral qui leur a déplu. Quoi qu'ils en disent, croyez que vous avez fait un beau rêve, et Fragonard un beau tableau. Il a toute la magie, toute l'intelligence et toute la machine pittoresque. La partie idéale est sublime dans cet artiste, à qui il ne manque qu'une couleur plus vraie et une perfection technique, que le temps et l'expérience peuvent lui donner.

177. *Un Paysage.*

On y voit un pâtre debout sur une butte. Il joue de la flûte. Il a son chien à côté de lui, avec une paysanne qui l'écoute. Du même côté, une campagne ; de l'autre, des rochers et des arbres. Les rochers sont beaux. Le pâtre est bien éclairé, et de bel effet ; la femme est foible et floue. Le ciel mauvais.

178. *L'absence des pères et mères mise à profit.*

A droite, sur de la paille, un havresac avec une carnassière. A côté, un petit tambour. Au-dessus, un vaisseau de bois, avec un linge mouillé et tors jeté par-dessus. Plus haut, dans un enfoncement du mur, un pot de grès en urne, avec une bouilloire; puis une porte de la chaumière, par laquelle sort un chien poil jaune, dont on ne voit que la tête et un peu des épaules; le reste est couvert par un chien poil blanc, portant au cou un billot. Ce chien est sur le devant; il a le museau posé sur une espèce de tonne ou grand baquet qui fait table. Sur cette table un bout de nappe, un plat de terre verni en vert, et quelques fruits.

D'un côté de la table, sur le fond, vers la droite, une petite fille assise de face, ayant une main sur les fruits, l'autre sur le dos du chien jaune. Derrière et à côté de cette petite fille, un petit garçon un peu plus âgé, faisant signe de la main, et parlant à un de ses frères qui est assis à terre auprès de l'âtre. L'autre main de celui-là est posée sur celle de sa petite sœur et sur le chien jaune. Il a aussi la tête et le corps un peu portés en avant.

De l'autre côté de la table, devant le foyer, qui est tout-à-fait à l'angle gauche du tableau, et qu'on ne reconnoît qu'à la lueur du feu, un frère plus grand, assis à terre, une main appuyée sur la table, en tenant de l'autre la queue d'un poêlon. C'est à celui-ci que son cadet parle et fait signe.

Sur le fond, tout-à-fait dans l'ombre, un autre garçon déjà grandelet, tenant embrassée et pressant vivement la sœur aînée de tous ces marmots. Elle paroît se défendre de son mieux.

Tous les enfans ont un air de famille commun avec leur sœur aînée ; et je présume que si cette chaumière n'est pas celle d'un Guèbre, le garçon grandelet est un petit voisin, qui a pris le moment de l'absence du père et de la mère, pour venir faire une petite niche à sa jeune voisine.

On voit à gauche, au-dessus du foyer, dans un enfoncement du mur, des pots, des bouteilles et autres ustensiles de ménage.

Le sujet est joliment imaginé ; il y a de l'effet et de la couleur. On ne sait trop d'où vient la lumière. A cela près, elle est piquante, moins toutefois qu'au tableau de Callirhoé. Elle paroît prise hors la toile, et tomber de la gauche à la droite. La moitié de la main de l'enfant au poêlon, celle dont il s'appuie sur la table fait plaisir à voir, par sa partie de demi-teinte et sa partie éclairée. De là, en s'élargissant, la lumière va se répandre sur les deux chiens, et sur les deux autres enfans, sur tous les objets adjacens ; ils en sont vivement frappés. C'est un petit tour de force, que ce chien blanc placé au fort de la lumière et sur le devant. On cherche pourquoi l'ombre est si noire sur le fond, qu'on y discerne à-peine la partie la plus intéressante du sujet, le petit voisin qui violente la petite voisine ; et je veux mourir si on le devine. Les chiens sont bien, mais mieux encore de caractère que de touche ; ils sont flous, flous; du-reste, bonnes gens. Comparez ces chiens-là avec ceux de Loutherbourg ou de Greuze ; et vous verrez que les derniers sont les vrais. Dans ce genre flou, il faut être d'un fini précieux, et enchanter par les détails. Cette nappe est empesée et roide. Mauvais linge. L'enfant qui tient le poêlon a les jambes verdâtres, vaporeuses, et d'une longueur qui ne finit point. Il se tient un peu roide; du-reste, son caractère de tête, simple et innocent, est charmant : on ne se lasse pas de regarder les deux autres.

C'est un bon petit tableau, où la manière de faire de l'artiste ne peut se méconnoître. Je l'aime mieux que le *paysage* qui est vigoureusement colorié, mais non touché ferme, deux choses fort diverses ; dont le site n'est pas assez varié ; où les petites figures, quoique faites avec humeur et esprit, sont foibles ; et où les terrasses ne sont pas à beaucoup près aussi bien que les montagnes.

Fragonard revient de Rome. *Coresus et Callirhoé* est son morceau de réception. Il le présenta il y a quelques mois à l'académie ; qui reçut l'artiste par acclamation. C'est en effet une belle chose ; et je ne crois pas qu'il y ait un peintre en Europe capable d'en imaginer autant.

MONNET.

179. Saint Augustin écrivant ses Confessions.

Je ne parle de ce morceau, que pour montrer combien on peut rassembler de bêtises sur un espace de quelques pieds. Le Saint, qu'on voit à gauche, a la tête tournée vers le ciel ; mais est-ce au ciel ou en soi-même, qu'on cherche les fautes de sa vie passée ? Il faut que ce Monnet n'ait ni vu faire ni fait un examen de conscience. Quand on regarde au ciel, on n'écrit pas ; cependant le Saint écrit. Quand on écrit, on n'a pas le bec de sa plume en l'air ; car alors l'encre descend sur la plume et non sur le papier. C'est un ange de mauvaise humeur, qui sert de pupitre. Cet ange est de bois ; et quand on est de bois, il ne faut pas avoir d'humeur.

180. Jésus-Christ expirant sur la croix.

Le Christ expirant sur la croix, du même artiste, ne vaut pas mieux. Il n'est pas expirant, il est bien mort. Quand on expire, la tête est tombante ; elle est tombée, comme ici, quand on a expiré. Et puis une vilaine tête ignoble, d'un supplicié, d'un martyr de Grève. Point de dessin, une couleur fausse et noirâtre.

181. *L'Amour.*

Pas plus heureux dans une mythologie que dans l'autre; cet Amour nu, debout, vu de face, tenant son arc d'une main, et prenant de l'autre une couronne, est plat, blaffard, sans expression, sans grace, masse de chair informe : cela n'est non plus en état de voler qu'une oie.

TARAVAL.

182. *L'Apothéose de Saint Augustin.*

Arrivera-t-il? n'arrivera-t-il pas? Ma foi, je n'en sais rien. Je vois seulement que s'il retombe, et qu'il se rompe le cou, ce ne sera pas de sa faute; mais bien de la faute de ces deux maudits anges, qui voyent ses terribles efforts, et qui s'en moquent. Ce sont peut-être deux anges pélagiens. Mais regardez donc comme le pauvre Saint se démène, comme il jette ses bras, comme il se tourmente, comme il nage contre le fil! Mais ce qui surprend, c'est qu'il devroit monter de lui-même, comme une plume; car il n'y a point de corps sous son vêtement. C'est ce qui me rassure en cas de chûte, pour cette femme et ce petit enfant qui sont au-dessous, qu'il écrase déjà suffisamment par sa couleur. Cette femme, c'est la Religion, qui est assez bien de caractère. Je veux bien croire que sous la draperie il y a du nu, parce que, quand une femme est jeune et belle, cela fait plaisir à imaginer ; mais la draperie n'aide pas ici l'imagination. L'enfant est une espèce de génie qui soutient la chape, la mitre et le reste des dépouilles mondaines du Saint. Il est charmant d'esprit, de couleur et de touche. Tableau, bien dans quelques détails, mal dans l'ensemble ; du-reste, d'un pinceau sage, et non sans force.

183. *Vénus et Adonis.*

Il n'y a là qu'un dos de femme ; mais il est beau, très-beau ; belle coiffure de tête, tête bien posée sur les épaules ; chair de blonde, on ne sauroit plus vraie. Quand je demande à Falconet pourquoi celui qui a su faire une Vénus aussi belle, me fait à côté un aussi plat Adonis, il me répond que c'est parce qu'il a fait le visage de l'homme comme les fesses de la femme. La molesse du pinceau qui le rendoit dans une de ses figures, ne convenoit plus à l'autre figure.

184. *La Génoise qui s'est endormie sur son ouvrage*

Est un petit chef-d'œuvre de confusion. La tête, le coussin, l'ouvrage, l'éventail, forment ce qu'on appelle un paquet. On dit que la tête est peinte gracieusement ; je n'ai pas vu cela ; mais j'ai bien vu qu'elle étoit grise.

185. *Une Académie peinte.*

Je ne me rappelle plus son *Académie* ; je lis seulement en note sur mon livret : Bien dessinée, et peinte largement.

185. *Plusieurs têtes.*

Parmi plusieurs *têtes* de Taraval, il y en a une de *nègre*, qu'on a coiffée d'un bonnet qui imite la blancheur matte de l'argent.

Et puis une autre *d'un gueux*, que je me rappellerai toutes les fois que j'aurai à parler de peinture devant un artiste. Un homme de lettres, qui s'étoit engoué de cette tête, qui est une chose médiocre, disoit devant le sculpteur Falconet, qu'il ne savoit pas pourquoi on l'avoit fourrée dans un coin obscur, où personne ne la voyoit. *C'est*, lui répondit le sculpteur Falconet, *parce que Chardin, qui a rangé le Salon cette année, ne se connoit pas en belle tête.* Et puis, mon ami * * *, allez-vous-en avec cela.

Et puis une autre *tête de vieillard*, qui fait une grimace horrible à ce nègre qu'on lui a mis en face. Ce vieillard n'aime pas les nègres.

Et puis d'autres têtes encore qu'on a pu faire, sans en avoir beaucoup.

Je pourrois, mon ami, enrayer ici, et vous dire que je suis quitte des peintres, et les peintres de moi ; mais en traversant les salles de l'Académie, j'y ai découvert quatre tableaux tout frais; et M. Flipot, le concierge, qui a de l'amitié pour moi, m'a dit qu'ils étoient de Restout fils; et que celui du milieu, morceau de réception du jeune artiste, valoit la peine d'être regardé. M. Flipot, mon protecteur, se connoît en peinture comme certaines gardes-malades se connoissent en maladies; il a tant vu de malades. Je m'arrêtai donc; et je vis *un Chartreux sous une roche*, qui adoroit son Dieu cloué sur deux chevrons; *un poëte grec couronné de roses*, bien persuadé que, pour le peu de temps que nous avons à vivre, nous n'avons rien de mieux à faire que de rire, chanter, s'amuser, s'enivrer d'amour et de vin, et qui pratiquoit sa morale; *un certain philosophe du même pays, son bâton à la main, et sa besace sur l'épaule*, qui, pour s'accoutumer aux refus, demandoit l'aumône à une statue; et puis *un autre philosophe chrétien ou payen*, qui trouvoit tout cela fort bien, et qui passoit son chemin sans mot dire à personne, et sans que personne lui dît mot.

Le Chartreux étoit agenouillé sur une assez grosse pierre qui le montroit comme debout; son crucifix étoit à terre entre des débris de roches. L'homme contrit et pénitent avoit les bras croisés sur la poitrine; il adoroit; et son adoration étoit douce et profonde. Certainement c'est un bon moliniste, qui ne croit pas que lui et tous les autres soient damnés. Je gage que, son oraison faite, ce moine est indulgent et gai. C'est mon ancien condisciple, Dom Germain, qui fait des horloges, des télescopes, des observations météorologiques pour l'Académie; des ballets pour la reine; et qui chante indistinctement le *miserere* de La Lande ou les scènes de Lulli. Du reste celui de Restout fils a de plus le mérite d'être drappé vrai; les plis sont bien ceux de l'étoffe et du nu; et s'il plaisoit à Chardin de revendiquer ce morceau, on l'en croiroit sur sa parole.

Le *Diogène* est un pauvre Diogène, dur et crud de couleur; et ces enfans, que son rôle bizarre a rassemblés, je voudrois bien savoir pourquoi ils sont de la couleur de gorge de pigeon. Ce n'est pas là cette jolie, vaine, ironique, impertinente, jeune, étourdie créature que nous voyons deux fois la semaine rue Royale; et que je ne sais quel peintre, car je ne me soucie guère des noms, a introduite dans une scène de la vie du même philosophe, et qui attend toujours qu'il dise une sottise. On voit que son rire est tout prêt.

L'*Anacréon* occupe le centre de la toile; il est assis, le corps droit et nu, la tête couronnée de roses, le visage coloré par le vin, la bouche entr'ouverte. Chante-t-il ? Je n'en sais rien. S'il chante, ce n'est pas de la musique françoise, car il ne crie pas assez. Il prend, de la main gauche, une large coupe d'argent placée sur une table, à côté d'une autre coupe et de quelques vases d'or. Son bras droit est jeté sur les épaules nues d'une jeune courtisanne, le corps de face, la tête de profil, regardant passionnément le poëte, et pinçant les cordes d'une lyre. Au pied du lit, on voit une grande cassolette, d'où s'élève une vapeur odoriférante. Il entend une musique charmante; il savoure un vin délicieux; ses mains et ses regards se promènent sur une peau douce, et sur les plus belles formes; mais il sera damné. Le pauvre homme ! les parties inférieures de son corps sont couvertes de deux draperies luxuriantes et riches. Elles viennent, de dessus la table qui porte les coupes, s'étendre sur ses cuisses et sur ses jambes, et vont dérober la petite, petite partie des charmes de la courtisanne; mais l'imagination la supplée et peut-être mieux qu'elle n'est. De ces deux draperies, celle de dessous est de satin; celle de dessus, une étoffe violette de soie, et à fleurs. On a répandu des roses et quelques grappes de raisins autour des vases d'or, voisins des coupes. Le devant du lit de la courtisanne est jonché de fleurs. On voit au pied de ce lit un thyrse, avec une couronne passée dans le thyrse. L'extrémité de la toile de ce côté est terminée par une espèce de grand rideau vert. Au-dessus des têtes de la courtisanne et d'Anacréon, on voit des cimes d'arbres, qui annoncent des jardins.

Toute cette composition respire la volupté. La courtisanne est un peu mesquine ; on a vu dans sa vie de plus beaux bras, une plus belle tête, une plus belle gorge, un plus beau teint, de plus belles chairs, plus de grace, plus de jeunesse, plus de volupté, plus d'ivresse. Cependant, qu'on me la confie telle qu'elle est ; et je ne crois pas que je m'amuse à lui reprocher ses cheveux trop bruns. C'est peut-être bien une courtisanne grecque, que cette femme-là ; pour Anacréon ; je l'ai vu, je l'ai connu ; et je vous jure que cela ne lui ressemble pas. Anacréon, mon ami, avoit un grand front, du feu dans les yeux, de grands traits, de la noblesse, une belle bouche, de belles dents, le souris enchanteur et fin, l'air de la verve, de belles épaules, une belle poitrine, de l'embonpoint, les formes arrondies ; tout annonçoit en lui la vie voluptueuse et molle, l'homme de génie, l'homme de cour, l'homme de plaisir ; et je ne vois là qu'un vilain Diogène, qu'un charretier ivre, noir, musclé, dur, bazanné, petits yeux, petite tête, visage maigre et enluminé, front étroit, chevelure mal-propre. Efface-moi, jeune homme, cette hideuse et ignoble figure ; prends le recueil des chansons délicates de notre poëte ; fais-toi raconter sa vie ; et peut-être que tu concevras son caractère. Et puis, cela n'est pas dessiné. Ce cou est roide ; cette ombre forte sous la mamelle droite forme un creux où il doit y avoir un relief ; et ce creux déplacé fait saillir l'os de l'épaule, et le déboîte. Ton Anacréon est disloqué. La Tour avoit raison, lorsqu'il me disoit : Ne vous attendez pas que celui qui ne sait pas dessiner, trouve jamais de beaux caractères de tête. A quoi cela tient-il ? Il ajoutoit une autre chose qui s'explique plus aisément : Ne vous attendez pas non plus qu'un pauvre dessinateur soit jamais un grand architecte. Je vous en dirai la raison dans un autre endroit.

Avant que de finir, il faut que je vous dise un mot d'un tableau charmant, qui ne sera peut-être jamais exposé au Salon. Ce sont les Etrennes de madame de Grammont à M. de Choiseul. J'ai vu ce tableau ; il est de Greuze. Vous n'y reconnoîtriez ni le genre, ni peut-être le pinceau de l'artiste ; pour son esprit, sa finesse, ils y sont. Imaginez une fenêtre sur la rue. A cette fenêtre un rideau vert entr'ouvert ; derrière ce rideau, une jeune fille charmante sortant de son lit, et n'ayant pas eu le temps de se vêtir. Elle vient de recevoir un billet de son amant. Cet amant passe sous sa fenêtre ; et elle lui jete un baiser en passant. Il est impossible de vous peindre toute la volupté de cette figure. Ses yeux, ses paupières en sont chargés. Quelle main que celle qui a jeté le baiser ! quelle physionomie ! quelle bouche ! quelles lèvres ! quelles dents ! quelle gorge ! On la voit cette gorge, et on la voit toute entière, quoiqu'elle soit couverte d'un voile léger. Le bras gauche..... Elle est ivre ; elle n'y est plus ; elle ne sait plus ce qu'elle fait ; ni moi, presque ce que j'écris..... Ce bras gauche, qu'elle n'a plus la force de soutenir, est allé tomber sur un pot de fleurs qui en sont toutes brisées ; le billet s'est échappé de sa main ; l'extrémité de ses doigts s'est allée reposer sur le bord de la fenêtre, qui a disposé de leur position. Il faut voir comme ils sont mollement repliés ; et ce rideau, comme il est large et vrai ; et ce pot, comme il est de belle forme ; et ces fleurs, comme elles sont bien peintes ; et cette tête, comme elle est nonchalamment renversée ; et ces cheveux châtains, comme ils naissent du front et des chairs ; et la finesse de l'ombre du rideau sur ce bras ; de l'ombre de ces doigts sur le dedans de la main ; de l'ombre de cette main et de ce bras sur la poitrine ! La beauté et la délicatesse des passages du front aux joues, des joues au cou, du cou à la gorge ! comme elle est coiffée ! comme cette tête est bien par plans ! comme elle est hors de la toile ; et la mollesse voluptueuse qui règne depuis l'extrémité des doigts de la main, et qu'on suit de là dans tout le reste de la figure ; et comme cette mollesse vous gagne, et serpente dans les veines du spectateur ; comme il la voit serpenter dans la figure ! C'est un tableau à tourner la tête, la vôtre même qui est si bonne. Bon soir, mon ami ; il en arrivera ce qui pourra ; mais je vais me coucher là-dessus. Voilà les peintres. Les statuaires auront demain à qui parler.

FIN DE LA PEINTURE.

SCULPTURE.

J'AIME les fanatiques; non pas ceux qui vous présentent une formule absurde de croyance, et qui, vous portant le poignard à la gorge, vous crient : Signe, ou meurs; mais bien ceux qui, fortement épris de quelque goût particulier et innocent, ne voyent plus rien qui lui soit comparable, le défendent de toute leur force; vont dans les maisons et les rues, non la lance, mais le sillogisme en arrêt, sommant et ceux qui passent et ceux qui sont arrêtés, de convenir de leur absurdité, ou de la supériorité des charmes de leur Dulcinée sur toutes les créatures du monde. Ils sont plaisans, ceux-ci. Ils m'amusent; ils m'étonnent quelquefois. Quand par hasard ils ont rencontré la vérité, ils l'exposent avec une énergie qui brise et renverse tout. Dans le paradoxe, accumulant images sur images, appelant à leur secours toutes les puissances de l'éloquence, les expressions figurées, les comparaisons hardies, les tours, les mouvemens; s'adressant au sentiment, à l'imagination, attaquant l'ame et sa sensibilité par toutes sortes d'endroits, le spectacle de leurs efforts est encore beau. Tel est Jean-Jacques Rousseau, lorsqu'il se déchaîne contre les lettres, qu'il a cultivées toute sa vie ; la philosophie, qu'il professa ; la société de nos villes corrompues, au milieu desquelles il brûle d'habiter, et où il seroit désespéré d'être ignoré, méconnu, oublié. Il a beau fermer la fenêtre de son hermitage, qui regarde la capitale, c'est le seul endroit du monde qu'il voye. Au fond de sa forêt, il est ailleurs. Il est à Paris. Tel est Winckelman, lorsqu'il compare les productions des artistes anciens et celles des artistes modernes. Que ne voit-il pas dans ce tronçon d'homme qu'on appelle le *Torse*; les muscles qui se gonflent sur sa poitrine, ce n'est rien moins que les ondulations des flots de la mer ; ses larges épaules courbées, c'est une grande voûte concave, qu'on ne rompt point, qu'on fortifie au contraire par les fardeaux dont on la charge. Et ses nerfs ? Les cordes des ballistes anciennes, qui lançoient des quartiers de rochers à des distances immenses, ne sont en comparaison que des fils d'araignée. Demandez à cet enthousiaste charmant, par quelle voie Glicon, Phydias et les autres sont parvenus à faire des ouvrages si beaux et si parfaits ? Il vous répondra : Par le sentiment de la liberté, qui élève l'ame, et lui inspire de grandes choses ; les récompenses de la nation, la considération publique, la vue, l'étude, l'imitation constante de la belle nature, le respect de la postérité, l'ivresse de l'immortalité, le travail assidu, l'heureuse influence des mœurs et du climat, et le génie. Il n'y a sans-doute aucun point de cette réponse qu'on osât contester. Mais faites-lui une seconde question ; et demandez-lui s'il vaut mieux étudier l'antique que la nature, sans la connoissance, l'étude et le goût de laquelle les anciens artistes, avec tous les avantages particuliers dont ils ont été favorisés, ne nous auroient pourtant laissé que des ouvrages médiocres ? L'antique, vous dira-t-il sans balancer, l'antique ; et voilà tout-d'un-coup l'homme qui a le plus d'esprit, de chaleur et de goût, la nuit, tout au beau milieu du Toboso. Celui qui dédaigne l'antique pour la nature, risque de n'être jamais que petit, foible et mesquin de dessin, de caractère, de draperie et d'expression. Celui qui aura négligé la nature pour l'antique, risquera d'être froid, sans vie, sans aucune de ces vérités cachées et secrètes, qu'on n'apperçoit que dans la nature même. Il me semble qu'il faudroit étudier l'antique, pour apprendre à voir la nature.

Les artistes modernes se sont révoltés contre l'étude de l'antique, parce qu'elle leur a été prêchée par des amateurs ; et les littérateurs modernes ont été les défenseurs de l'étude de l'antique, parce qu'elle a été attaquée par des philosophes.

Il me semble, mon ami, que les statuaires tiennent plus à l'antique que les peintres. Seroit-ce que les anciens nous ont laissé quelques belles statues, et que leurs tableaux ne nous sont connus que par les descriptions et le témoignage des littérateurs ? Il y a toute une autre différence entre la plus belle ligne de Pline et le Gladiateur d'Agasias.

Il me semble encore qu'il est plus difficile de bien juger de la sculpture que de la peinture ; et cette mienne opinion, si elle est vraie, doit me rendre plus circonspect. Il n'y a presque qu'un homme de l'art qui puisse discerner, en sculpture, une très-belle chose d'une chose commune. Sans doute l'Athlète expirant vous touchera, vous attendrira, peut-être même vous frappera si violemment, que vous ne pourrez ni en séparer ni y attacher vos regards ; si toute-fois vous aviez à choisir entre cette statue et le Gladiateur, dont l'action belle et vraie certainement, n'est pourtant pas faite pour s'adresser à votre ame, vous feriez rire Pigal et Falconet, si vous préfériez la première à celle-ci. Une grande figure, seule et toute blanche ; cela est si simple. Il y a là si peu de ces données, qui pourroient faciliter la comparaison de l'ouvrage de l'art avec celui de nature. La peinture me rappelle par cent côtés ce que je vois, ce que j'ai vu. Il n'en est pas ainsi de la sculpture. J'oserai acheter un tableau sur mon goût, sur mon jugement. S'il s'agit d'une statue, je prendrai l'avis de l'artiste.

Vous croyez donc, me direz-vous, la sculpture plus difficile que la peinture ?.... Je ne dis pas cela. Juger est une chose, et faire est une autre. Voilà le bloc de marbre; la figure y est; il faut l'en tirer. Voilà la toile; elle est plane; c'est là-dessus qu'il faut créer. Il faut que l'image sorte, s'avance, prenne le relief; que je tourne autour; si ce n'est moi, c'est mon œil; il faut qu'elle vive... Mais, ajoutez-vous, peinte ou modelée.... D'accord... Et il faut qu'elle vive modelée, sans aucune de ces ressources qui sont sur la palette, et qui donnent la vie..... Mais ces ressources mêmes, est-il aisé d'en faire usage? Le sculpteur a tout lorsqu'il a le dessin, l'expression, et la facilité du ciseau. Avec ces moyens, il peut tenter avec succès une figure nue. La peinture exige d'autres choses encore. Quant aux difficultés à vaincre dans les sujets plus composés, il me semble qu'elles s'accroissent en plus grand nombre pour le peintre que pour le sculpteur. L'art de groupper est le même, l'art de draper est le même; mais le clair-obscur, mais l'ordonnance, mais le lieu de la scène, mais les ciels, mais les arbres, mais les eaux, mais les accessoires, mais les fonds, mais la couleur et tous ses accidens? Mais *non nostrum inter vos tantas componere lites.* La sculpture est faite et pour les aveugles, et pour ceux qui voyent. La peinture ne s'adresse qu'aux yeux. En revanche, la première a certainement moins d'objets et moins de sujets que la seconde. On peint tout ce qu'on veut. La sévère, grave et chaste sculpture choisit. Elle joue quelquefois autour d'une urne ou d'un vase, même dans les compositions les plus grandes et les plus pathétiques : on voit en bas-relief des enfans qui folâtrent sur un bassin qui va recevoir le sang humain ; mais c'est encore avec une sorte de dignité qu'elle joue. Elle est sérieuse, même quand elle badine. Elle exagère, sans-doute ; peut-être même l'exagération lui convient-elle mieux qu'à la peinture. Le peintre et le sculpteur sont deux poëtes ; mais celui-ci ne charge jamais. La sculpture ne souffre ni le bouffon, ni le burlesque, ni le plaisant, rarement même le comique. Le marbre ne rit pas. Elle s'enivre pourtant avec les faunes et les sylvains ; elle a très-bonne grace à aider les satyres à remettre le vieux Silène sur sa monture, ou à soutenir les pas chancelans de son disciple. Elle est voluptueuse, mais jamais ordurière. Elle garde encore dans la volupté je ne sais quoi de recherché, de rare, d'exquis, qui m'annonce que son travail est long, pénible, difficile ; et que, s'il est permis de prendre le pinceau pour attacher à la toile une idée frivole qu'on peut créer en un instant et effacer d'un souffle, il n'en est pas ainsi du ciseau, qui, déposant la pensée de l'artiste sur une matière dure, rebelle, et d'une éternelle durée, doit avoir fait un choix original et peu commun. Le crayon est plus libertin que le pinceau, et le pinceau plus libertin que le ciseau. La sculpture suppose un enthousiasme plus opiniâtre et plus profond, plus de cette verve forte et tranquille en apparence, plus de ce feu couvert et caché qui bout au-dedans. C'est une muse violente, mais silencieuse et secrète.

Si la sculpture ne souffre point une idée commune, elle ne souffre pas davantage une exécution médiocre. Une légère incorrection de dessin, qu'on daigneroit à-peine appercevoir dans un tableau, est impardonnable dans une statue. Michel-Ange le savoit bien ; où il a désespéré d'être parfait et correct, il a mieux aimé rester brut.... Mais, direz-vous, cela même prouve que, la sculpture ayant moins à faire que la peinture, on en exige plus strictement ce qu'on est en droit d'en attendre.... Je l'ai pensé comme vous.

De quelques questions que je me suis faites sur la sculpture, la première, c'est : Pourquoi la chaste sculpture est pourtant moins scrupuleuse que la peinture, et montre plus souvent et plus franchement la nudité des sexes.

C'est, je crois, qu'après tout elle ressemble moins que la peinture ; c'est que la matière qu'elle emploie est si froide, si réfractaire, si impénétrable ; mais sur-tout, c'est que la principale difficulté de son imitation consiste dans le secret d'amollir cette matière dure et froide, d'en faire de la chair douce et molle ; de rendre les contours des membres du corps humain ; de rendre chaudement et avec vérité ses veines, ses muscles, ses articulations, ses reliefs, ses méplats, ses inflexions, ses sinuosités ; et qu'un bout de draperie lui épargne des mois entiers de travail et d'étude : c'est que peut-être ses mœurs, plus sauvages et plus innocentes, sont meilleures que celles de la peinture ; et qu'elle pense moins au moment présent qu'au temps à venir. Les hommes n'ont pas toujours été vêtus ; qui sait s'ils le seront toujours ?

La seconde, c'est : Pourquoi la sculpture, tant ancienne que moderne, a dépouillé les femmes de ce voile que la pudeur de la nature et l'âge de puberté jettent sur les parties sexuelles, et l'a laissé aux hommes ?

Je vais tâcher d'entasser mes réponses ; afin qu'elles se dérobent les unes par les autres. La propreté, l'indisposition périodique, la chaleur du climat, la commodité du plaisir, la curiosité libertine, et l'usage des courtisannes qui servoient de modèles dans Athènes et dans Rome ; voilà les raisons qui se présenteront les premières à tout homme de sens ; et je les crois bonnes. Il est simple de ne pas rendre ce que l'on ne trouve pas dans son modèle. Mais l'art a peut-être des motifs plus recherchés ; il vous fera remarquer la beauté de ce contour, le charme de ce serpentement, de cette longue, douce et légère sinuosité qui part de l'extrémité d'une des aines, et qui s'en va s'abaissant et se relevant alternativement, jusqu'à ce qu'elle ait atteint l'extrémité de l'autre aine ; il vous dira que le chemin de cette ligne infiniment agréable seroit rompu dans son cours par une touffe interposée ; que cette touffe isolée ne se lie à rien, et fait tache dans la femme ; au-lieu que, dans l'homme, cette espèce de vêtement naturel, d'ombre assez épaisse aux mamelles, va s'éclaircissant, à-la-vérité, sur les flancs et sur les côtés du ventre ; mais y subsiste, quoique rare, et va, sans s'interrompre, se rechercher elle-même plus serrée, plus élevée, plus fournie autour des parties naturelles. Il vous montrera ces parties naturelles de l'homme, dépouillées, comme un intestin grêle, un ver d'une forme déplaisante.

La troisième : Pourquoi les anciens n'ont jamais drapé leurs figures qu'avec des linges mouillés ?

C'est que, quelque peine que l'on se donne pour caractériser en marbre une étoffe, on n'y réussit jamais qu'imparfaitement ; qu'une étoffe épaisse et grossière dérobe le nu que la sculpture est plus jalouse encore de prononcer que la peinture ; et que, quelle que soit la vérité de ses plis, elle conservera je ne sais quoi de lourd qui, se joignant à la nature de la pierre, fera prendre au tout un faux air de rocher.

La quatrième : Pourquoi le Laocoon a la jambe raccourcie plus longue que l'autre ?

C'est que, sans cette incorrection hardie de dessin, la figure eût été déplaisante à l'œil ; c'est qu'il y a des effets de nature qu'il faut ou pallier ou négliger. J'en apporte un exemple bien commun et bien simple, dans lequel je défie le plus grand artiste de ne pas pécher contre la vérité ou contre la grace. Je suppose une femme nue assise sur un banc de pierre ; quelle que soit la fermeté de ses chairs, certainement le poids de son corps appliquant fortement ses fesses contre la pierre sur laquelle elle est assise, elles boursouffleront désagréablement par les côtés, et formeront par-derrière, l'une et l'autre, le plus impertinent bourrelet qu'on puisse imaginer. Mais est-ce que l'arrête du banc ne tracera pas à ses cuisses, en-dessous, une très-profonde et très-vilaine coupure ? Que faire donc alors ? Il n'y a pas à balancer ; il faut ou fermer les yeux à ces effets, et supposer qu'une femme a les fesses aussi dures que la pierre, et que l'élasticité de ses chairs ne peut être vaincue par le poids de son corps, ce qui n'est pas vrai ; ou jeter tout autour de sa figure quelque draperie qui me dérobe en-même-temps et l'effet désagréable, et les parties de son corps les plus belles.

La cinquième, c'est : Quel seroit l'effet du coloris le plus beau et le plus vrai de la peinture sur une statue ?

Mauvais, je pense. 1°. Il n'y auroit autour de la statue qu'un seul point où ce coloris seroit vrai. 2.° Il n'y a rien de si déplaisant que le contraste du vrai mis à côté du faux; et jamais la vérité de la couleur ne répondra à la vérité de la chose. La chose, c'est la statue, seule, isolée, solide, préte à se mouvoir : c'est comme le beau point d'Hongrie de Roslin, sur des mains de bois; son beau satin si vrai, sur des figures de mannequin. Creusez l'orbite des yeux à une statue, et remplissez-les d'un œil d'émail ou d'une pierre colorée; et vous verrez si vous en supporterez l'effet. On voit même, par la plûpart de leurs bustes, qu'ils ont mieux aimé laisser le globe de l'œil uni et solide, que d'y tracer l'iris, et que d'y marquer la prunelle; laisser imaginer un aveugle, que de montrer un œil crevé : et, n'en déplaise à nos modernes, les anciens me paroissent en ce point d'un goût plus sévère, qu'ils ne l'ont.

La peinture se divise en technique et idéale; et l'une et l'autre se soudivise en peinture en portrait, peinture de genre, et peinture historique. La sculpture comporte à-peu-près les mêmes divisions; et de même qu'il y a des femmes qui peignent la tête, je ne trouverois point étrange qu'on en vît paroître incessamment une qui fît le buste. Le marbre, comme on le sait, n'est que la copie de la terre cuite. Quelques-uns ont pensé que les anciens travailloient, d'abord, le marbre; mais je crois que ces gens-là n'y ont pas assez réfléchi.

Un jour que Falconet me montroit les morceaux

des jeunes élèves en sculpture, qui avoient concouru pour le prix, et qu'il me voyoit étonné de la vigueur d'expressions et de caractères, de la grandeur et de la noblesse de ces ouvrages sortis de dessous les mains d'enfans de dix-neuf à vingt ans : Attendez-les dans dix ans d'ici, me dit-il; et je vous promets qu'ils ne sauront plus rien de cela. C'est que les sculpteurs ont besoin plus long-temps encore du modèle que les peintres ; et que, soit paresse, soit avarice ou pauvreté, les uns et les autres ne l'appellent plus passé quarante-cinq ans. C'est que la sculpture exige une simplicité, une naïveté, une rusticité de verve, qu'on ne conserve guère au-delà d'un certain âge : et voilà la raison pour laquelle les sculpteurs dégénèrent plus vîte que les peintres, à-moins que cette rusticité ne leur soit naturelle et de caractère. Pigal est bourru; Falconet l'est encore davantage. Ils feront bien jusqu'à la fin de leur vie. Le Moine est poli, doux, maniéré, honnête; il est, et il restera médiocre.

Le plagiat est aussi possible en sculpture; mais il est rare qu'il soit ignoré. Il n'est ni aussi facile à pratiquer, ni aussi facile à sauver qu'en peinture. Et puis, allons à nos artistes.

LE MOINE.

Cet artiste fait bien le portrait; c'est son seul

mérite. Lorsqu'il tente une grande machine, on sent que la tête n'y répond pas. Il a beau se frapper le front; il n'y a personne. Sa composition est sans grandeur, sans génie, sans verve, sans effet; ses figures sont insipides, froides, lourdes et maniérées; c'est comme son caractère, où il ne reste pas la moindre trace de l'homme de nature. Voyez son monument de Bordeaux. Si vous lui ôtez l'imposant de la masse, que devient le reste ? Faites des portraits, M. Le Moine; mais laissez-là les monumens, sur-tout les monumens funèbres. Tenez, je vous le dis à regret, vous n'avez pas seulement assez d'imagination, pour bien coiffer une pleureuse. Jetez les yeux sur le mausolée de Deshays; et vous conviendrez que cette muse vous est inconnue.

De sept à huit bustes de Le Moine, il y en a deux ou trois qu'on peut regarder. Celui de la comtesse de Brionne, celui de la marquise de Gléon, et celui de notre ami Garrick.

187. *Le portrait de madame la marquise de Gléon.*

La belle tête, mon ami, que celle de madame la marquise de Gléon ! Qu'elle est belle ! elle vit; elle intéresse; elle sourit mélancoliquement. On est tenté de s'arrêter, et de lui demander pour qui le bonheur est fait, puisqu'elle n'est pas heureuse. Je ne la connois point cette femme charmante ; je n'en ai jamais entendu parler ; mais je gage qu'elle souffre. C'est bien dommage. Si ce n'est pas une créature admirable d'esprit et de caractère, comme elle l'est d'expression et de figure, renoncez à jamais à la foi des physionomies ; et écrivez sur le dos de votre main : *fronti nulla fides.*

Le buste de Garrick

Est bien. Ce n'est pas l'enfant Garrick, qui baguenaude dans les rues, qui joue, saute, pirouette et gambade dans la chambre ; c'est Roscius commandant à ses yeux, à son front, à ses joues, à sa bouche, à tous les muscles de son visage ; ou plutôt à son ame qui prend la passion qu'il veut, et qui dispose ensuite de toute sa personne, comme vous de vos pieds pour avancer et reculer, de vos mains pour lâcher ou prendre. Il est sur la scène.

188. *Le portrait de madame la comtesse de Brionne.*

Madame de Brionne. Eh bien ! mon ami, que voulez-vous que j'en dise ? Madame de Brionne n'est encore qu'une belle préparation. Les grâces et la vie vont éclore ; mais elles n'y sont pas. Elles attendent que l'ouvrage soit fini ; et quand le sera-t-il ? Aux cheveux, le marbre n'est qu'égratigné. Le Moine a cru que du crayon noir pouvoit suppléer au ciseau. Va-t-en voir s'ils viennent. Et puis cette poitrine, j'en ai vu de nouée, et comme celle-là. M. Le Moine, M. Le Moine, il faut savoir travailler le marbre; et cette pierre réfractaire ne se laisse pas pétrir par les premières mains venues. Si quelqu'un du métier, comme Falconet, vouloit être franc, il vous diroit que les yeux sont froids et secs; que, quand on bouche les narines, il faut ouvrir la bouche, sans quoi le buste étouffe : il vous diroit de vos portraits modelés, qu'ils sont plus touchés, plus hardis, mais pas assez finis, quoiqu'ils doivent l'être, parce que la nature l'est ; et qu'il faut finir tout ce qui est fait pour être vu de près.

FALCONET.

Voici un homme qui a du génie, et qui a toutes sortes de qualités compatibles, incompatibles avec le génie, quoique ces dernières se soient pourtant rencontrées dans François de Vérulam et dans Pierre Corneille. C'est qu'il a de la finesse, du goût, de l'esprit, de la délicatesse, de la gentillesse et de la grace tout plein ; c'est qu'il est rustre et poli, affable et brusque, tendre et dur; c'est qu'il pétrit la terre et le marbre; et qu'il lit et médite; c'est qu'il est doux et caustique, sérieux et plaisant; c'est qu'il est philosophe, qu'il ne croit rien, et qu'il sait bien pourquoi; c'est qu'il est bon père, et que son fils s'est sauvé de chez lui ; c'est qu'il aimoit sa maîtresse à la folie ; qu'il l'a fait mourir de douleur ; qu'il en est devenu triste, sombre, mélancolique ; qu'il en a pensé mourir de regret ; qu'il y a long-temps qu'il l'a perdue ; et qu'il n'en est pas consolé. Ajoutez à cela qu'il n'y a pas d'homme plus jaloux du suffrage de ses contemporains, et plus indifférent sur celui de la postérité. Il porte cette philosophie à un point qui ne se conçoit pas ; et cent fois il m'a dit qu'il ne donneroit pas un écu pour assurer une durée éternelle à la plus belle de ses statues. Pigal, le bon Pigal, qu'on appeloit à Rome le mulet de la sculpture, à force de faire, a su faire la nature, et la faire vraie, chaude et rigoureuse ; mais n'a et n'aura, ni lui ni son compère l'abbé Gougenot, l'idéal de Falconet ; et Falconet a déjà le faire de Pigal. Il est bien sûr que vous n'obtiendrez point de Pigal, ni le *Pygmalion*, ni l'*Alexandre*, ni l'*Amitié* de Falconet ; et qu'il n'est pas décidé que celui-ci ne refît le *Mercure* et le *Citoyen* de Pigal. Au demeurant, ce sont deux grands hommes, et qui, dans quinze ou vingt siècles, lorsqu'on retirera des ruines de la grande ville quelques pieds ou quelques têtes de leurs statues, montreront que nous n'étions pas des enfans, du-moins en sculpture. Quand Pigal vit le *Pygmalion* de Falconet, il dit : Je voudrois bien l'avoir fait. Quand le monument de Rheims fut exposé au Roule, Falconet, qui n'aimoit pas Pigal, lui dit, après avoir vu et bien vu son ouvrage: M. Pigal, je ne vous aime pas; et je crois que vous me le rendez bien : j'ai vu votre *Citoyen*; on peut faire aussi beau, puisque vous l'avez fait; mais je ne crois pas que l'art puisse aller une ligne au-delà. Cela n'empêche pas que nous ne demeurions comme nous sommes. Voilà mon Falconet.

194. *La figure de femme assise*,

Destinée pour un bosquet de plantes à fleurs d'hiver, est de l'aveu de tous, grands, petits, savans, ignorans, connoisseurs ou non, un chef-d'œuvre de beau caractère, de belle position et de draperie. Cette draperie est une seule et unique pièce d'étoffe, qui s'en va prendre les bras, les jambes, le corps, les épaules, le dos, toute la figure, la dessinant, la moulant, la montrant devant, de côté, derrière, d'une manière aussi claire et peut-être plus piquante que si elle étoit toute nue. Cette draperie n'est pas épaisse; ce n'est pas non plus un voile léger. Elle est d'un corps mitoyen, qui se concilie à merveille avec la légéreté et la fonction de la figure. Son visage est beau. On y voit un intérêt tendre et doux pour les fleurs qu'elle protège, et qu'elle cherche à dérober à la menace du froid, en étendant sur elles un pan de son vêtement. Elle est un peu penchée ; et il est impossible d'imaginer son action faite avec plus de vérité et de grace. Je relis ma description ; et je la trouve calquée sur la copie. Ceux qui cherchent noise à tout, lui trouvent le menton un peu trop saillant.

Saint Ambroise.

C'est ce fougueux évêque, qui osa fermer les portes de l'église à Théodose, et à qui un certain souverain de par le monde, qui dans la guerre passée avoit une si bonne envie de faire un tour dans la rue des Prêtres, et une certaine souveraine qui vient de débarrasser son clergé de toute cette richesse qui l'empêchoit d'être respectable, auroient fait couper la barbe et les oreilles, en lui disant : Apprenez, M. l'abbé, que le temple de votre Dieu est sur mon domaine ; et que, si mon prédécesseur vous a accordé par grace les trois arpens de terrain qu'il occupe, je puis les reprendre, et vous envoyer porter vos autels et votre fanatisme ailleurs. Ce lieu-ci est la maison du père commun des hommes, bons ou méchans ; et j'y veux entrer, quand il me plaira. Je ne m'accuse point à vous. Vous n'en savez pas assez pour me conseiller sur ma conduite, quand je daignerois vous consulter : Et de quel front vous immiscez-vous d'en juger ? Mais le plat empereur ne parla pas ainsi ; et l'évêque savoit bien à qui il avoit à faire. Le statuaire nous l'a montré dans le moment de son insolente apostrophe. Il a le bras étendu, le front de la réprimande et de la sévérité. Il parle. La tête est d'humeur ; mais je la crois un peu petite ; la draperie, grande, large, bien traitée, pittoresquement relevée par-devant, dessinant à merveille le bras gauche qu'elle couvre, et sous lequel j'imagine que l'évêque tient son bréviaire ou ses homélies. Si le volume en paroît énorme, c'est la faute du costume et non de l'artiste. Je pense bien qu'il se seroit plu davantage à nous montrer un prophète juif ou quelque prêtre idolâtre, dont un bout du vêtement seroit venu se répandre sur la tête, après avoir parcouru et moulé tout le corps. On peut tirer parti de tout ; et Falconet l'a prouvé par son Saint Ambroise, qui n'est pas occupé, comme on a coutume de nous montrer ses pareils, à ramener sa chape sous son bras, et à nous rappeler le geste familier de Pantalon.

195. *Alexandre cédant Campaspe, une de ses concubines, au peintre Apelle.* Bas-relief.

Il faut que je décrive ce bas-relief, parce qu'il est beau ; et que, sans l'avoir bien présent, il seroit difficile d'entendre mes observations.

A droite, le peintre a quitté son chevalet, sur lequel on voit l'ébauche de Campaspe. Il a un genou en terre ; il est surpris et pénétré de la faveur du souverain. Cette figure de ronde-bosse, correspond au chevalet qui est de bas-relief.

Alexandre est à côté de Campaspe, sur le fond, debout, un peu avancé vers Apelle; il paroît offrir au peintre ce beau modèle. Il tient de sa main gauche sa concubine par le poignet; son autre bras est posé sur les épaules de Campaspe. C'est l'action d'un homme qui l'envoye à celui qui l'a desirée.

Campaspe est assise sur un siège couvert de quelque draperie. Elle a les yeux baissés. Elle a derrière elle un coussin. Cette figure est de ronde bosse; et elle correspond en partie à l'Alexandre qui est de bas-relief, et à deux soldats placés derrière elle, qui sont aussi de bas-relief.

L'Apelle de ce bas-relief paroît être une réminiscence du *Pygmalion* d'il y a deux ans. Le trait qu'il a tracé sur la toile devroit être léger comme un fil d'araignée; et il est grossier.

L'Alexandre est de toute beauté; la bonté et la noblesse sont peintes sur son visage; mais c'est la bonté qui domine, peut-être un peu trop. Du-reste, on ne pensera jamais une action plus vraie, une position plus simple, et une draperie plus noble. Ce large manteau, jeté sur ses épaules, fait à ravir.

Il est d'un homme d'esprit d'avoir fait baisser les yeux à Campaspe. Gaie, elle auroit blessé la vanité d'Alexandre, qu'elle auroit quitté sans peine.

Triste, elle auroit mortifié le peintre. Mais il y a tant d'innocence et de simplicité dans le caractère de sa tête, que si vous placez un voile au-dessus de sa gorge, et que, ce voile tombant jusqu'au bout de ses pieds, tous ses appas nus vous soient dérobés, de manière que vous n'apperceviez plus que la tête, vous prendrez une concubine pour une jeune fille bien élevée, qui ignore ce que c'est qu'un homme, et qui se résigne à la volonté de son père, qui lui donne l'artiste que voilà pour époux. Ce caractère de tête est faux. C'est encore une réminiscence, mais bien déplacée, de *Pygmalion*. Falconet, mon ami, vous avez oublié l'état de cette femme ; vous n'avez pas pensé qu'elle avoit couché avec Alexandre, et qu'elle a connu le plaisir avec lui, et peut-être avec d'autres avant lui. Si vous eussiez donné des traits un peu plus larges à votre Campaspe, c'auroit été une femme; et tout eût été bien. Mais dites-moi, je vous prie, que font là-derrière ces deux vieux légionnaires ? Est-ce qu'Alexandre, qui n'ignoroit pas que sa concubine étoit exposée toute nue aux regards d'un peintre, s'est fait accompagner chez elle ? Allons, mon ami, chassez-moi ces deux soldats déplacés à tous égards. Je vous proteste qu'ils n'y étoient pas, et que la scène s'est passée entre trois personnes, Alexandre, Apelle et Campaspe.... Et la loi du bas-relief, me direz-vous ? Et la loi du sens-commun, vous répondrai-je ?.... Et sur quoi sera projetée ma Campaspe, qui est de ronde-bosse ?.... Eh bien ! mon ami, sur deux femmes que vous mettrez à la place de ces deux tristes Macédoniens ; ces deux femmes, suivantes de Campaspe, seront plus décentes et plus intéressantes. D'ailleurs elles étoient dans l'appartement de Campaspe avant l'arrivée d'Alexandre ; car je ne me persuaderai jamais qu'une femme seule s'expose toute nue aux regards d'un artiste. Mais voyez le joli caractère que vous donnerez à ces suivantes ! Elles se seront retirées, quand le souverain a paru ; témoins de sa générosité, comment pensez-vous qu'elles en seront affectées ? C'est un grouppe de bas-relief charmant à faire.

Votre Apelle est un peu grossièrement vêtu. Un peintre n'est pas un ouvrier comme un statuaire. Il est maigre, cela me convient ; ceux en qui brûle le tison de Prométhée, en sont consumés. Mais pourquoi m'avoir moutonné cette tête ? Le génie est, ce me semble, autrement peigné que cela. Et cette Campaspe, qui savoit dès la veille qu'on devoit la peindre, auroit bien dû penser de son côté à faire une autre toilette de tête ? Sa coiffure est aussi par trop négligée. Pour ces chairs-là, elles sont belles, assurément ; mais ce n'est pourtant pas encore la mollesse de la statue de Pygmalion : et lorsque Vien disoit que pour le coup vous aviez prouvé que la sculpture l'emportoit sur la peinture, il n'avoit pas tout-à-fait tort.

Falconet a établi sur le bas-relief une règle qui me paroît sensée, mais qui met de dures entraves à l'artiste. Il dit : Le fond du marbre, c'est le ciel ; donc il ne doit jamais porter d'ombre. Mais comment les ombres ne seront-elles pas portées sur un ciel qui touche aux figures ? Comment ? Le voici. Si vous introduisez dans votre composition une figure qui soit de ronde-bosse, qu'il y ait immédiatement derrière elle un objet qui reçoive son ombre. Mais que deviendra l'ombre de cet objet ? Rien. Il n'aura point d'ombre, si vous le faites de bas-relief. Alors il sera sur votre marbre, comme les objets qui sont éloignés, et qui semblent tenir au ciel. On ne cherche pas l'ombre d'un corps dont on ne voit que la moitié.... Mais Falconet se conforme-t-il à sa loi ?.... Très-scrupuleusement.... Et quel avantage en tire-t-il ?.... Celui de réduire le bas-relief à la vérité du tableau, et d'en lier toutes les parties. Voilà ce qui lui a fait introduire ses deux soldats dans celui dont il s'agit ici. Il lui falloit des objets, qui reçussent l'ombre de Campaspe qu'il a faite de ronde-bosse ; mais deux suivantes lui auroient également servi, et auroient été mieux imaginées.

196. *La douce Mélancolie.*

C'est une figure mal nommée; c'est la Mélancolie. Imaginez une jeune fille debout, le coude appuyé sur une colonne, et tenant dans sa main une colombe. Elle la regarde. Comme elle la regarde ! comme une pauvre recluse regarderoit au travers des barreaux de sa cellule deux amans tendres et passionnés. Son bras droit pend bien, et bien négligemment; seulement il est un peu rond. On accuse aussi la draperie de manquer de légéreté par en bas, vers les jambes. A-la-bonne-heure; mais on n'y reconnoît pas moins l'homme qui possède les physionomies des passions les plus difficiles à rendre.

197. *L'Amitié.*

Convenez, mon ami, que si l'on avoit exhumé ce morceau, on en feroit le désespoir des modernes. C'est une figure debout, qui tient un cœur entre ses deux mains. C'est le sien, qu'elle tremble d'offrir. C'est un morceau plein d'ame et de sentiment. On se sent toucher, attendrir, en le regardant. Ce visage invite, de la manière la plus énergique, la plus douce et la plus modeste, à accepter son présent. Elle seroit si fâchée, cette jeune enfant, s'il étoit refusé ! La tête est d'un caractère tout-à-fait rare. Je ne me trompe pas, il y a dans cette tête je ne sais quoi d'enthousiastique et de sacré, qu'on n'a point encore connu. C'est la sensibilité, la candeur, l'innocence, la timidité, la circonspection fondues ensemble. Cette bouche entr'ouverte, ces bras tendus, ce corps un peu penché, sont d'une expression indicible. Le cœur lui bat ; elle craint, elle espère. Je jure que la fille de Greuze, qui pleure son serin, est à cent lieues de ce pathétique. Que cela est beau et neuf ! Et c'est un faquin de libraire, qui s'est procuré la terre cuite. Qu'est-ce que cela fait là ? Les bras et les mains sont on ne peut mieux modelés. La tête est singulièrement coiffée. C'est à cette coiffure, qui a quelque chose de ceux qui servent dans les temples, que la figure doit en partie son caractère sacré. On trouve l'idée du cœur petite, symbolique et mesquine. Je trouve, moi, qu'il ne lui manque que l'antiquité de la mythologie, et la sanction du paganisme. Accordez-lui ce sceau ; et vous n'aurez plus rien à dire. On trouve les jambes un peu lourdes. Je sais ce que c'est. Le statuaire ayant fait le haut de sa figure tant soit peu long, s'est trouvé dans la nécessité ou de passer par-dessus les règles des proportions, ou de faire le bas de sa figure tant soit peu court. Il a pris ce dernier parti.

Je viens de juger Falconet avec la dernière sévérité, au poids du sanctuaire. A-présent j'ajouterai qu'avec les défauts du plus foible de ses morceaux, il n'y a pas un artiste à l'académie qui ne fût vain de l'avoir fait.

199. 200. 201. VASSÉ.

Son *portrait de Passerat* assez bien modelé. Je fais peu de cas de sa *tête d'enfant*. Et sa *Comédie* ? Drappée maigre, d'après un petit mannequin arrangé avec des épingles, sans grace ; du-reste, gaie, spirituelle, d'un rire faux qu'il falloit fin.

PAJOU.

202. *Le portrait du maréchal de Clermont-Tonnerre.*

Je me souviens d'un autre portait de ce maréchal. Ne vous le rappelez-vous pas ? Il étoit placé au-dessus de l'escalier. Le militaire y étoit en buste, debout, près de sa tente, l'air noble et fier. Pajou, lui, l'a fait innocent et bête.

203. *Portrait de M. de la Live.*

Ce *M. de la Live*, qui est à côté, est froid et plat comme lui. Vous prendrez cela comme il vous plaira ; cela ne peut manquer d'être vrai.

204. *Modèle de Saint-François de Sales.*

Le *Modèle de Saint-François de Sales* est

lourd et maussade. Par l'esquisse, jugez de ce que cela deviendra à l'exécution ; car, je vous le répète, mon ami, le marbre n'est jamais qu'une copie. L'artiste jette son feu sur la terre ; puis, quand il en est à la pierre, l'ennui et le froid le gagnent ; ce froid et cet ennui s'attachent au ciseau, et pénétrent le marbre, à-moins que le statuaire n'ait une chaleur inextinguible, comme le vieux poëte l'a dit de ses dieux.

105. *Le Bénitier.*

Pauvre de forme ; et les enfans, qui le soutiennent, ni touchés, ni grouppés.

106. *Le Tombeau.* Dessin.

M. Pajou, mettez-y donc l'air sépulcral et lugubre, si vous voulez que j'en dise du bien.

107. *La Bacchante, qui tient le petit Bacchus.*

Misérable, misérable ; la femme et l'enfant mal grouppés ; avec cela le moins mauvais de tous... Mais, dites-vous, est-ce que cette tête de M. de la Live ne vous paroît pas ressemblante?.... Elle est sans finesse.... Mais tant mieux.... Oui, mais j'entends sans finesse de ciseau.

108. *La Leçon Anatomique.* Dessin.

Cela une leçon anatomique ? C'est un banquet romain. Otez ce cadavre ; mettez à sa place un grand turbot ; et ce sera une estampe toute prête pour la première édition de *Juvénal*.

112. ADAM.

Abominable, exécrable Adam ! je ne parle pas du plus ancien des sots maris ; mais d'un sculpteur de son nom, qui nous donne un des pères du désert qui prie sur le bout d'une roche, pour Polyphème ; je ne sais quelle petite bête légère et frisée pour un des moutons à longue laine du Cyclope, et un sac de noix pour un Ulysse.

Polyphème fait sortir son troupeau de sa caverne ; et, tenant son bélier qui avoit coutume de marcher à la tête, et qu'il est étonné de trouver le dernier, prie Neptune son père de ne point souffrir que le marchand qui l'a aveuglé lui échappe. Ce marchand est Ulysse, qui se sauve de la caverne en se tenant attaché sous le ventre du bélier.

CAFFIERI.

Que diable voulez-vous que je vous dise de Caffieri ? qu'il a fait les *bustes de Lulli et de Rameau*, que la célébrité de ces deux noms a fait regarder.

CHALLE.

Celui-ci vient de mourir ; Dieu soit loué ! cela console un peu de Bouchardon.

219. *Le buste de M. Floncel, censeur royal,*

Est ébauché; encore ne l'est-il pas spirituellement.

218. *Deux figures couchées, dont les sujets sont le Feu et l'Eau.*

Concevez-vous qu'un homme soit perclus de goût, au point de coucher sur le ventre une figure qui a des tetons, et de lui couvrir les fesses? Eh! stupide, que veux-tu donc que je voye? Mais il faut voir encore comment il vous les a couvertes. C'est un petit bout de draperie tortillée, imitant parfaitement le bourrelet d'une chemise relevée, précisément comme une femme-de-chambre le voit le matin à sa maîtresse. Placez-moi devant ce *Triton* un diacre qui lui étende son étole sur la tête; et vous aurez un démoniaque tout prêt à rendre le diable.

D'HUÊS.

221. *Saint Augustin.*

J'ai entendu un artiste qui disoit, en passant devant le *Saint Augustin* de d'Huès: *Mon Dieu, que les sculpteurs sont bêtes!* Cette exclamation indiscrète me frappa; je m'arrêtai; je regardai; et au-lieu d'un saint, je vis la tête hideuse d'un sapajou embarrassé dans une chasuble d'évêque.

MIGNOT.

222. *Bas-relief d'une Nayade vue par le dos.*

Dos de femme charmant ; caractère fluide et coulant ; dessin pur, simple et facile.

BRIDAN.

223. *Saint Barthelemi sur-le-point d'être écorché.*

Il a un genou en terre ; ses bras sont levés vers le ciel. Il prie sans frayeur, sans émotion. Il offre ses souffrances et sa vie sans regret. Le bourreau a le dos tourné ; il a saisi le bras gauche du saint ; il l'a serré d'une corde ; et il attache cette corde au haut d'un chevalet. Il a bien l'air de son état. Ce couteau qu'il tient dans sa bouche fait frémir. C'est une idée belle comme du *Carrache*. A cela près, le grouppe est très-beau ; les formes sont grandes, le dessin correct, les muscles prononcés justes, et tous les détails bien étudiés.

Je vous ai dit que ce couteau que le bourreau tient dans sa bouche fait frémir ; et cela est vrai. Je connois pourtant une idée de peintre plus forte et plus atroce ; c'est un vieux prêtre qui aiguise son couteau contre la pierre de l'autel, en attendant que sa victime lui soit livrée. Je ne sais si elle n'est pas de *Deshays*.

BERRUER.

224. *Cléobis et Biton*. Bas-relief.

Voici un beau, un très-beau morceau ! D'abord, rien de plus touchant que l'action de deux enfans qui, au défaut de bœufs, s'attèlent au charriot de leur mère, et la traînent eux-mêmes au temple. Les anciens récompensoient, éternisoient ces actions. Ah ! si j'avois cette voix qui se fait entendre des temps présent et à venir, comme je célébrerois celle qui vient de se passer sous mes yeux ! Je vais vous dire cela. Vous n'en serez pas moins touché du bas-relief. Mes libraires récompensent le domestique du chevalier de Jaucourt d'une somme assez honnête. Ce domestique, de lui-même, à l'insu de son maître, pense que le mien n'a rien eu ; qu'il a plus fatigué que lui : et il vient lui offrir la moitié de sa récompense. Je n'y entends rien ; ou cette justice est au-dessus de la piété filiale. Quoiqu'il en soit, la mère est assise sur le char ; elle a sur un de ses genoux un vase de sacrifice ; ses deux mains sont posées sur le haut du vase. Son caractère est simple, l'attitude vraie, et la draperie bien entendue. Cela a une odeur d'antiquité qui plaît. Le char est solide et de belle forme. Les deux enfans sont nus, dans le goût sacré du bas-relief, et tirant bien. Mais il faut tout dire ; la mère paroît un peu jeune pour d'aussi grands enfans. Celui des enfans qui est sur le plan de devant a la jambe gauche pleine de vérités de nature ; mais l'autre est cassée au-dessous du genou. La tête de l'autre enfant est mal dessinée. Prenez-le par le nez ; mettez-le de face ; et vous verrez que son oreille, faisant autant de chemin que son nez, se trouvera derrière sa tête. Et puis ils ont tous deux la physionomie de nos anges. Du-reste, ce jeune homme sait amollir et vivifier le marbre. C'est son morceau de réception. Qu'il soit reçu bien vîte. M. Flipot, ouvrez les deux battans.

225. *Un vase de marbre, orné d'un bas-relief d'enfans qui jouent avec un cep de vigne.*

Petit chef-d'œuvre. Enfans grouppés à ravir, bien larges, jouant bien ; un marbre bien mou, bien pétri ; le bas-relief bien entendu ; et le vase d'une forme ! Ce cerceau de marbre blanc qui porte la sculpture est du meilleur effet.

226. *Projet d'un Tombeau.*

Un tombeau, qui a le caractère lugubre, c'est celui-ci. Figures bien pathétiques, l'une triste et muette, l'autre agissante et parlante. La première est la Pureté, qui pare une urne cinéraire d'une guirlande. L'autre est l'Amitié, qui s'abandonne à sa douleur. Belle draperie, bien poétique ; beaux caractères de têtes ; belle pensée.

Il y a du même artiste d'autres *projets de Tombeau*; mais ils ne sont pas aussi heureux.

Vous voilà tiré des sculpteurs, et moi aussi. Vous voyez, mon ami, que cent morceaux de sculpture s'expédient à moins de frais, que cinq ou six tableaux. Ce sont les ouvrages de sculpture qui transmettent à la postérité les progrès des beaux-arts chez une nation. Le temps anéantit tous les tableaux ; la terre conserve les débris du marbre et du bronze. Que nous reste-t-il d'Apelle ? Rien. Mais, puisque son pinceau égaloit les sublimes ciseaux de son temps, *l'Hercule Farnèse*, *l'Apollon du Belvédère*, *la Vénus de Médicis*, *le Gladiateur*, *le Faune*, *le Laocoon*, *l'Athlète expirant*, témoignent aujourd'hui de son talent.

Nous avons perdu cette année un habile statuaire ; c'est *René-Michel Slotz*. Il naquit à Paris, en 1705. Il gagne le prix de l'académie à vingt-un ans. Il part pour Rome ; il s'y instruit ; il s'y distingue. Je n'ai vu de lui que son *Buste d'Iphigénie* et son *Mausolée de Languet*, curé de Saint-Sulpice, le plus grand charlatan de son état et de son siècle. La tête en est de toute beauté ; et le marbre demande sublimement à Dieu pardon de toutes les friponneries de l'homme. Je ne connois point de scélérat à qui il ne pût inspirer quelque confiance en la miséricorde infinie. Cependant l'Iphigénie l'emporte encore sur ce morceau. Tout y est, et la noblesse de caractère, et le choix des formes, et leur pureté, et la netteté du travail, et l'excellence du goût. Cela est à compter parmi les précieux ouvrages de l'art. Slotz revint à Paris en 1747. Le petit *Coypel*, dont le *Tournéhem* étoit embéguiné, le reçut froidement; et l'artiste resta sans travail. Bonne leçon pour les souverains! S'ils mettent à la tête des arts une espèce, c'est du dégoût qu'ils assurent aux hommes rares, et de la protection aux espèces. Le ciseau tombe des mains de Slotz; et le voilà livré à la décoration théâtrale, aux catafalques, aux feux d'artifice, et à toutes les puérilités des *menus*. Mais quel est sur l'homme l'effet de son talent ravalé? Le chagrin, la mélancolie, la bile épanchée dans le sang, et la mort, comme il arriva à Slotz en 1764. Son sort rappelle celui du *Puget*. On vante de Slotz *Le Tombeau du Marquis Caponi*, à Florence; une *Tête de Calchas*, et les *Bas-reliefs du portail de Saint-Sulpice*. Il avoit su se garantir de l'exactitude froide et de la simplicité affectée, les deux défauts où l'on tombe par une imitation servile de l'antique. Il étoit entraîné à la manière souple et gracieuse, jusqu'à sacrifier quelquefois la correction du dessin. Il savoit travailler le marbre; et on lui accorde peu d'égaux dans l'art de bien draper. Du-reste, homme de bien, avec le sceau de l'habile homme, sans jalousie.

En écrivant ce court éloge de Slotz, je me suis

rappelé un fait, qu'il faut que je consigne dans vos fastes. C'étoit autrefois l'usage, de présenter au monarque les morceaux de sculpture des jeunes élèves qui concouroient pour le prix, la pension et l'école de Rome. Un élève de Bouchardon osa lutter contre son maître, et faire la statue équestre de Louis XV. Ce morceau fut porté à Versailles avec les autres. Le monarque, frappé de la beauté de celui-ci, s'adressant à ses courtisans, leur dit : *Il me semble que j'ai bonne grace à cheval.* Il n'en fallut pas davantage pour perdre le jeune homme. On le força de briser lui-même son ouvrage ; et l'usage d'exposer aux yeux du souverain les morceaux des élèves fut aboli. Sur quoi, mon ami, réfléchissez à votre aise, tandis que je vais vous préparer l'article des graveurs.

FIN DE LA SCULPTURE.

LES GRAVEURS.

Si vous pensez, mon ami, que, parmi cette multitude innombrable d'hommes qui tracent des caractères alphabétiques sur le papier, il n'y en a pas un qui n'ait sa manière d'écrire, assez différente d'une autre, pour qu'un expert qui sait son métier n'en puisse attester par serment et former la sentence du juge; vous ne serez pas surpris qu'il n'y ait pas un graveur qui n'ait un burin et un faire qui lui soient propres; et vous ne le serez pas davantage que Mariette reconnoisse tous ces burins et faires particuliers, lorsque vous saurez que Le Blanc, Le Bel, ou tel autre joaillier du quai des Orfèvres, a si bien dans sa tête toutes les pierres de quelque importance qu'il a vues dans le commerce, qu'on chercheroit vainement à les déguiser à son œil expérimenté, en les faisant repasser sur la meule du lapidaire.

Il y auroit un moyen de se connoître assez promptement en gravure; ce seroit de se composer un porte-feuille d'estampes choisies pour cette étude. Et ne croyez pas qu'il en fallût beaucoup: le seul *Portrait du maréchal d'Harcourt*, qu'on appelle le *Cadet à la perle*, vous apprendroit comment on traite la plume, la chair, les cheveux, le buffle, la soie, la broderie, le linge, le drap, le métal et le bois. Ce morceau est de Masson; et il est d'un burin hardi. Ajoutez-y *les Pélerins d'Emmaüs*, qu'on appelle la *Nappe*; ramassez quelques morceaux d'Edelinck, de Wischer, de Gérard Audran; n'omettez pas sur-tout *la Vérité portée par le Temps*, de ce dernier. Ayez pour les petits sujets quelques estampes de Calot et de Label; ce dernier est riche et chaud: et puis exercez vos yeux. En attendant que votre porte-feuille soit fermé, je vais vous ébaucher les premiers linéamens de l'art.

Il est bien singulier et bien fâcheux, que les Grecs, qui avoient la gravure en pierre fine, n'ayent pas songé à la gravure en cuivre. Ils avoient des cachets qu'ils imprimoient sur la cire; et il ne leur vint point en pensée d'étendre cette invention. Songez qu'elle nous auroit conservé les chefs-d'œuvres en peinture des grands maîtres de l'antiquité. Deux découvertes qui se touchent dans l'esprit humain sont quelquefois séparées par des siècles.

On grave sur les métaux, sur le bois, sur la pierre, sur quelques substances animales, sur le verre, en creux et en relief.

Sculpter, c'est dessiner avec l'ébauchoir et le ciseau; graver, c'est dessiner, soit avec le burin, soit avec le touret; ciseler, c'est dessiner avec le mattoir et les ciselets. Le dessin est la base d'un grand nombre d'arts ; et il est assez commun de dessiner facilement avec quelques-uns de ces instrumens, et de s'en acquitter médiocrement avec le crayon. Toutes ces manières de dessiner font le sculpteur, le modeleur, le graveur en taille-douce, le graveur en bois, le graveur en pierres fines, le graveur en médailles, en cachets, et le ciseleur. Il ne s'agit ici que du graveur en taille-douce, du traducteur du peintre.

Le graveur en taille-douce est proprement un prosateur qui se propose de rendre un poëte d'une langue dans une autre. La couleur disparoît. La vérité, le dessin, la composition, les caractères, l'expression restent.

Les tableaux sont tous destinés à périr. Le froid, le chaud, l'air et les vers en ont déjà beaucoup détruit. C'est à la gravure, à sauver ce qui peut en être conservé. Les peintres, s'ils étoient un peu jaloux de leur gloire, ne devroient donc pas perdre de vue le graveur.

Raphaël corrigeoit lui-même le trait de Marc-Antoine.

Un excellent auteur, qui tombe entre les mains d'un mauvais traducteur, Homère entre les mains d'un Bitaubé, est perdu. Un auteur médiocre, qui a le bonheur de rencontrer un bon traducteur, Lucain un Marmontel, a tout à gagner. Il en est de même du peintre et du graveur, sur-tout si le premier n'a point de couleur. La gravure tue le peintre qui n'est que coloriste. La traduction tue l'auteur qui n'a que du style.

En qualité de traducteur d'un peintre, le graveur doit montrer le talent et le style de son original. On ne grave point *Raphaël* comme *le Guerchin*, *le Guerchin* comme *le Dominicain*, *le Dominicain* comme *Rubens*, ni *Rubens* comme *le Michel-Ange*. Lorsque le graveur a été un homme intelligent, au premier aspect de l'estampe, la manière du peintre est sentie.

Entre les peintres, l'un demande un burin franc, une touche hardie, un ensemble chaud et libre. Un autre veut être plus fini, plus moelleux, plus suave, plus fondu de contours, demande une touche plus indécise; et ne croyez pas que ces différences soient incompatibles avec la bonne gravure. L'esquisse même a sa manière, qui n'est pas celle de l'ébauche.

Si quelques principes réfléchis n'éclairent pas le graveur, s'il ne sait pas analyser ce qu'il copie, il n'aura jamais qu'une routine qu'il mettra à tout; et pour une estampe passable, où sa routine s'accordera avec la manière du peintre, il en fera mille mauvaises.

Lorsque vous jetterez les yeux sur une gravure, et que vous y verrez les mêmes objets traités diversement, vous n'attribuerez donc pas cette variété à un goût arbitraire, bizarre et fantasque. C'est la suite du genre de peinture; c'est la convenance du sujet. C'est qu'un même genre de peinture, un même sujet ont offert des oppositions, des tons de couleurs, des effets de lumière, qui ont entraîné des travaux opposés.

Ne pensez pas qu'un graveur rende tout également bien. *Baléchou*, qui sait conserver aux eaux la transparence des eaux de Vernet, fait des montagnes de velours.

N'estimez ni un travail propre, égal et servilement conduit, ni un travail libertin et déréglé. Il n'y a là que de la patience; ici, que de la paresse ou même de l'insuffisance.

Il y a des artistes qui affectent une gravure losange; d'autres une gravure quarrée. Dans la gravure losange, les tailles dominantes, qui établissent les formes, les ombres, ou les demi-teintes, se croisent obliquement. Dans la gravure quarrée, elles se coupent à angles droits. Si l'on place les unes sur les autres des tailles trop losanges, ces figures trop alongées en un sens, trop étroites dans l'autre, produiront une infinité de petits blancs qui s'enfileront de suite, et qui interrompront, sur-tout dans les masses d'ombre, la tranquillité et le sourd qu'elles demandent.

Les uns gravent serré; d'autres gravent lâche. La gravure serrée peint mieux, donne de la douceur. La gravure lâche alourdit, ôte la souplesse, et fatigue l'œil. Ce sont deux étoffes, l'une tramée gros, et l'autre tramée fin. La dernière est la précieuse.

C'est par les entre-tailles qu'on caractérise les métaux, les eaux, la soie, les surfaces polies et luisantes. Il y a des tailles en points. Il y a des points semés dans les tailles. Les points empâtent les chairs. Il y a des points ronds et des points couchés, qu'on entre-mêle selon les effets à produire.

Si l'on forme avec une pointe aiguë des traits ou des hachures, sans recourir ni à l'eau-forte, ni au burin; cela s'appelle graver à la pointe sèche. La pointe sèche ouvre le cuivre, sans en rien détacher. On l'employe dans le fini, aux objets les plus tendres, les plus légers, aux ciels, aux lointains; et son travail contrastant avec celui de l'eau-forte et du burin, est toujours heureux et piquant.

Si, dans la gravure à l'eau-forte, cette esclave capricieuse du graveur a tracé une taille peu profonde, et qui ait encore le défaut d'être plus large que profonde, attendez-vous à voir cet endroit gris relativement au travail du burin. L'eau-forte fait la joie ou le désespoir de l'artiste, dont elle alonge ou abrège l'ouvrage tandis qu'il dort. Si elle a trop mordu, et que la taille soit aussi profonde que large; la taille, prenant autant de noir dans son milieu que sur ses bords, le pauvre imprimeur en taille-douce aura beau fatiguer son bras et user la peau de sa main à frotter sa planche ; le ton sera aigre, noir, dur, sur-tout dans les demi-teintes.

S'il arrive aux tailles de prendre trop de largeur, les espaces blancs resserrés se confondront. Tout le travail du burin n'empêchera ni l'âcreté ni les crevasses. Que l'artiste tienne ses lumières larges ; il sera toujours maître de les restreindre.

Si vous attachez vos yeux sur une gravure faite d'intelligence, vous y discernerez la taille de l'ébauche dominante sur les travaux du fini.

Ce sont les secondes et troisièmes tailles qui donnent à la peau sa mollesse. Voyez les points se serrer vers les ombres. Voyez-les s'écarter vers la lumière. Regardez chaque point comme un rayon de lumière éteint. Les points ne se sement pas indistinctement ; ils correspondent toujours à l'intervalle vide et blanc de deux points collatéraux.

Laissez-moi dire, mon ami. C'est à l'aide de ces petits détails techniques, que vous saurez pourquoi telle estampe vous plaît, telle autre vous déplaît, et pourquoi votre œil se récrée ici et s'afflige là.

Porter les touches à leur dernier dégré de vigueur, est le dernier soin de l'artiste. Un principe commun au dessin, à la peinture et à la gravure, c'est que les plus grands bruns ne peuvent être amenés que par gradation.

L'eau-forte est heureuse, lorsqu'elle laisse peu

d'ouvrage au burin, sur-tout dans les petits sujets. Le burin grave et sérieux ne badine pas comme la pointe. Qu'il ne se mêle que de l'accord général.

Je dirois au graveur : Que les formes soient bien rendues par vos tailles ; que celles-ci dégradent donc scrupuleusement selon les plans des objets ; que celles qui précèdent commandent toujours celles qui suivent ; que les endroits de demi-teinte auprès des lumières soient moins chargés de tailles que les reflets et les ombres ; que les premières, secondes et troisièmes fassent avancer ou fuir de plus en plus ; que chaque chose ait son travail propre ; que la figure, le paysage, l'eau, les draperies, les métaux en soient caractérisés. Produisez le plus d'effet avec le moins de copeaux.

Un mot encore, mon ami, de la gravure noire et de la gravure au crayon ; et je vous laisse.

La gravure noire consiste à couvrir toute une surface de petits points noirs qu'on adoucit, affoiblit, amattit, efface. De-là les ombres, les reflets, les teintes, les demi-teintes, le jour et la nuit. Dans la taille-douce, tout est éclairé, le travail introduit l'ombre et la nuit. Dans la gravure noire, la nuit est profonde. Le travail fait poindre le jour dans cette nuit.

La gravure au crayon est l'art d'imiter les dessins au crayon. Belle invention, qui a sur tous les genres de gravure l'avantage de fournir des exemples à copier aux élèves. Celui qui dessine d'après la taille-douce, se fait une manière dure, sèche et arrangée.

Le procédé de la gravure au crayon diffère peu de celui de la manière noire. Ce sont des points variés, sans ordre, qu'on laisse séparés, ou qu'on unit en les écrasant ; travail qui imite la neige, et donne à l'estampe l'air d'un papier, sur les petites éminences duquel le crayon a déposé ses molécules. C'est un nommé *François* qui l'a inventée; celui qui l'a perfectionnée s'appelle *Marteau*.

La gravure conserve et multiplie les tableaux ; la gravure au crayon multiplie et transmet les dessins.

Je ne dirai de la gravure en médaille qu'une chose ; c'est que la gloire des souverains est intéressée à l'encourager. Les beaux médaillons, les belles monnoies seront un lustre de plus à leurs règnes. Plus ils auront exécuté de grandes choses, plus ils ont droit de penser que les hommes à venir seront curieux de voir les images de ceux dont l'histoire leur transmettra les hauts faits.

Passons maintenant aux morceaux de gravure qu'on a exposés au Salon cette année.

COCHIN.

Il y a de Cochin un frontispice pour l'Encyclopédie.

228. *Dessin destiné à servir de frontispice au livre de l'*Encyclopédie.

C'est un morceau très-ingénieusement composé. On voit en-haut la Vérité, entre la Raison et l'Imagination; la Raison qui cherche à lui arracher son voile, l'Imagination qui se prépare à l'embellir. Au-dessous de ce grouppe, une foule de philosophes spéculatifs; plus bas, la troupe des artistes. Les philosophes ont les yeux attachés sur la Vérité; la métaphysique orgueilleuse cherche moins à la voir qu'à la deviner. La Théologie lui tourne le dos, et attend sa lumière d'en-haut. Il y a certainement dans cette composition une grande variété de caractères et d'expressions. Mais les plans n'avancent, ne reculent pas assez. Le plus élevé devroit se perdre dans l'enfoncement; le suivant venir un peu sur le devant; le troisième y être tout-à-fait. Si la gravure réussit à corriger ce défaut, le morceau sera parfait.

DU MÊME.

229. *Plusieurs morceaux allégoriques, relatifs à des événemens passés sous les règnes de nos rois.*

L'esprit, la raison, le pittoresque, tout y est; et les têtes, et les expressions, et l'ensemble des figures, et la composition. Cet artiste, homme de plaisir, grand dessinateur, autrefois graveur du premier ordre, n'auroit fait que ces dessins, qu'ils suffiroient pour lui assurer une réputation solide.

230. LE BAS.

C'est lui qui a porté le coup mortel à la bonne gravure parmi nous, par une manière qui lui est propre, dont l'effet est séduisant, et que tous les jeunes élèves se sont efforcés d'imiter inutilement. Il a publié :

130. *Quatre Estampes de la troisième suite des ports de France de Vernet, gravés en société avec M. Cochin.*

C'est Cochin qui a fait les figures ; et c'est ce qu'il y a de bien. Ces associés n'ont pas pleuré bien amèrement la mort de *Baléchou*.

WILLE.

Il est le seul, qui sache allier la fermeté avec le moelleux du burin. Il n'y a non plus que lui, qui sache rendre les petites têtes.

232. *Musiciens ambulans.*

Bien, très-bien.

ROETTIERS.

332. *Médailles et Jetons,*

Qu'on ne sauroit regarder, quand on a vu un grand bronze, ou une pierre gravée antique.

FLIPART.

Rien qui vaille. Ah! Baléchou, *ubi, ubi es!*

MOETTE.

On ne sauroit plus mauvais. *Son donneur de Sérénade* et sa *Paresseuse*, d'après Greuze, presque supportables. Quant au *monument de Rheims*, conduit et corrigé par Cochin, très-complètement raté. La figure du monarque, roide et marchant sur les talons, défauts du bronze ; trous et noirs dans les lumières ; et les devans et les fuyans, et l'architecture du fond attachés au piédestal.

BEAUVARLET.

Deux petits Enfans qui tiennent les pattes d'un chien sur une guitare.

Gravure large et facile. Pour l'*Offrande à Vénus*, d'après Vien, rien de la finesse de dessin du tableau. *La Conversation espagnole* et *la Lecture*, de Vanloo, dessinés pour être mis sur cuivre, mous de touche, et les caractères de tête honnêtement ratés. L'artiste pouvoit se dispenser d'avertir qu'ils n'étoient pas originaux.

L'EMPEREUR, MELINI, ALLIAMET,
de communi martyrum.

Rien à leur dire, pas même qu'ils tâchent d'être meilleurs. Ils en sont là ; il faut qu'ils y restent.

DUVIVIER.

Beaucoup de *Médailles* ; prenez l'*Inauguration de la statue de Louis XV à Paris* ; *l'Ambassadeur Turc présentant ses lettres de créance* ; *le buste de la princesse Trubetskoï, avec le revers* ; *son Tombeau environné de cyprès* ; et envoyez le reste à la mitraille.

STRANGE.

Il a gravé *la Justice* et *la Mansuétude*, d'après Raphaël. Pourquoi lui reprocherois-je d'avoir altéré le dessin de Raphaël ? De plus habiles que lui en ont bien fait autant.

COZZETTE.

Tapisserie.

Deux morceaux en tapisserie ; *le portrait de*

O *

Paris de Montmartel, d'après le pastel de La Tour; c'est à s'y tromper. C'est le tableau. Un médaillon de la *Peinture*, d'après Vanloo. Ma foi, si quelqu'un discerne à quatre pas le tableau du morceau de tapisserie, je les lui donne tous deux. Les Chinois ont substitué aux laines teintes dont l'air, ce terrible débouilli, ne tarde pas à manger les couleurs, les plumes des oiseaux qui sont plus éclatantes, plus durables, et qui fournissent à toutes les nuances.

Et *laus deo, pax vivis, requies defunctis.*

Après avoir décrit et jugé quatre à cinq cents tableaux, finissons par produire nos titres; nous devons cette satisfaction aux artistes que nous avons maltraités; nous la devons aux personnes à qui ces feuilles sont destinées. C'est peut-être un moyen d'adoucir la critique sévère que nous avons faite de plusieurs productions, que d'exposer franchement les motifs de confiance qu'on peut avoir dans nos jugemens. Pour cet effet, nous oserons donner un petit Traité de peinture, et parler à notre manière, et selon la mesure de nos connoissances, du dessin, de la couleur, du clair-obscur, de l'expression et de la composition.

FIN DES GRAVEURS.

ESSAI
SUR
LA PEINTURE.

AVERTISSEMENT DE L'ÉDITEUR.

CET Essai, où Diderot, entraîné, pressé, pour ainsi dire, par cette foule d'idées qui s'accumuloient tumultueusement dans sa tête, après une longue et forte méditation, ne suit d'autre ordre que celui même dans lequel ses pensées se sont offertes à son esprit ; cet Essai, où l'on remarque, comme dans tous les pas de l'auteur, un génie original qui, dédaignant les sentiers battus où il n'y a guère que des préjugés, des erreurs ou des vérités communes à recueillir, s'ouvre par-tout de nouvelles routes, est d'autant plus digne de l'attention des lecteurs, que Diderot y discute, éclaircit, résout avec autant d'élégance que de précision, plusieurs questions très-compliquées, très-difficiles ; et que ses résultats ont encore cette indépendance et cette généralité qui, en philosophie rationnelle, comme dans les sciences exactes, sont un des caractères des grandes conceptions et des vérités fécondes.

Il est évident qu'une bonne théorie de tous les beaux-arts, ou de tous les genres d'imitation, une fois trouvée, le *Traité du Beau* serait bien avancé. Mais ce qui n'est pas moins certain, c'est que ces deux sujets, sur lesquels la plûpart des littérateurs n'ont dit que des choses vagues, et qui ne portent aucune lumière dans l'esprit, ne peuvent être approfondis que par un philosophe, qui réunisse à des connoissances très-diverses, et à une sagacité peu commune, un goût pur et sévère, un sentiment exquis du beau, et une étude réfléchie des grands modèles comparés entre eux. Diderot qui, depuis plusieurs années, avoit tourné toutes ses observations, toutes ses pensées vers cette matière abstraite, me paroît l'avoir considérée sous son vrai point de vue et dans tous ses rapports. Le problême, tel qu'il l'avoit conçu et qu'il se l'étoit proposé, étoit embarrassé de plusieurs inconnus qu'il falloit dégager, pour arriver à une solution directe et générale: c'est ce qui a produit, outre ses différens Salons (*), dont, à l'exception de quelques mots, de quelques lignes de mauvais goût qu'on feroit disparoître d'un trait de plume, la lecture est si agréable, cet excellent Traité de peinture, qu'on peut regarder comme un chef-d'œuvre en ce genre, et ce qu'on a écrit de plus ingénieux, de plus exact et de plus profond sur la partie purement spéculative de ce bel art. Je ne sais si ces littérateurs, qui n'ont pas honte d'inscrire aujourd'hui leurs noms sur la liste des détracteurs de la philosophie, et de ces hommes si justement célèbres, qui font seuls toute la gloire de ce siècle ; je ne sais, dis-je, si ces modernes Zoïles, ces dignes successeurs des Fréron, des Palissot, des Clé-

―――――――――

(*) Le premier est de l'année 1759.

ment, qui, tous les jours, dans leurs leçons ou dans un journal à-peu-près aussi utile, déchirent (*) avec une fureur plus ridicule que dangereuse, les ouvrages de Diderot, et insultent sans pudeur à sa mémoire, sont assez instruits pour entendre cet Essai, et pour en sentir tout le prix ; mais je suis bien sûr qu'il n'en est pas un seul parmi eux qui soit capable d'en écrire une page.

(*) Voyez dans le journal de *la Clef du Cabinet des Souverains* plusieurs articles de Fontanes ; et le *Mémorial* de frère La Harpe.

ESSAI
SUR
LA PEINTURE.

CHAPITRE PREMIER.

Mes pensées bizarres sur le dessin.

La nature ne fait rien d'incorrect. Toute forme, belle ou laide, a sa cause; et, de tous les êtres qui existent, il n'y en a pas un qui ne soit comme il doit être.

Voyez cette femme qui a perdu les yeux dans sa jeunesse. L'accroissement successif de l'orbe n'a plus distendu ses paupières; elles sont rentrées dans la cavité, que l'absence de l'organe a creusée; elles se sont rapetissées. Celles d'en-haut ont entraîné les sourcils; celles d'en-bas ont fait remonter légèrement les joues; la lèvre supérieure s'est ressentie de ce mouvement, et s'est relevée; l'altération a affecté toutes les parties du visage, selon qu'elles étoient plus éloignées ou plus voisines du lieu principal de l'accident. Mais croyez-vous que la difformité se soit renfermée dans l'ovale ? croyez-vous que le cou en ait été tout-à-fait garanti ? et les épaules et la gorge ? Oui, bien pour vos yeux et les miens. Mais appelez la nature ; présentez-lui ce cou, ces épaules, cette gorge ; et la nature dira : Cela, c'est le cou, ce sont les épaules, c'est la gorge d'une femme qui a perdu les yeux dans sa jeunesse.

Tournez vos regards sur cet homme, dont le dos et la poitrine ont pris une forme convexe. Tandis que les cartilages antérieurs du cou s'alongeoient, les vertèbres postérieurs s'en affaissoient ; la tête s'est renversée, les mains se sont redressées à l'articulation du poignet, les coudes se sont portés en arrière ; tous les membres ont cherché le centre de gravité commun, qui convenoit le mieux à ce système hétéroclite ; le visage en a pris un air de contrainte et de peine. Couvrez cette figure ; n'en montrez que les pieds à la nature ; et la nature dira, sans hésiter : Ces pieds sont ceux d'un bossu.

Si les causes et les effets nous étoient évidens, nous n'aurions rien de mieux à faire que de représenter les êtres tels qu'ils sont. Plus l'imitation seroit parfaite et analogue aux causes, plus nous en serions satisfaits.

Malgré l'ignorance des effets et des causes, et les règles de convention qui en ont été les suites, j'ai peine à douter qu'un artiste, qui oseroit négliger ces règles, pour s'assujetir à une imitation rigoureuse de la nature, ne fût souvent justifié de ses pieds trop gros, de ses jambes courtes, de ses genoux gonflés, de ses têtes lourdes et pesantes, par ce tact fin que nous tenons de l'observation continue des phénomènes, et qui nous feroit sentir une liaison secrète, un enchaînement nécessaire entre ces difformités.

Un nez tors, en nature, n'offense point, parce que tout tient ; on est conduit à cette difformité par de petites altérations adjacentes qui l'amènent et la sauvent. Tordez le nez à l'Antinoüs, en laissant le reste tel qu'il est ; ce nez sera mal. Pourquoi ? c'est que l'Antinoüs n'aura pas le nez tors, mais cassé.

Nous disons d'un homme qui passe dans la rue, qu'il est mal fait. Oui, selon nos pauvres règles ; mais selon la nature, c'est autre chose. Nous disons d'une statue, qu'elle est dans les proportions les plus belles. Oui, d'après nos pauvres règles ; mais selon la nature ?

Qu'il me soit permis de transporter le voile de mon bossu sur la Vénus de Médicis, et de ne laisser appercevoir que l'extrémité de son pied. Si, sur l'extrémité de ce pied, la nature, évoquée de rechef, se chargeoit d'achever la figure, vous seriez peut-être surpris de ne voir naître sous ses crayons que quelque monstre hideux et contrefait.

Mais si une chose me surprenoit, moi, c'est qu'il en arrivât autrement.

Une figure humaine est un système trop composé, pour que les suites d'une inconséquence insensible dans son principe, n'eussent pas jeté la production de l'art la plus parfaite à mille lieues de l'œuvre de la nature.

Si j'étois initié dans les mystères de l'art, je saurois peut-être jusqu'où l'artiste doit s'assujétir aux proportions reçues ; et je vous le dirois. Mais ce que je sais, c'est qu'elles ne tiennent point contre le despotisme de la nature ; et que l'âge et la condition en entraînent le sacrifice en cent manières diverses. Je n'ai jamais entendu accuser une figure d'être mal dessinée, lorsqu'elle montroit bien, dans son organisation extérieure, l'âge et l'habitude ou la facilité de remplir ses fonctions journalières. Ce sont ces fonctions qui déterminent et la grandeur entière de la figure et la vraie proportion de chaque membre, et leur ensemble : c'est de là que je vois sortir, et l'enfant, et l'homme adulte, et le vieillard, et l'homme sauvage, et l'homme policé, et le magistrat, et le militaire, et le porte-faix. S'il y avoit une figure difficile à trouver, ce seroit celle d'un homme de vingt-cinq ans, qui seroit né subitement du limon de la terre, et qui n'auroit encore rien fait ; mais cet homme est une chimère.

L'enfance est presque une caricature ; j'en dis

autant de la vieillesse. L'enfant est une masse informe et fluide, qui cherche à se développer; le vieillard, une autre masse informe et sèche, qui rentre en elle-même, et tend à se réduire à rien. Ce n'est que dans l'intervalle de ces deux âges, depuis le commencement de la parfaite adolescence jusqu'au sortir de la virilité, que l'artiste s'assujettit à la pureté, à la précision rigoureuse du trait, et que le *poco piú* ou *poco meno*, le trait en dedans ou en dehors fait défaut ou beauté.

Vous me direz : Quels que soient l'âge et les fonctions, en altérant les formes, elles n'anéantissent pas les organes. D'accord.... Il faut donc les connoître.... j'en conviens. Voilà le motif qu'on a d'étudier l'écorché.

L'étude de l'écorché a sans-doute ses avantages; mais n'est-il pas à craindre que cet écorché ne reste perpétuellement dans l'imagination; que l'artiste n'en devienne entêté de la vanité de se montrer savant; que son œil corrompu ne puisse plus s'arrêter à la superficie; qu'en dépit de la peau et des graisses, il n'entrevoye toujours le muscle, son origine, son attache et son insertion; qu'il ne prononce tout trop fortement; qu'il ne soit dur et sec; et que je ne retrouve ce maudit écorché, même dans ses figures de femmes ? Puisque je n'ai que l'extérieur à montrer, j'aimerois bien autant qu'on m'accoutumât à le bien voir, et qu'on me dispensât d'une connoissance perfide, qu'il faut que j'oublie.

On n'étudie l'écorché, dit-on, que pour apprendre à regarder la nature ; mais il est d'expérience qu'après cette étude, on a beaucoup de peine à ne pas la voir autrement qu'elle est.

Personne que vous, mon ami, ne lira ces papiers ; ainsi je puis écrire tout ce qu'il me plaît. Et ces sept ans passés à l'académie à dessiner d'après le modèle, les croyez-vous bien employés ; et voulez-vous savoir ce que j'en pense ? C'est que c'est là, et pendant ces sept pénibles et cruelles années, qu'on prend la *manière* dans le dessin. Toutes ces positions académiques, contraintes, apprêtées, arrangées ; toutes ces actions froidement imitées par un pauvre diable, et toujours par le même pauvre diable, gagé pour venir trois fois la semaine se déshabiller et se faire mannequiner par un professeur, qu'ont-elles de commun avec les positions et les actions de la nature ? Qu'ont de commun l'homme qui tire de l'eau dans le puits de votre cour, et celui qui, n'ayant pas le même fardeau à tirer, simule gauchement cette action, avec ses deux bras en haut, sur l'estrade de l'école ? Qu'a de commun celui qui fait semblant de se mourir là, avec celui qui expire dans son lit, ou qu'on assomme dans la rue ? Qu'a de commun ce luteur d'école avec celui de mon carrefour ? Cet homme qui implore, qui prie, qui dort, qui réfléchit, qui s'évanouit à discrétion, qu'a-t-il de commun avec le paysan étendu de fatigue sur la terre, avec le philosophe qui médite au coin de son feu, avec l'homme étouffé qui s'évanouit dans la foule ? Rien, mon ami, rien.

J'aimerois autant qu'au sortir de-là, pour compléter l'absurdité, on envoyât les élèves apprendre la grace chez Marcel ou Dupré, ou tel autre maître à danser qu'on voudra. Cependant, la vérité de nature s'oublie ; l'imagination se remplit d'actions, de positions et de figures fausses, apprêtées, ridicules et froides. Elles y sont emmagasinées ; elles n'en sortiront plus que pour s'attacher sur la toile. Toutes les fois que l'artiste prendra ses crayons ou son pinceau, ces maussades fantômes se réveilleront ; se présenteront à lui ; il ne pourra s'en distraire ; et ce sera un prodige s'il réussit à les exorciser. J'ai connu un jeune homme plein de goût, qui, avant de jeter le moindre trait sur sa toile, se mettoit à genoux, et disoit : Mon Dieu, délivrez-moi du modèle. S'il est si rare aujourd'hui de voir un tableau composé d'un certain nombre de figures, sans y retrouver, par-ci, par-là, quelques-unes de ces figures, positions, actions, attitudes académiques, qui déplaisent à la mort à un homme de goût, et qui ne peuvent en imposer qu'à ceux à qui la vérité est étrangère, accusez-en l'éternelle étude du modèle de l'école.

Ce n'est pas dans l'école qu'on apprend la conspiration générale des mouvemens ; conspiration qui se sent, qui se voit, qui s'étend et serpente de la tête aux pieds. Qu'une femme laisse tomber sa tête en devant, tous ses membres obéissent à ce poids ; qu'elle la relève et la tienne droite, même obéissance du reste de la machine.

Oui, vraiment, c'est un art, et un grand art que de poser le modèle ; il faut voir comme M. le professeur en est fier. Et ne craignez pas qu'il s'avise de dire au pauvre diable gagé : Mon ami, pose-toi toi-même ; fais ce que tu voudras. Il aime bien mieux lui donner quelqu'attitude singulière, que de lui en laisser prendre une simple et naturelle : cependant il faut en passer par là.

Cent fois j'ai été tenté de dire aux jeunes élèves que je trouvois sur le chemin du Louvre, avec leur porte-feuille sous le bras : Mes amis, combien y a-t-il que vous déssinez là ? Deux ans. Eh bien ! c'est plus qu'il ne faut. Laissez-moi cette boutique de *manière*. Allez-vous-en aux Chartreux ; et vous y verrez la véritable attitude de la Piété et de la Componction. C'est aujourd'hui veille de grande fête : allez à la paroisse ; rodez autour des confessionnaux ; et vous y verrez la véritable attitude du recueillement et du repentir. Demain allez à la guinguette ; et vous verrez l'action vraie de l'homme en colère. Cherchez les scènes publiques ; soyez observateurs dans les rues, dans les jardins, dans les marchés, dans les maisons ; et vous y prendrez des idées justes du vrai mouvement dans les actions de la vie. Tenez, regardez vos deux camarades qui disputent ; voyez, comme c'est la dispute même qui dispose à leur insu de la position de leurs membres. Examinez-les bien ; et vous aurez pitié de la leçon de votre insipide professeur, et de l'imitation de votre insipide modèle. Que je vous plains, mes amis, s'il faut qu'un jour vous mettiez à la place de toutes les faussetés, que vous avez apprises, la simplicité et la vérité de Le Sueur ! Et il le faudra bien, si vous voulez être quelque chose.

Autre chose est une attitude, autre chose une action. Les attitudes sont toutes fausses et petites ; les actions toutes belles et vraies.

Le contraste mal-entendu est une des plus funestes causes du maniéré. Il n'y a de véritable contraste que celui qui naît du fond de l'action, ou de la diversité, soit des organes, soit de l'intérêt. Voyez Raphaël, Le Sueur ; ils placent quelquefois trois, quatre, cinq figures debout les unes à côté des autres ; et l'effet en est sublime. A la messe ou à vêpres aux Chartreux, on voit sur deux longues files parallèles, quarante à cinquante moines, mêmes stalles, même fonction, même vêtement ; et cependant pas deux de ces moines qui se ressemblent : ne cherchez pas d'autre contraste que celui qui les distingue. Voilà le vrai : tout autre est mesquin et faux.

Si ces élèves étoient un peu disposés à profiter de mes conseils, je leur dirois encore : N'y a-t-il pas assez long-temps que vous ne voyez que la partie de l'objet que vous copiez? Tâchez, mes amis, de supposer toute la figure transparente; et de placer votre œil au centre : de-là vous observerez tout le jeu extérieur de la machine; vous verrez comment certaines parties s'étendent, tandis que d'autres se raccourcissent; comment celles-là s'affaissent, tandis que celles-ci se gonflent; et, perpétuellement occupés d'un ensemble et d'un tout, vous réussirez à montrer, dans la partie de l'objet que votre dessin présente, toute la correspondance convenable avec celle qu'on ne voit pas; et, ne m'offrant qu'une face, vous forcerez toute-fois mon imagination à voir encore la face opposée; et c'est alors que je m'écrierai que vous êtes un dessinateur surprenant.

Mais ce n'est pas assez que d'avoir bien établi l'ensemble, il s'agit d'y introduire les détails, sans détruire la masse; c'est l'ouvrage de la verve, du génie, du sentiment, et du sentiment exquis.

Voici donc comment je desirerois qu'une école de dessin fût conduite. Lorsque l'élève sait dessiner facilement d'après l'estampe et la bosse, je le tiens pendant deux ans devant le modèle académique de l'homme et de la femme. Puis, je lui expose des enfans, des adultes, des hommes faits, des vieillards, des sujets de tout âge, de tout sexe, pris dans toutes les conditions de la société, toutes sortes de natures en un mot. Les sujets se présenteront en foule à la porte de mon académie, si je les paye bien ; si je suis dans un pays d'esclaves, je les y ferai venir. Dans ces différens modèles, le professeur aura soin de lui faire remarquer les accidens que les fonctions journalières, la manière de vivre, la condition et l'âge ont introduits dans les formes. Mon élève ne reverra plus le modèle académique qu'une fois tous les quinze jours ; et le professeur abandonnera au modèle le soin de se poser lui-même. Après la séance de dessin, un habile anatomiste expliquera à mon élève l'écorché, et lui fera l'application de ses leçons sur le nu animé et vivant ; et il ne dessinera d'après l'écorché, que douze fois au plus dans une année. C'en sera assez pour qu'il sente que les chairs sur les os et les chairs non appuyées, ne se dessinent pas de la même manière ; qu'ici le trait est rond, là, comme anguleux ; et que s'il néglige ces finesses, le tout aura l'air d'une vessie soufflée, ou d'une balle de coton.

Il n'y auroit point de manière, ni dans le dessin, ni dans la couleur, si l'on imitoit scrupuleusement la nature. La manière vient du maître, de l'académie, de l'école, et même de l'antique.

CHAPITRE II.

Mes petites idées sur la Couleur.

C'est le dessin qui donne la forme aux êtres; c'est la couleur qui leur donne la vie. Voilà le souffle divin qui les anime.

Il n'y a que les maîtres dans l'art qui soient bons juges du dessin; tout le monde peut juger de la couleur.

On ne manque pas d'excellens dessinateurs; il il y a peu de grands coloristes. Il en est de même en littérature : cent froids logiciens pour un grand orateur ; dix grands orateurs pour un poëte sublime. Un grand intérêt fait éclore subitement un homme éloquent; quoi qu'en dise Helvétius , on ne feroit pas dix bons vers , même sous peine de mort.

Mon ami, transportez-vous dans un atelier ; regardez travailler l'artiste. Si vous le voyez arranger bien symmétriquement ses teintes et ses demi-teintes tout autour de sa palette, ou si un quart-d'heure de travail n'a pas confondu tout cet ordre , prononcez hardîment que cet artiste est froid, et qu'il ne fera rien qui vaille. C'est le pendant d'un lourd et pesant érudit, qui a besoin d'un passage, qui monte à son échelle, prend et ouvre son auteur, vient à son bureau, copie la ligne dont il a besoin, remonte à l'échelle, et remet le livre à sa place. Ce n'est pas là l'allure du génie.

Celui qui a le sentiment vif de la couleur, a les yeux attachés sur la toile; sa bouche est entr'ouverte, il halète; sa palette est l'image du chaos. C'est dans ce chaos qu'il trempe son pinceau; et il en tire l'œuvre de la création, et les oiseaux et les nuances dont leur plumage est teint, et les fleurs et leur velouté, et les arbres et leurs différentes verdures, et l'azur du ciel et la vapeur des eaux qui les ternit, et les animaux, et les longs poils, et les taches variées de leur peau, et le feu dont leurs yeux étincèlent. Il se lève, il s'éloigne, il jette un coup d'œil sur son œuvre. Il se rassied; et vous allez voir naître la chair, le drap, le velours, le damas, le taffetas, la mousseline, la toile, le gros linge, l'étoffe grossière; vous verrez la poire jaune et mûre tomber de l'arbre, et le raisin verd attaché au cep.

Mais, pourquoi y a-t-il si peu d'artistes qui sachent rendre la chose à laquelle tout le monde s'entend? Pourquoi cette variété de coloristes, tandis que la couleur est une en nature? La disposition de l'organe y fait sans-doute. L'œil tendre et foible ne sera pas ami des couleurs vives et fortes. L'homme qui peint répugnera à introduire dans son tableau les effets qui le blessent dans la nature. Il n'aimera ni les rouges éclatans, ni les grands blancs. Semblable à la tapisserie dont il couvrira les murs de son appartement, sa toile sera coloriée d'un ton foible, doux et tendre; et communément il vous restituera par l'harmonie ce qu'il vous refusera en vigueur. Mais pourquoi le caractère, l'humeur même de l'homme n'influeroient-ils pas sur son coloris ? Si sa pensée habituelle est triste, sombre et noire; s'il fait toujours nuit dans sa tête mélancolique et dans son lugubre atelier; s'il bannit le jour de sa chambre; s'il cherche la solitude et les ténèbres, n'aurez-vous pas raison de vous attendre à une scène vigoureuse, peut-être, mais obscure, terne et sombre ? S'il est ictérique, et qu'il voye tout jaune, comment s'empêchera-t-il de jeter sur sa composition le même voile jaune que son organe vicié jette sur les objets de nature, et qui le chagrine, lorsqu'il vient à comparer l'arbre verd qu'il a dans son imagination, avec l'arbre jaune qu'il a sous ses yeux ?

Soyez sûr qu'un peintre se montre dans son ouvrage autant et plus qu'un littérateur dans le sien. Il lui arrivera une fois de sortir de son caractère, de vaincre la disposition et la pente de son organe. C'est comme l'homme taciturne et muet, qui élève une fois la voix : l'explosion faite, il retombe dans son état naturel, le silence. L'artiste triste, ou né avec un organe foible, produira une fois un tableau vigoureux de couleur;

mais il ne tardera pas à revenir à son coloris naturel.

Encore un coup, si l'organe est affecté, quelle que soit son affection, il répandra sur tous les corps, interposera entre eux et lui une vapeur qui flétrira la nature et son imitation.

L'artiste, qui prend de la couleur sur sa palette, ne sait pas toujours ce qu'elle produira sur son tableau. En effet, à quoi compare-t-il cette couleur, cette teinte sur sa palette ? A d'autres teintes isolées, à des couleurs primitives. Il fait mieux ; il la regarde où il l'a préparée ; et il la transporte d'idée dans l'endroit où elle doit être appliquée. Mais combien de fois ne lui arrive-t-il pas de se tromper dans cette appréciation ? En passant de la palette sur la scène entière de la composition, la couleur est modifiée, affoiblie, rehaussée, et change totalement d'effet. Alors l'artiste tâtonne, manie, remanie, tourmente sa couleur. Dans ce travail, sa teinte devient un composé de diverses substances qui réagissent plus ou moins les unes sur les autres, et tôt ou tard se désaccordent.

En général donc, l'harmonie d'une composition sera d'autant plus durable, que le peintre aura été plus sûr de l'effet de son pinceau ; aura touché plus fièrement, plus librement ; aura moins remanié, tourmenté sa couleur ; l'aura employée plus simple et plus franche.

On voit des tableaux modernes perdre leur accord en très-peu de temps; on en voit d'anciens qui se sont conservés frais, harmonieux et vigoureux, malgré le laps du temps. Cet avantage me semble être plutôt la récompense du faire, que l'effet de la qualité des couleurs.

Rien, dans un tableau, n'appelle comme la couleur vraie; elle parle à l'ignorant comme au savant. Un demi-connoisseur passera sans s'arrêter devant un chef-d'œuvre de dessin, d'expression, de composition : l'œil n'a jamais négligé le coloriste.

Mais ce qui rend le vrai coloriste rare, c'est le maître qu'il adopte. Pendant un temps infini, l'élève copie les tableaux de ce maître, et ne regarde pas la nature; c'est-à-dire, qu'il s'habitue à voir par les yeux d'un autre, et qu'il perd l'usage des siens. Peu-à-peu il se fait un technique qui l'enchaîne, et dont il ne peut ni s'affranchir ni s'écarter; c'est une chaîne qu'il s'est mise à l'œil, comme l'esclave à son pied. Voilà l'origine de tant de faux coloris. Celui qui copiera d'après La-Grénée, copiera éclatant et solide; celui qui copiera d'après Le Prince, sera rougeâtre et briqueté; celui qui copiera d'après Greuze, sera gris et violâtre; celui qui étudiera Chardin, sera vrai. Et de-là cette variété de jugemens du dessin et de la couleur, même entre les artistes. L'un vous dira que le Poussin est sec; l'autre, que Rubens est outré; et moi, je suis le Lilliputien qui leur frappe doucement sur l'épaule, et qui les avertit qu'ils ont dit une sottise.

On a dit que la plus belle couleur qu'il y eût au monde, étoit cette rougeur aimable dont l'innocence, la jeunesse, la santé, la modestie et la pudeur coloroient les joues d'une fille; et l'on a dit une chose qui n'étoit pas seulement fine, touchante et délicate, mais vraie; car c'est la chair qu'il est difficile de rendre; c'est ce blanc onctueux, égal sans être pâle ni mat; c'est ce mélange de rouge et de bleu qui transpire imperceptiblement; c'est le sang, la vie qui font le désespoir du coloriste. Celui qui a acquis le sentiment de la chair, a fait un grand pas; le reste n'est rien en comparaison. Mille peintres sont morts sans avoir senti la chair; mille autres mourront sans l'avoir sentie.

La diversité de nos étoffes et de nos draperies n'a pas peu contribué à perfectionner l'art de colorier. Il y a un prestige, dont il est difficile de se garantir; c'est celui d'un grand harmoniste. Je ne sais comment je vous rendrai clairement ma pensée. Voilà sur une toile une femme vêtue de satin blanc. Couvrez le reste du tableau, et ne regardez que le vêtement; peut-être ce satin vous paroîtra-t-il sale, mat, peu vrai. Mais restituez cette femme au milieu des objets dont elle est environnée; et en-même-temps le satin et sa couleur reprendront leur effet. C'est que tout le ton est trop foible ; mais que chaque objet perdant proportionnellement, le défaut de chacun vous échappe : il est sauvé par l'harmonie. C'est la nature vue à la chûte du jour.

Le ton général de la couleur peut être foible sans être faux. Le ton général de la couleur peut être foible sans que l'harmonie soit détruite ; au contraire, c'est la vigueur de coloris qu'il est difficile d'allier avec l'harmonie.

Faire blanc et faire lumineux, sont deux choses fort diverses. Tout étant égal d'ailleurs entre deux compositions, la plus lumineuse vous plaira sûrement davantage. C'est la différence du jour et de la nuit.

Quel est donc pour moi le vrai, le grand coloriste ? C'est celui qui a pris le ton de la nature et des objets bien éclairés, et qui a su accorder son tableau.

Il y a des caricatures de couleur comme de dessin ; et toute caricature est de mauvais goût.

On dit qu'il y a des couleurs amies et des couleurs ennemies ; et l'on a raison, si l'on entend qu'il y a en a qui s'allient si difficilement, qui tranchent tellement les unes à côté des autres, que l'air et la lumière, ces deux harmonistes universels, peuvent à-peine nous en rendre le voisinage immédiat supportable. Je n'ai garde de renverser dans l'art l'ordre de l'arc-en-ciel. L'arc-en-ciel est en peinture ce que la basse fondamentale est en musique ; et je doute qu'aucun peintre entende mieux cette partie, qu'une femme un peu coquette, ou une bouquetière qui sait son métier. Mais je crains bien que les peintres pusillanimes ne soient partis de là pour restreindre pauvrement les limites de l'art, et se faire un petit technique facile et borné, ce que nous appelons entre nous un protocole. En effet, il y a tel protocolier en peinture, si humble serviteur de l'arc-en-ciel, qu'on peut presque toujours le deviner. S'il a donné telle ou telle couleur à un objet, on peut être sûr que l'objet voisin sera de telle ou telle couleur. Ainsi la couleur d'un coin de leur toile étant donnée, on sait tout le reste. Toute leur vie, ils ne font plus que transporter ce coin. C'est un point mouvant, qui se promène sur une surface, qui s'arrête et se place où il lui plaît, mais qui a toujours le même cortége; il ressemble à un grand seigneur qui n'auroit qu'un habit avec ses valets sous la même livrée. Ce n'est pas ainsi qu'en usent Vernet et Chardin; leur intrépide pinceau se plaît à entremêler avec la plus grande hardiesse, la plus grande variété et l'harmonie la plus soutenue, toutes les couleurs de la nature avec toutes leurs nuances. Ils ont pourtant un technique propre et limité. Je n'en doute point, et je le découvrirois, si je voulois m'en donner la peine. C'est que l'homme n'est pas Dieu; c'est que l'atelier de l'artiste n'est pas la nature.

Vous pourriez croire que, pour se fortifier dans

la couleur, un peu d'étude des oiseaux et des fleurs ne nuiroit pas. Non, mon ami ; jamais cette imitation ne donnera le sentiment de la chair. Voyez ce que devient Bachelier, quand il a perdu de vue sa rose, sa jonquille et son œillet. Proposez à madame Vien de faire un portrait ; et portez ensuite ce portrait à La Tour. Mais non, ne le lui portez pas ; le traître n'estime aucun de ses confrères assez pour lui dire la vérité. Proposez-lui plutôt à lui, qui sait faire de la chair, de peindre une étoffe, un ciel, un œillet, une prune avec sa vapeur, une pêche avec son duvet ; et vous verrez avec quelle supériorité il s'en tirera. Et ce Chardin, pourquoi prend-on ses imitations d'êtres inanimés pour la nature même ? C'est qu'il fait de la chair, quand il lui plaît.

Mais ce qui achève de rendre fou le grand coloriste, c'est la vicissitude de cette chair ; c'est qu'elle s'anime et qu'elle se flétrit d'un clin-d'œil à l'autre ; c'est que tandis que l'œil de l'artiste est attaché à la toile, et que son pinceau s'occupe à me rendre, je passe ; et que, lorsqu'il retourne la tête, il ne me retrouve plus. C'est l'abbé Le Blanc qui s'est présenté à mon idée ; et j'ai bâillé d'ennui. C'est l'abbé Trublet qui s'est montré ; et j'ai l'air ironique. C'est mon ami Grimm ou ma Sophie qui m'ont apparu ; et mon cœur a palpité, et la tendresse et la sérénité se sont répandues sur mon visage ; la joie me sort par les pores de la peau, le cœur s'est dilaté, les petits réservoirs sanguins ont oscillé, et la teinte imperceptible du fluide qui s'en est échappé, a versé de tous côtés l'incarnat et la vie. Les fruits, les fleurs changent sous le regard attentif de La Tour et de Bachelier. Quel supplice n'est donc pas pour eux le visage de l'homme, cette toile qui s'agite, se meut, s'étend, se détend, se colore, se ternit selon la multitude infinie des alternatives de ce souffle léger et mobile qu'on appelle l'ame !

Mais j'allois oublier de vous parler de la couleur de la passion ; j'étois pourtant tout contre. Est-ce que chaque passion n'a pas la sienne ? Est-elle la même dans tous les instans d'une passion ? La couleur a ses nuances dans la colère. Si elle enflamme le visage, les yeux sont ardens ; si elle est extrême, et qu'elle serre le cœur au-lieu de le détendre, les yeux s'égarent, la pâleur se répand sur le front et sur les joues, les lèvres deviennent tremblantes et blanchâtres. Une femme garde-t-elle le même teint dans l'attente du plaisir, dans les bras du plaisir, au sortir de ses bras ? Ah ! mon ami, quel art que celui de la peinture ! J'achève en une ligne ce que le peintre ébauche à peine en une semaine ; et son malheur, c'est qu'il sait, voit et sent comme moi, et qu'il ne peut rendre et se satisfaire ; c'est que le sentiment le portant en avant, le trompe sur ce qu'il peut, et lui fait gâter un chef-d'œuvre : il étoit, sans s'en douter, sur la dernière limite de l'art.

CHAPITRE III.

Tout ce que j'ai compris de ma vie du clair-obscur.

Le clair-obscur est la juste distribution des ombres et de la lumière. Problème simple et facile, lorsqu'il n'y a qu'un objet régulier ou qu'un point lumineux ; mais problème, dont la difficulté s'accroît à mesure que les formes de l'objet sont variées ; à mesure que la scène s'étend, que les êtres s'y multiplient, que la lumière y arrive de plusieurs endroits, et que les lumières sont diverses. Ah ! mon ami, combien d'ombres et de lumières fausses dans une composition un peu compliquée ! combien de licences prises ! en combien d'endroits la vérité sacrifiée à l'effet !

On appelle un effet de lumière en peinture, ce que vous avez vu dans le tableau de Corésus, un mélange des ombres et de la lumière, vrai, fort et piquant : moment poétique, qui vous arrête et vous étonne. Chose difficile, sans-doute ; mais moins peut-être qu'une distribution graduée, qui éclaireroit la scène d'une manière diffuse et large, et où la quantité de lumière seroit accordée à chaque point de la toile, eu égard à sa véritable exposition et à sa véritable distance du corps lumineux : quantité que les objets environnans font varier en cent manières diverses, plus ou moins sensibles, selon les pertes et les emprunts qu'ils occasionnent.

Rien de plus rare que l'unité de lumière dans une composition, sur-tout chez les paysagistes. Ici, c'est du soleil ; là, de la lune ; ailleurs, une lampe, un flambeau, ou quelqu'autre corps enflammé. Vice commun, mais difficile à discerner.

Il y aussi des caricatures d'ombres et de lumières ; et toute caricature est de mauvais goût.

Si, dans un tableau, la vérité des lumières se joint à celle de la couleur, tout est pardonné, du moins dans le premier instant. Incorrections de dessin, manque d'expression, pauvreté de caractères, vices d'ordonnance, on oublie tout ; on demeure extasié, surpris, enchaîné, enchanté.

S'il nous arrive de nous promener aux Tuileries, au bois de Boulogne, ou dans quelqu'endroit écarté des Champs-Élysées, sous quelques-uns de ces vieux arbres épargnés parmi tant d'autres qu'on a sacrifiés au parterre et à la vue de l'hôtel de Pompadour (1766), sur la fin d'un beau jour, au moment où le soleil plonge ses rayons obliques à travers la masse touffue de ces arbres, dont les branches entremêlées les arrêtent, les renvoyent, les brisent, les rompent, les dispersent sur les troncs, sur la terre, entre les feuilles, et produisent autour de nous une variété infinie d'ombres fortes, d'ombres moins fortes, de parties obscures, moins obscures, éclairées, plus éclairées, tout-à-fait éclatantes : alors, les passages de l'obscurité à l'ombre, de l'ombre à la lumière, de la lumière au grand éclat, sont si doux, si touchans, si merveilleux, que l'aspect d'une branche, d'une feuille, arrête l'œil et suspend la conversation au moment même le plus intéressant. Nos pas s'arrêtent involontairement ; nos regards se promènent sur la toile magique ; et nous nous écrions : Quel tableau ! Oh ! que cela est beau ! Il semble que nous considérions la nature comme le résultat de l'art : et, réciproquement, s'il arrive que le peintre nous répète le même enchantement sur la toile, il semble que nous regardions l'effet de l'art comme celui de la nature. Ce n'est pas au Salon, c'est dans le fond d'une forêt, parmi les montagnes que le soleil ombre et éclaire, que Loutherbourg et Vernet sont grands.

Le ciel répand une teinte générale sur les objets. La vapeur de l'atmosphère se discerne au loin ; près de nous son effet est moins sensible, autour de moi les objets gardent toute la force et toute la variété de leurs couleurs ; ils se ressentent moins de la teinte de l'atmosphère et du ciel ; au loin, ils s'effacent, ils s'éteignent ; toutes leurs couleurs se confondent ; et la distance qui produit cette confusion, cette monotonie, les montre tout gris, grisâtres, d'un blanc mat, ou plus ou moins éclairé, selon le lieu de la lumière et l'effet du soleil : c'est le même effet que celui de la vîtesse avec laquelle on tourne un globe tacheté de différentes couleurs, lorsque cette vîtesse est assez grande pour lier les taches et réduire leurs sensations particulières de rouge, de blanc, de noir, de bleu, de vert, à une sensation unique et simultanée.

Que celui qui n'a pas étudié et senti les effets de la lumière et de l'ombre dans les campagnes, au fond des forêts, sur les maisons des hameaux, sur les toits des villes, le jour, la nuit, laisse là les pinceaux; sur-tout, qu'il ne s'avise pas d'être paysagiste. Ce n'est pas dans la nature seulement, c'est sur les arbres, c'est sur les eaux de Vernet, c'est sur les collines de Loutherbourg, que le clair de la lune est beau.

Un site peut sans-doute être délicieux. Il est sûr que de hautes montagnes, que d'antiques forêts, que des ruines immenses en imposent. Les idées accessoires qu'elles réveillent sont grandes. J'en ferai descendre quand il me plaira Moïse ou Numa. La vue d'un torrent, qui tombe à grand bruit à travers des roches escarpées qu'il blanchit de son écume, me fera frissonner. Si je ne le vois pas, et que j'entende au loin son fracas, c'est ainsi, me dirai-je, que ces fléaux si fameux dans l'histoire ont passé. Le monde reste; et tous leurs exploits ne sont plus qu'un vain bruit perdu qui m'amuse. Si je vois une verte prairie, de l'herbe tendre et molle, un ruisseau qui l'arrose, un coin de forêt écarté qui me promette du silence, de la fraîcheur et du secret, mon ame s'attendrira; je me rappellerai celle que j'aime : Où est-elle, m'écrierai-je? pourquoi suis-je seul ici? Mais ce sera la distribution variée des ombres et des lumières qui ôtera ou donnera à toute la scène son charme général. Qu'il s'élève une vapeur qui attriste le ciel, et qui répande sur l'espace un ton grisâtre et monotone, tout devient muet, rien ne m'inspire, rien ne m'arrête; et je ramène mes pas vers ma demeure.

Je connois un portrait peint par Le Sueur; vous jureriez que la main droite est hors de la toile, et repose sur la bordure. On vante singulièrement ce merveilleux dans la jambe et le pied du Saint Jean-Baptiste de Raphaël, qui est au Palais-Royal. Ces tours de l'art ont été fréquens dans tous les temps et chez tous les peuples. J'ai vu un Arlequin, ou un Scaramouche de Gillot, dont la lanterne étoit à un demi-pied du corps. Quelle est la tête de La Tour autour de laquelle l'œil ne tourne pas? Où est le morceau de Chardin, ou même de Roland de Laporte, où l'air ne circule pas entre les verres, les fruits et les bouteilles? Le bras du Jupiter foudroyant d'Apelle sailloit hors de la toile, menaçoit l'impie, l'adultère, s'avançoit vers sa tête. Peut-être n'appartiendroit-il qu'à un grand maître de déchirer le nuage qui enveloppoit Enée, et de me le montrer comme il apparut à la crédule et facile reine de Carthage :

Circumfusa repentè
Scindit se nubes, et in æthera purgat apertum.

Avec tout cela, ce n'est pas là la grande partie, la partie difficile du clair-obscur. La voici.

Imaginez, comme dans la géométrie des indivisibles de Cavalleri, toute la profondeur de la toile coupée, n'importe en quel sens, par une infinité de plans infiniment petits. Le difficile, c'est la dispensation juste de la lumière et des ombres, et sur chacun de ces plans, et sur chaque tranche infiniment petite des objets qui les occupent ; ce sont les échos, les reflets de toutes ces lumières les unes sur les autres. Lorsque cet effet est produit (mais où et quand l'est-il ?) l'œil est arrêté, il se repose. Satisfait par-tout, il se repose par-tout ; il s'avance, il s'enfonce, il est ramené sur sa trace. Tout est lié, tout tient. L'art et l'artiste sont oubliés. Ce n'est plus une toile, c'est la nature, c'est une portion de l'univers qu'on a devant soi.

Le premier pas vers l'intelligence du clair-obscur, c'est une étude des règles de la perspective. La perspective approche les parties des corps, ou les fait fuir, par la seule dégradation de leurs grandeurs, par la seule projection de leurs parties, vues à travers un plan interposé entre l'œil et l'objet, et attachées, ou sur ce plan même, ou sur un plan supposé au-delà de l'objet.

Peintres, donnez quelques instans à l'étude de la perspective; vous en serez bien récompensés, par la facilité et la sûreté que vous en retrouverez dans la pratique de votre art. Réfléchissez-y un moment; et vous concevrez que le corps d'un prophète enveloppé de toute sa volumineuse draperie, et sa barbe touffue, et ses cheveux qui se hérissent sur son front, et ce linge pittoresque qui donne un caractère divin à sa tête, sont assujettis dans tous leurs points aux mêmes principes que le polyèdre. A la longue, l'un ne vous embarrassera pas plus que l'autre. Plus vous multiplierez le nombre idéal de vos plans, plus vous serez corrects et vrais; et ne craignez pas d'être froids par une condition de plus ou de moins ajoutée à votre technique.

Ainsi que la couleur générale d'un tableau, la lumière générale a son ton. Plus elle est forte et vive, plus les ombres sont limitées, décidées et noires. Éloignez successivement la lumière d'un corps; et successivement vous en affoiblirez l'éclat et l'ombre. Éloignez-la davantage encore; et vous verrez la couleur d'un corps prendre un ton monotone, et son ombre s'amincir, pour ainsi dire, au point que vous n'en discernerez plus les limites. Rapprochez la lumière, le corps s'éclairera, et son ombre se terminera. Au crépuscule, presque plus d'effet de lumière sensible, presqu'aucune ombre particulière discernable. Comparez une scène de la nature, dans un jour et sous un soleil brillant, avec la même scène sous un ciel nébuleux. Là, les lumières et les ombres seront fortes; ici, tout sera foible et gris. Mais vous avez vu cent fois ces deux scènes se succéder en un clin-d'œil, lorsqu'au milieu d'une campagne immense quelque nuage épais, porté par les vents qui régnoient dans la partie supérieure de l'atmosphère, tandis que la partie qui vous entouroit étoit immobile et tranquille, alloit à votre insu s'interposer entre l'astre du jour et la terre. Tout a perdu subitement son éclat. Une teinte, un voile triste, obscur et monotone est tombé rapidement sur la scène. Les oiseaux même en ont été surpris, et leur chant suspendu. Le nuage a passé; tout a repris son éclat; et les oiseaux ont recommencé leur ramage.

C'est l'instant du jour, la saison, le climat, le site, l'état du ciel, le lieu de la lumière, qui en rendent le ton général fort ou foible, triste ou piquant. Celui qui éteint la lumière, s'impose la nécessité de donner du corps à l'air même, et d'apprendre à mon œil à mesurer l'espace vidé par des objets interposés et graduellement affoiblis. Quel homme, s'il sait se passer du grand agent, et produire sans son secours un grand effet !

Méprisez ces gauches repoussoirs, si grossièrement, si bêtement placés, qu'il est impossible d'en méconnoître l'intention. On a dit qu'en architecture, il falloit que les parties principales se tournassent en ornemens ; il faut, en peinture, que les objets essentiels se tournent en repoussoirs. Il faut que dans une composition les figures se lient, s'avancent, se reculent, sans ces intermédiaires postiches, que j'appelle des chevilles ou des bouche-trous. Téniers avoit une autre magie.

Mon ami, les ombres ont aussi leurs couleurs. Regardez attentivement les limites et même la masse de l'ombre d'un corps blanc; et vous y discernerez une infinité de points noirs et blancs interposés. L'ombre d'un corps rouge se teint de rouge ; il semble que la lumière, en frappant l'écarlate, en détache et emporte avec elle des molécules. L'ombre d'un corps avec la chair et le sang de la peau, forme une foible teinte jaunâtre. L'ombre d'un corps bleu prend une nuance de bleu ; et les ombres et les corps reflètent les uns sur les autres. Ce sont ces reflets infinis des ombres et des corps qui engendrent l'harmonie sur votre bureau, où le travail et le génie ont jeté la brochure à côté du livre, le livre à côté du cornet; le cornet au milieu de cinquante objets disparates de nature, de forme et de couleur. Qui est-ce qui observe ? qui est-ce qui connoît ? qui est-ce qui exécute ? qui est-ce qui fond tous ces effets ensemble ? qui est-ce qui en connoît le résultat nécessaire ? La loi en est pourtant bien simple ; et le premier teinturier à qui vous portez un échantillon d'étoffe nuancée, jette la pièce d'étoffe blanche dans sa chaudière, et sait l'en tirer teinte comme vous l'avez désirée. Mais le peintre observe lui-même cette loi sur sa palette, quand il mêle ses teintes. Il n'y a pas une loi pour les couleurs, une loi pour la lumière, une loi pour les ombres ; c'est par-tout la même.

Et malheur aux peintres, si celui qui parcourt une galerie, y porte jamais ces principes ! Heureux le temps où ils seront populaires ! C'est la lumière générale de la nation, qui empêche le souverain, le ministre et l'artiste de faire des sottises. *O sacra reverentia plebis !* Il n'y en a pas un qui ne soit tenté de s'écrier : Canaille, combien je me donne de peine, pour obtenir de toi un signe d'approbation !

Il n'y a pas un artiste qui ne vous dise qu'il sait tout cela mieux que moi. Répondez-lui de ma part que toutes ses figures lui crient qu'il en a menti.

Il y a des objets que l'ombre fait valoir, d'autres qui deviennent plus piquans à la lumière. La tête des brunes s'embellit dans la demi-teinte, celle des blondes à la lumière.

Il est un art de faire les fonds, sur-tout aux portraits. Une loi assez générale, c'est qu'il n'y ait au fond aucune teinte qui, comparée à une autre teinte du sujet, soit assez forte pour l'étouffer ou arrêter l'œil.

SUITE DU CHAPITRE PRÉCÉDENT (*).

Examen du clair-obscur.

Si une figure est dans l'ombre, elle est trop ou trop peu ombrée; si, la comparant aux figures plus éclairées, et la faisant par la pensée avancer à leur place, elle ne nous inspire pas un pressentiment vif et certain qu'elle le seroit autant qu'elles. Exemple de deux personnes qui montent d'une cave, dont l'une porte une lumière, et que l'autre suit. Si celle-ci a la quantité de lumière ou d'ombre qui lui convient, vous sentirez qu'en la plaçant sur la même marche que celle-là, elle s'éclairera successivement, de manière que, parvenue sur cette marche, elles seront toutes deux également éclairées.

Moyen technique de s'assurer si les figures sont ombrées sur le tableau comme elles le seroient en nature. C'est de tracer sur un plan celui de son tableau ; d'y disposer des objets, soit à la même distance que ceux du tableau, soit à des

---

(*) Ce chapitre manque dans l'édition de ce Salon, publiée l'année passée ; mais il se trouve dans le manuscrit autographe de cet *Essai sur la Peinture*.

distances relatives ; et de comparer les lumières des objets du plan aux lumières des objets du tableau. Elles doivent être, de part et d'autre, ou les mêmes rapports, ou dans les mêmes.

La scène d'un peintre peut être aussi étendue qu'il le desire ; cependant il ne lui est pas permis de placer par-tout des objets ; il est des lointains où les formes de ces objets n'étant plus sensibles, il est ridicule de les y jeter, puisqu'on ne met un objet sur la toile que pour le faire appercevoir et distinguer tel. Ainsi, quand la distance est telle, qu'à cette distance les caractères qu'individualisent les autres ne se font plus distinguer; qu'on prendroit par exemple un loup pour un chien, ou un chien pour un loup; il ne faut plus en mettre. Voilà peut-être un cas où il ne faut plus peindre la nature.

Tous les possibles ne doivent point avoir lieu en bonne peinture, non plus qu'en bonne littérature; car il y a tel concours d'événemens dont on ne peut nier la possibilité, mais dont la combinaison est telle, qu'on voit que peut-être ils n'ont jamais eu lieu, et ne l'auront peut-être jamais. Les possibles qu'on peut employer, ce sont les possibles vraisemblables ; et les possibles vraisemblables, ce sont ceux où il y a plus à parier pour que contre, qu'ils ont passé de l'état de possibilité à l'état d'existence dans un certain temps limité par celui de l'action. Exemple. Il se peut faire qu'une femme soit surprise par les douleurs de l'enfantement en pleine campagne; il se peut faire qu'elle y trouve une crêche; il est possible que cette crêche soit appuyée contre les ruines d'un ancien monument : mais la rencontre possible de cet ancien monument est à sa rencontre réelle, comme l'espace entier où il peut y avoir des crêches est à la partie de cet espace qui est occupée par d'anciens monumens. Or, ce rapport est infiniment petit; il n'y faut donc avoir aucun égard; et cette circonstance est absurde, à-moins qu'elle ne soit donnée par l'histoire, ainsi que les autres circonstances de l'action. Il n'en est pas ainsi des bergers, des chiens, des hameaux, des troupeaux, des voyageurs, des arbres, des ruisseaux, des montagnes, et de tous les autres objets qui sont dispersés dans les campagnes, et qui les constituent. Pourquoi peut-on les mettre dans la peinture dont il s'agit, et sur le champ du tableau ? parce qu'ils se trouvent plus souvent dans la scène de la nature qu'on se propose d'imiter, qu'il n'arrive qu'ils ne s'y trouvent pas. La proximité ou rencontre d'un ancien monument est aussi ridicule que le passage d'un empereur dans le moment de l'action. Ce passage est possible, mais d'un possible trop rare pour être employé; celui d'un voyageur ordinaire l'est aussi, mais d'un possible si commun, que l'emploi n'en a rien que de naturel. Il faut que le passage de l'empereur ou la présence de la colonne, soit donné par l'histoire.

Deux sortes de peintures; l'une qui, plaçant l'œil tout aussi près du tableau qu'il est possible, sans le priver de sa faculté de voir distinctement, rend les objets dans tous les détails qu'il apperçoit à cette distance, et rend ces détails avec autant de scrupule que les formes principales; en sorte qu'à mesure que le spectateur s'éloigne du tableau, à mesure il perd de ces détails, jusqu'à ce qu'enfin il arrive à une distance où tout disparoisse; en sorte qu'en s'approchant de cette distance où tout est confondu, les formes commencent peu-à-peu à se faire discerner, et successivement les détails à se recouvrer, jusqu'à ce que l'œil replacé en son premier et moindre éloignement, il voit dans les objets du tableau les variétés plus légères et les plus minutieuses. Voilà la belle peinture, voilà la véritable imitation de la nature. Je suis, par rapport à ce tableau, ce que je suis par rapport à la nature, que le peintre a prise pour modèle; je la voix mieux à mesure que mon œil s'en approche; je la vois moins bien à mesure que mon œil s'en éloigne. Mais il est une autre peinture qui n'est pas moins dans la nature, mais qui ne l'imite parfaitement qu'à une certaine distance; elle n'est, pour ainsi parler, imitatrice que dans un point; c'est celle où le peintre n'a rendu vivement et fortement que les détails qu'il

a apperçus dans les objets du point qu'il a choisi ;
au-delà de ce point, on ne voit plus rien ; c'est
pis encore en-deçà. Son tableau n'est point un
tableau ; depuis sa toile jusqu'à son point de vue
on ne sait ce que c'est. Il ne faut pourtant pas blâ-
mer ce genre de peinture ; c'est celui du fameux
Rembrandt. Ce nom seul en fait suffisament l'éloge.

D'où l'on voit que la loi de tout finir a quelque
restriction : elle est d'observation absolue dans le
premier genre de peinture dont j'ai parlé dans
l'article précédent ; elle n'est pas de même nécessité dans le second genre. Le peintre y néglige
tout ce qui ne s'apperçoit dans les objets, que
dans les points plus voisins du tableau que celui qu'il a pris pour son point de vue.

Exemple d'une idée sublime du Rembrandt. Le
Rembrandt a peint une *Résurrection du Lazare* ;
son Christ a l'air d'un *tristo* : il est à genoux sur
le bord du sépulcre ; il prie ; et l'on voit s'élever
deux bras du fond du sépulcre.

Exemple d'une autre espèce. Il n'y auroit rien
de si ridicule qu'un homme peint en habit neuf
au sortir de chez son tailleur, ce tailleur fût-il
le plus habile homme de son temps. Mieux un
habit colleroit sur les membres, plus la figure
auroit la figure d'un homme de bois : outre ce
que le peintre perdroit du côté de la variété des
formes et des lumières qui naissent des plis et
du chiffonnage des vieux habits. Il y a encore une

raison qui agit en nous, sans que nous nous en appercevions ; c'est qu'un habit n'est neuf que pendant quelques jours, et qu'il est vieux pendant long-temps ; et qu'il faut prendre les choses dans l'état qu'elles ont d'une manière la plus durable. D'ailleurs il y a dans un habit vieux une multitude infinie de petits accidens intéressans ; de la poudre, des boutons manquans, et tout ce qui tient de l'user. Tous ces accidens rendus réveillent autant d'idées, et servent à lier les différentes parties de l'ajustement : il faut de la poudre pour lier la perruque à cet habit.

Un jeune homme fut consulté par sa famille sur la manière dont il vouloit qu'on fît peindre son père. C'étoit un ouvrier en fer : Mettez-lui, dit-il, son habit de travail, son bonnet de forge, son tablier ; que je le voye à son établi avec une lancette ou autre ouvrage à la main ; qu'il éprouve ou qu'il repasse ; et sur-tout n'oubliez pas de lui faire mettre ses lunettes sur le nez. Ce projet ne fut point suivi ; on lui envoya un beau portrait de son père, en pied, avec une belle perruque, un bel habit, de beaux bas, une belle tabatière à la main ; le jeune homme, qui avoit du goût et de la vérité dans le caractère, dit à sa famille en la remerciant : Vous n'avez rien fait qui vaille, ni vous, ni le peintre ; je vous avois demandé mon père de tous les jours, et vous ne m'avez envoyé que mon père des dimanches.....

C'est par la même raison que M. de La Tour, si vrai, si sublime d'ailleurs, n'a fait du portrait de M. Rousseau, qu'une belle chose, au-lieu d'un chef-d'œuvre qu'il en pouvoit faire. J'y cherche le censeur des Lettres, le Caton et le Brutus de notre âge ; je m'attendois à voir Epictète en habit négligé, en perruque ébourriffée, effrayant par son air sévère les littérateurs, les grands et les gens du monde ; et je n'y vois que l'auteur du *Devin du Village*, bien habillé, bien peigné, bien poudré, et ridiculement assis sur une chaise de paille ; et il faut convenir que le vers de M. de Marmontel dit très-bien ce qu'est M. Roussseau, et ce qu'on devroit trouver, et ce qu'on cherche envain dans le tableau de M. de La Tour. On a exposé cette année dans le Salon un tableau de la *mort de Socrate*, qui a tout le ridicule qu'une composition de cette espèce pouvoit avoir. On y fait mourir sur un lit de parade le philosophe le plus austère et le plus pauvre de la Grèce. Le peintre n'a pas conçu combien la vertu et l'innocence, près d'expirer au fond d'un cachot, sur un lit de paille, sur un grabat, feroit une représentation pathétique et sublime.

CHAPITRE IV.

Ce que tout le monde sait sur l'Expression, et quelque chose que tout le monde ne sait pas.

Sunt lacrymæ rerum, et mentem mortalia tangunt.

L'EXPRESSION est en général l'image d'un sentiment.

Un comédien, qui ne se connoît pas en peinture, est un pauvre comédien ; un peintre, qui n'est pas physionomiste, est un pauvre peintre.

Dans chaque partie du monde, chaque contrée ; dans une même contrée, chaque province ; dans une province, chaque ville ; dans une ville, chaque famille ; dans une famille, chaque individu ; dans un individu, chaque instant a sa physionomie, son expression.

L'homme entre en colère, il est attentif, il est curieux, il aime, il hait, il méprise, il dédaigne, il admire ; et chacun des mouvemens de son ame vient se peindre sur son visage en caractères clairs, évidens, auxquels nous ne nous méprenons jamais.

Sur son visage ! Que dis-je ? Sur sa bouche, sur ses joues, dans ses yeux, en chaque partie de son visage. L'œil s'allume, s'éteint, languit, s'égare, se fixe ; et une grande imagination de peintre est un recueil immense de toutes ces expressions. Chacun de nous en a sa petite provision ; et c'est la base du jugement que nous portons de la laideur et de la beauté. Remarquez-le bien, mon ami ; interrogez-vous à l'aspect d'un homme ou d'une femme ; et vous reconnoîtrez que c'est toujours l'image d'une bonne qualité, ou l'empreinte plus ou moins marquée d'une mauvaise, qui vous attire ou vous repousse.

Supposez l'Antinoüs devant vous. Ses traits sont beaux et réguliers. Ses joues larges et pleines annoncent la santé. Nous aimons la santé ; c'est la pierre angulaire du bonheur. Il est tranquille ; nous aimons le repos. Il a l'air réfléchi et sage ; nous aimons la réflexion et la sagesse. Je laisse là le reste de la figure ; et je vais m'occuper seulement de la tête.

Conservez tous les traits de ce beau visage comme ils sont ; relevez seulement un des coins de la bouche ; l'expression devient ironique ; et le visage vous plaira moins. Remettez la bouche dans son premier état, et relevez les sourcils ; le caractère devient orgueilleux ; et il vous plaira moins. Relevez les deux coins de la bouche en même-temps, et tenez les yeux bien ouverts ; vous aurez une physionomie cynique ; et vous craindrez pour votre fille si vous êtes père. Laissez retomber les coins de la bouche, et rabaissez les paupières; qu'elles couvrent la moitié de l'iris, et partagent la prunelle en deux; et vous en aurez fait un homme faux, caché, dissimulé, que vous éviterez.

Chaque âge a ses goûts. Des lèvres vermeilles bien bordées, une bouche entr'ouverte et riante, de belles dents blanches, une démarche libre, le regard assuré, une gorge découverte, de belles grandes joues larges, un nez retroussé, me faisoient galoper à dix-huit ans. Aujourd'hui, que le vice ne m'est plus bon, et que je ne suis plus bon au vice; c'est une jeune fille, qui a l'air décent et modeste, la démarche composée, le regard timide, et qui marche en silence à côté de sa mère, qui m'arrête et me charme.

Qui est-ce qui a le bon goût? Est-ce moi à dix-huit ans? Est-ce moi à cinquante? La question sera bientôt décidée. Si l'on m'eût dit à dix-huit ans : Mon enfant, de l'image du vice, ou de l'image de la vertu, quelle est la plus belle? Belle demande! aurois-je répondu; c'est celle-ci.

Pour arracher de l'homme la vérité, il faut à tout moment donner le change à la passion, en empruntant des termes généraux et abstraits. C'est qu'à dix-huit ans, ce n'étoit pas l'image de la beauté, mais la physionomie du plaisir qui me faisoit courir.

L'expression est foible ou fausse, si elle laisse incertain sur le sentiment.

Quel que soit le caractère de l'homme, si sa physionomie habituelle est conforme à l'idée que vous avez d'une vertu, il vous attirera; si sa phy-

Q *

sionomie habituelle est conforme à l'idée que vous avez d'un vice, il vous éloignera.

On se fait à soi-même quelquefois sa physionomie. Le visage, accoutumé à prendre le caractère de la passion dominante, le garde. Quelquefois aussi on la reçoit de la nature; et il faut bien la garder comme on l'a reçue. Il lui a plu de nous faire bons, et de nous donner le visage du méchant; ou de nous faire méchans, et de nous donner le visage de la bonté.

J'ai vu au fond du fauxbourg Saint-Marceau, où j'ai demeuré long-temps, des enfans charmans de visage. A l'âge de douze à treize ans, ces yeux pleins de douceur étoient devenus intrépides et ardens; cette agréable petite bouche s'étoit contournée bizarrement; ce cou, si rond, étoit gonflé de muscles; ces joues larges et unies étoient parsemées d'élévations dures. Ils avoient pris la physionomie de la halle et du marché. A force de s'irriter, de s'injurier, de se battre, de crier, de se décoiffer pour un liard, ils avoient contracté, pour toute leur vie, l'air de l'intérêt sordide, de l'impudence et de la colère.

Si l'ame d'un homme ou la nature a donné à son visage l'expression de la bienveillance, de la justice et de la liberté, vous le sentirez, parce que vous portez en vous-même des images de ces vertus; et vous accueillerez celui qui vous les annonce. Ce visage est une lettre de recommandation écrite dans une langue commune à tous les hommes.

Chaque état de la vie a son caractère propre et son expression.

Le sauvage a les traits fermes, vigoureux et prononcés, des cheveux hérissés, une barbe touffue, la proportion la plus rigoureuse dans les membres : quelle est la fonction qui auroit pu l'altérer ? Il a chassé, il a couru, il s'est battu contre l'animal féroce, il s'est exercé, il s'est conservé, il a produit son semblable ; les deux seules occupations naturelles. Il n'a rien qui sente l'effronterie ni la honte. Un air de fierté mêlé de férocité. Sa tête est droite et relevée ; son regard fixe. Il est le maître dans sa forêt. Plus je le considère, plus il me rappelle la solitude et la franchise de son domicile. S'il parle, son geste est impérieux, son propos énergique et court. Il est sans loi et sans préjugés. Son ame est prompte à s'irriter. Il est dans un état de guerre perpétuelle. Il est souple, il est agile ; cependant il est fort.

Les traits de sa compagne, son regard, son maintien, ne sont point de la femme civilisée. Elle est nue, sans s'en appercevoir. Elle a suivi son époux dans la plaine, sur la montagne, au fond de la forêt. Elle a partagé son exercice. Elle a porté son enfant dans ses bras. Aucun vêtement n'a soutenu ses mamelles. Sa longue chevelure est éparse. Elle est bien proportionnée. La voix de son époux étoit tonnante ; la sienne est forte. Ses regards sont moins arrêtés ; elle conçoit de l'effroi plus facilement. Elle est agile.

Dans la société, chaque ordre de citoyens a son caractère et son expression ; l'artisan, le noble, le roturier, l'homme de lettres, l'ecclésiastique, le magistrat, le militaire.

Parmi les artisans, il y a des habitudes de corps, des physionomistes de boutiques et d'ateliers.

Chaque société a son gouvernement, et chaque gouvernement a sa qualité dominante, réelle, ou supposée, qui en est l'ame, le soutien et le mobile.

La république est un état d'égalité. Tout sujet se regarde comme un petit monarque. L'air du républicain sera haut, dur et fier.

Dans la monarchie, où l'on commande et l'on obéit, le caractère, l'expression sera celle de l'affabilité, de la grace, de la douceur, de l'honneur, de la galanterie.

Sous le despotisme, la beauté sera celle de l'esclave. Montrez-moi des visages doux, soumis, timides, circonspects, supplians et modestes. L'esclave marche la tête inclinée ; il semble toujours la présenter à un glaive prêt à le frapper.

Et qu'est-ce que la sympathie ? J'entends cette impulsion prompte, subite, irréfléchie, qui presse et colle deux êtres l'un à l'autre, à la première vue, au premier coup, à la première rencontre ; car la sympathie, même en ce sens, n'est point une chimère. C'est l'attrait momentané et réciproque de quelque vertu. De la beauté naît l'admiration ; de l'admiration, l'estime, le desir de posséder, et l'amour.

Voilà pour les caractères et leurs diverses physionomies ; mais ce n'est pas tout : il faut joindre encore à cette connoissance une profonde expérience des scènes de la vie. Je m'explique. Il faut avoir étudié le bonheur et la misère de l'homme sous toutes ses faces ; des batailles, des famines, des pestes, des inondations, des orages, des tempêtes ; la nature sensible, la nature inanimée ; en convulsion. Il faut feuilleter les historiens, se remplir des poëtes, s'arrêter sur leurs images. Lorsque le poëte dit, *vera incessu patuit dea*, il faut chercher en soi cette figure-là. Lorsqu'il dit, *summa placidum caput extulit unda*, il faut modeler cette tête-là ; sentir ce qu'il en faut prendre, ce qu'il en faut laisser ; connoître les passions douces et fortes, et les rendre sans grimace. Le Laocoon souffre, il ne grimace pas ; cependant la douleur cruelle serpente depuis l'extrémité de son orteil jusqu'au sommet de sa tête. Elle affecte profondément, sans inspirer de l'horreur. Faites que je ne puisse ni arrêter mes yeux, ni les arracher de dessus votre toile.

Ne confondez point les minauderies, la grimace, les petits coins de bouche relevés, les petits becs pincés, et mille autres puériles afféteries, avec la grace, moins encore avec l'expression.

Que votre tête soit d'abord d'un beau caractère. Les passions se peignent plus facilement sur un beau visage. Quand elles sont extrêmes, elles n'en deviennent que plus terribles. Les Euménides des anciens sont belles, et n'en sont que plus effrayantes. C'est quand on est en-même-temps attiré et repoussé violemment, qu'on éprouve le plus de mal-aise ; et ce sera l'effet d'une Euménide, à laquelle on aura conservé les grands traits de la beauté.

L'ovale du visage, alongé dans l'homme, large par le haut, se rétrécissant par le bas, caractère de noblesse.

L'ovale du visage, arrondi dans la femme, dans l'enfant : caractère de jeunesse, principe de la grace.

Un trait déplacé de l'épaisseur d'un cheveu, embellit ou dépare.

Sachez donc ce que c'est que la grace, ou cette rigoureuse et précise conformité des membres avec la nature de l'action. Sur-tout ne la prenez point pour celle de l'acteur ou du maître à danser. La grace de l'action et celle de Marcel se contredisent exactement. Si Marcel rencontroit un homme placé comme l'Antinoüs, lui portant une main sous le menton et l'autre sur les épaules : Allons donc, grand dadais, lui diroit-il, est-ce qu'on se tient comme cela ? Puis, lui repoussant les genoux avec les siens, et le relevant par-dessous les bras, il ajouteroit : On diroit que vous êtes de cire, et que vous allez fondre. Allons, nigaud, tendez-moi ce jarret ; déployez-moi cette figure ; ce nez un peu au vent. Et quand il en auroit fait le plus insipide petit-maître, il commenceroit à lui sourire, et à s'applaudir de son ouvrage.

Si vous perdez le sentiment de la différence de l'homme qui se présente en compagnie, et de l'homme intéressé qui agit ; de l'homme qui est seul, et de l'homme qu'on regarde, jetez vos pinceaux dans le feu. Vous académiserez, vous redresserez, vous guinderez toutes vos figures.

Voulez-vous sentir, mon ami, cette différence ? Vous êtes seul chez vous. Vous attendez mes papiers qui ne viennent point. Vous pensez que les souverains veulent être servis à point nommé. Vous voilà étendu sur votre chaise de paille, les bras posés sur vos genoux ; votre bonnet de nuit renfoncé sur vos yeux, ou vos cheveux épars et mal retroussés sous un peigne courbé ; votre robe de chambre entr'ouverte et retombant à longs plis de l'un et de l'autre côté : vous êtes tout-à-fait pittoresque et beau. On vous annonce M. le marquis de Castries ; et voilà le bonnet relevé, la robe de chambre croisée ; mon homme droit, tous ses membres bien composés, se maniérant, se marcélisant; se rendant très-agréable pour la visite qui lui arrive, très-maussade pour l'artiste. Tout-à-l'heure vous étiez son homme ; vous ne l'êtes plus.

Quand on considère certaines figures, certains caractères de tête de Raphaël, des Carraches et d'autres, on se demande où ils les ont prises. Dans une imagination forte, dans les auteurs, dans les nuages, dans les accidens du feu, dans les ruines, dans la nation où ils ont recueilli les premiers traits que la poésie a ensuite exagérés.

Ces hommes rares avoient de la sensibilité, de l'originalité, de l'humeur. Ils lisoient, les poëtes sur-tout. Un poëte est un homme d'une imagination forte, qui s'attendrit, qui s'effraye lui-même des fantômes qu'il se fait.

Je ne saurois résister. Il faut absolument, mon ami, que je vous entretienne ici de l'action et de la réaction du poëte sur le statuaire, ou le peintre; du statuaire sur le poëte ; et de l'un et de l'autre sur les êtres tant animés qu'inanimés de la nature. Je rajeunis de deux mille ans, pour vous exposer comment, dans les temps anciens, ces artistes influoient réciproquement les uns sur les autres ; comment ils influoient sur la nature même, et lui donnoient une empreinte divine. Homère avoit dit que Jupiter ébranloit l'Olympe du seul mouvement de ses noirs sourcils. C'est le théologien qui avoit parlé ; et voilà la tête, que le marbre exposé dans un temple avoit à montrer à l'adorateur prosterné. La cervelle du sculpteur s'échauffoit ; et il ne prenoit la terre molle et l'ébauchoir que quand il avoit conçu l'image orthodoxe. Le poëte avoit consacré les beaux pieds de Thétis, et ces pieds étoient de foi ; la gorge ravissante de Vénus, et cette gorge étoit de foi ; les épaules charmantes d'Apollon ; et ces épaules étoient de foi ; les fesses rebondies de Ganimède, et ces fesses étoient de foi. Le peuple s'attendoit à retrouver sur les autels ses dieux et ses déesses, avec les charmes caractéristiques de son catéchisme. Le théologien ou le poëte les avoit désignés ; et le statuaire n'avoit garde d'y manquer. On se seroit moqué d'un Neptune, qui n'auroit pas eu la poitrine, d'un Hercule, qui n'auroit pas eu le dos de la bible païenne ; et le bloc de marbre hérétique seroit resté dans l'atelier.

Qu'arrivoit-il de-là ; car, après tout, le poëte n'avoit rien révélé ni fait croire ; le peintre et le sculpteur n'avoient représenté que des qualités empruntées de la nature ? C'est que, quand, au sortir du temple, le peuple venoit à reconnoître ces qualités dans quelques individus, il en étoit bien autrement touché. La femme avoit fourni ses pieds à Thétis, sa gorge à Vénus ; la déesse les lui rendoit, mais les lui rendoit sanctifiés, divinisés. L'homme avoit fourni à Apollon ses épaules, sa poitrine à Neptune, ses flancs nerveux à Mars, sa tête sublime à Jupiter, ses fesses à Ganimède ; mais Apollon, Neptune, Mars,

Jupiter et Ganimède les lui rendoient sanctifiés, divinisés.

Lorsque quelque circonstance permanente, quelquefois même passagère, a associé certaines idées dans la tête des peuples, elles ne s'y séparent plus; et, s'il arrivoit à un libertin de retrouver sa maîtresse sur l'autel de Vénus, parce qu'en effet c'étoit elle, un dévot n'en étoit pas moins porté à révérer les épaules de son dieu sur le dos d'un mortel, quel qu'il fût. Ainsi, je ne puis m'empêcher de croire que, lorsque le peuple assemblé s'amusoit à considérer des hommes nus aux bains, dans les gymnases, dans les jeux publics; il y avoit, sans qu'ils s'en doutassent, dans le tribut d'admiration qu'ils rendoient à la beauté, une teinte mêlée de sacré et de profane, je ne sais quel mélange bizarre de libertinage et de dévotion. Un voluptueux, qui tenoit sa maîtresse entre ses bras, l'appeloit ma reine, ma souveraine, ma déesse; et ces propos, fades dans notre bouche, avoient bien un autre sens dans la sienne. C'est qu'ils étoient vrais; c'est qu'en effet il étoit dans les cieux, parmi les dieux; c'est qu'il jouissoit réellement de l'objet de son adoration et de l'adoration nationale.

Et pourquoi les choses se seroient-elles passées autrement dans l'esprit du peuple que dans la tête de ses poëtes ou théologiens ? Les ouvrages que nous en avons, les descriptions qu'ils nous ont laissées des objets de leurs passions, sont pleins de comparaisons, d'allusions aux objets de leur culte. C'est le sourire des Graces ; c'est la jeunesse d'Hébé ; ce sont les doigts de l'Aurore ; c'est la gorge, c'est le bras, c'est l'épaule, ce sont les cuisses, ce sont les yeux de Vénus. Va-t-en à Delphes, et tu verras mon Batyle. Prends cette fille pour modèle, et porte ton tableau à Paphos. Il ne leur a manqué que de nous dire plus souvent où l'on voyoit ce dieu, ou cette déesse, dont ils caressoient l'original vivant ; mais les peuples qui lisoient leurs poésies ne l'ignoroient pas.

Sans ces simulacres subsistans, leurs galanteries auroient été bien insipides et bien froides. Je vous en atteste, vous, mon ami ; et vous fin et délicat Suard ; vous, chaud et bouillant Arnaud ; vous, original, savant, profond et plaisant Galiani. Dites-moi, ne pensez-vous pas que c'est là l'origine de tous ces éloges des mortels, empruntés des attributs des dieux, et de toutes ces épithètes indivisiblement attachées aux héros et aux dieux ? C'étoient autant d'articles de la foi, autant de versets du symbole payen, consacré par la poésie, la peinture et la sculpture. Lorsque nous voyons ces épithètes revenir sans cesse, si elles nous fatiguent et nous ennuyent, c'est qu'il ne subsiste aucune statue, aucun temple, aucun modèle auxquels nous puissions les rapporter. Le payen, au contraire, à chaque fois qu'il les retrouvoit dans un poëte, rentroit d'imagination dans un temple, revoyoit le tableau, se rappeloit la statue qui les avoit fournies.

Attendez, mon ami : peut-être que ce qui suit donnera quelque vraisemblance à des idées qui ne vous ont amusé jusqu'à-présent que comme un rêve agréable, que comme un système ingénieux. Si notre religion n'étoit pas une triste et plate métaphysique; si nos peintres et nos statuaires étoient des hommes à comparer aux peintres et aux statuaires anciens (j'entends les bons ; car vraisemblablement ils en ont eu de mauvais, et plus que nous, comme l'Italie est le lieu où l'on fait le plus de bonne et de mauvaise musique); si nos prêtres n'étoient pas de stupides bigots ; si cet abominable christianisme ne s'étoit pas établi par le meurtre et par le sang ; si les joies de notre paradis ne se réduisoient pas à une impertinente vision béatifique de je ne sais quoi, qu'on ne comprend ni n'entend ; si notre enfer offroit autre chose que des gouffres de feux, des démons hideux et gothiques, des hurlemens et des grincemens de dents ; si nos tableaux pouvoient être autre chose que des scènes d'atrocité, un écorché, un pendu, un rôti, un grillé, une dégoûtante boucherie ; si tous nos saints et nos saintes n'étoient pas voilés jusqu'au bout du nez ; si nos idées de pudeur et de modestie n'avoient proscrit la vue des bras, des cuisses, des tetons, des épaules, toute nudité ; si l'esprit de mortification n'avoit flétri ces tetons, amolli ces cuisses, décharné ces bras, déchiré ces épaules ; si nos artistes n'étoient pas enchaînés et nos poëtes contenus par les mots effrayans de sacrilége et de profanation ; si la vierge Marie avoit été la mère du plaisir, ou même, mère de Dieu ; si c'eût été ses beaux yeux, ses beaux tetons, ses belles fesses, qui eussent attiré l'esprit-saint sur elle, et que cela fût écrit dans le livre de son histoire ; si l'ange Gabriel y étoit vanté par ses belles épaules ; si la Magdelaine avoit eu quelque aventure galante avec le Christ ; si, aux noces de Cana, le Christ entre deux vins, un peu-non-conformiste, eût parcouru la gorge d'une des filles de noce et les fesses de saint Jean, incertain s'il resteroit fidèle ou non à l'apôtre au menton ombragé d'un duvet léger : vous verriez ce qu'il en seroit de nos peintres, de nos poëtes et de nos statuaires ; de quel ton nous parlerions de ces charmes, qui joueroient un si grand et si merveilleux rôle dans l'histoire de notre religion et de notre Dieu ; et de quel œil nous regarderions la beauté à laquelle nous devrions la naissance, l'incarnation du sauveur, et la grace de notre rédemption.

Nous nous servons cependant encore des expressions de charmes divins, de beauté divine ; mais, sans quelque reste de paganisme, que l'habitude avec les anciens poëtes entretient dans nos cerveaux poétiques, cela seroit froid et vide de sens. Cent femmes de formes diverses peuvent recevoir le même éloge ; mais il n'en étoit pas ainsi chez les Grecs. Il existoit en marbre ou sur la toile un modèle donné ; et celui qui, aveuglé par sa passion, s'avisoit de comparer quelque figure commune avec la Vénus de Gnide ou de Paphos, étoit aussi ridicule que celui qui, parmi nous, oseroit mettre quelque petit nez retroussé de bourgeoise à côté de madame la comtesse de Brionne : on hausseroit les épaules, et on lui riroit au visage.

Nous avons cependant quelques caractères traditionnels, quelques figures données par la peinture et par la sculpture. Personne ne se méprend au Christ, à Saint Pierre, à la Vierge, à la plûpart des Apôtres ; et croyez-vous qu'au moment où un bon croyant reconnoît dans la rue quelques-unes de ces têtes, il n'éprouve pas un léger sentiment de respect ? Que seroit-ce donc si ces figures ne se présentoient jamais à la vue, sans réveiller un cortége d'idées douces, voluptueuses, agréables, qui missent les sens et les passions en jeu ?

Graces à Raphaël, au Guide, au Baroche, au Titien, et à quelques autres peintres italiens, lorsque quelque femme nous offre ce caractère de noblesse, de grandeur, d'innocence et de simplicité qu'ils ont donné à leurs vierges, voyez ce qui se passe alors dans l'ame ; si le sentiment qui nous affecte n'a pas quelque chose de romanesque, qui tient de l'admiration, de la tendresse et du respect ;

et si ce respect ne dure pas encore, lors même que nous savons, à n'en pouvoir douter, que cette vierge est consacrée par état au culte de la Vénus publique, qui se célèbre tous les soirs aux environs du Palais-Royal ? Il semble qu'on vous propose là d'aller coucher avec la mère de votre dieu. Il faut avouer aussi que ces belles et grandes indolentes-là ne promettent pas beaucoup de plaisir ; et qu'on les aimeroit mieux en peinture à son chevet, qu'en chair et vivantes dans son lit.

Combien de choses plus fines encore sur l'expression ! Savez-vous qu'elle décide quelquefois la couleur ? N'y a-t-il pas un teint plus analogue qu'un autre à certains états, à certaines passions ? La couleur pâle et blême ne messied pas aux poëtes, aux musiciens, aux statuaires, aux peintres : ces hommes sont communément bilieux ; fondez dans ce blême une teinte jaunâtre, si vous voulez. Les cheveux noirs ajoutent de l'éclat à la blancheur, et de la vivacité aux regards. Les cheveux blonds s'accorderont mieux avec la langueur, la paresse, la nonchalance, les peaux transparentes et fines, les yeux humides, tendres et bleus.

L'expression se fortifie merveilleusement par ces accessoires légers, qui facilitent encore l'harmonie. Si vous me peignez une chaumière, et que vous placiez un arbre à l'entrée, je veux que cet arbre soit vieux, rompu, gercé, caduc ; qu'il y ait une conformité d'accidens, de malheurs et de misère entre lui et l'infortuné, auquel il prête son ombre les jours de fête.

Les peintres ne manquent pas ces grossières analogies ; mais s'ils en connoissoient distinctement la raison, bientôt ils iroient plus loin. J'entends, ceux qui ont l'instinct de Greuze ; et les autres ne tomberoient pas dans des disparates qui font pitié, quand elles ne font pas rire.

Mais je vais vous développer, par un ou deux exemples, le fil secret et délié qui les a conduits dans le choix délicat de leurs accessoires. Presque tous les peintres de ruines vous montreront, autour de leurs fabriques solitaires, palais, villes, obélisques, ou autres édifices renversés, un vent violent qui souffle ; un voyageur qui porte son petit bagage sur son dos, et qui passe ; une femme courbée sous le poids de son enfant enveloppé dans des guenilles, et qui passe ; des hommes à cheval qui conversent, le nez sous leur manteau, et qui passent. Qui est-ce qui a suggéré ces accessoires ? L'affinité des idées. Tout passe ; l'homme et la demeure de l'homme. Changez l'espèce de l'édifice ruiné ; supposez à la place des ruines d'une ville, quelque grand tombeau ; vous verrez l'affinité des idées opérer pareillement sur l'artiste, et attirer des accessoires tout contraires aux premiers. Alors, le voyageur fatigué aura déposé son fardeau à ses pieds, et lui et son chien seront assis et se reposeront sur les dégrés du tombeau ; la femme arrêtée et assise, alaitera son enfant; les hommes seront descendus de cheval, et, laissant paître en liberté leurs animaux, étendus sur la terre, ils continueront l'entretien, ou ils s'amuseront à lire l'inscription de la tombe. C'est que les ruines sont un lieu de péril, et que les tombeaux sont des sortes d'asyles ; c'est que la vie est un voyage, et le tombeau le séjour du repos; c'est que l'homme s'assied, où la cendre de l'homme repose.

Il y auroit un contre-sens à faire passer le voyageur le long du tombeau, et à l'arrêter entre des ruines. Si le tombeau comporte autour de lui quelques êtres qui se meuvent, ce sont ou des oiseaux qui planent au-dessus à une grande hauteur, ou d'autres qui passent à tire-d'aile, ou des travailleurs à qui le labeur dérobe le terme de la vie, et qui chantent au loin. Je ne parle ici que des peintres de ruines. Les peintres d'histoire, les paysagistes varient, contrastent, diversifient leurs accessoires, comme les idées se diversifient, s'unissent, se fortifient, s'opposent et contrastent dans leur entendement.

Je me suis quelquefois demandé pourquoi les temples ouverts et isolés des anciens sont si beaux et font un si grand effet. C'est qu'on en décoroit les quatre faces, sans nuire à la simplicité : c'est qu'ils étoient accessibles de toutes parts, image de la sécurité. Les rois même ferment leurs palais par des portes ; leur caractère auguste ne suffit pas pour les garantir de la méchanceté des hommes. C'est qu'ils étoient placés dans des lieux écartés, et que l'horreur d'une forêt environnante, se joignant au sombre des idées superstitieuses, remuoit l'ame d'une sensation particulière. C'est que la divinité ne parle pas dans le tumulte des villes ; elle aime le silence et la solitude. C'est que l'hommage des hommes y étoit porté d'une manière plus secrette et plus libre. Il n'y avoit point de jours fixes où l'on s'y assemblât ; ou, s'il y en avoit, ces jours-là le concours et le tumulte les rendoient moins augustes, parce que le silence et la solitude n'y étoient plus.

Si j'avois eu à former la place de Louis XV où elle est, je me serois bien gardé d'abattre la forêt. J'aurois voulu qu'on en vît la profondeur obscure entre les colonnes d'un grand péristyle. Nos architectes sont sans génie ; ils ne savent ce que c'est que les idées accessoires, qui se réveillent par le local et les objets circonvoisins : c'est comme nos poëtes de théâtre, qui n'ont jamais su tirer aucun parti du lieu de la scène.

Ce seroit ici le moment de traiter du choix de la belle nature. Mais il suffit de savoir que tous les corps et tous les aspects d'un corps ne sont pas également beaux : voilà pour les formes. Que tous les visages ne sont pas également propres à rendre fortement la même passion ; il y a des boudeuses charmantes, et des ris déplaisans : voilà pour les caractères. Que tous les individus ne montrent pas également bien l'âge et la condition ; et qu'on ne risque jamais de se tromper, quand on établit la convenance la plus forte entre la nature dont on fait choix, et le sujet qu'on traite.

Mais ce que j'esquisse ici en passant se trouvera peut-être un peu plus fortement rendu au chapitre de la composition, qui va suivre. Qui sait où l'enchaînement des idées me conduira ? ma foi ! ce n'est pas moi.

CHAPITRE V.

Paragraphe sur la Composition, où j'espère que j'en parlerai.

Nous n'avons qu'une certaine mesure de sagacité. Nous ne sommes capables que d'une certaine durée d'attention. Lorsqu'on fait un poëme, un tableau, une comédie, une histoire, un roman, une tragédie, un ouvrage pour le peuple, il ne faut pas imiter les auteurs qui ont écrit des traités d'éducation. Sur deux mille enfans, à-peine y en a-t-il deux, qu'on puisse élever d'après leurs principes. S'ils y avoient réfléchi, ils auroient conçu qu'un aigle n'est pas le modèle commun d'une institution générale. Une composition, qui doit être exposée aux yeux d'une foule de toutes sortes de spectateurs, sera vicieuse, si elle n'est pas intelligible pour un homme de bon sens tout court.

Qu'elle soit simple et claire. Par conséquent aucune figure oisive, aucun accessoire superflu. Que le sujet en soit un. Le Poussin a montré dans un même tableau, sur le devant, Jupiter qui séduit Calisto; et dans le fond, la nymphe séduite traînée par Junon. C'est une faute indigne d'un artiste aussi sage.

Le peintre n'a qu'un instant; et il ne lui est pas plus permis d'embrasser deux instans, que deux actions. Il y a seulement quelques circonstances où il n'est ni contre la vérité, ni contre l'intérêt, de rappeler l'instant qui n'est plus, ou d'annoncer l'instant qui va suivre. Une catastrophe subite surprend un homme au milieu de ses fonctions; il est à la catastrophe, et il est encore à ses fonctions.

Un chanteur, que l'exécution d'un air *di bravura* met à la gêne; un violon, qui se démène et se tourmente, m'angoisse et me chagrine. J'exige du chanteur tant d'aisance et de liberté; je veux que le symphoniste promène ses doigts sur les cordes, si facilement, si légèrement, que je ne me doute pas de la difficulté de la chose. Il me faut du plaisir pur et sans peine; et je tourne le dos à un peintre qui me propose un emblême, un logogryphe à déchiffrer.

Si la scène est une, claire, simple et liée, j'en

saisirai l'ensemble d'un coup-d'œil; mais ce n'est pas assez. Il faut encore qu'elle soit variée; et elle le sera, si l'artiste est rigoureux observateur de la nature.

Un homme fait une lecture intéressante à un autre. Sans qu'ils y pensent l'un et l'autre, le lecteur se disposera de la manière la plus commode pour lui; l'auditeur en fera autant. Si c'est Robbé qui lit, il aura l'air d'un énergumène; il ne regardera pas son papier, ses yeux seront égarés dans l'air. Si je l'écoute, j'aurai l'air sérieux. Ma main droite ira chercher mon menton, et soutenir ma tête qui tombe; et ma main gauche ira chercher le coude de mon bras droit, et soutenir le poids de ma tête et de ce bras. Ce n'est pas ainsi que j'entendrois réciter Voltaire.

Ajoutez un troisième personnage à la scène, il subira la loi des deux premiers; c'est un système combiné de trois intérêts. Qu'il en survienne cent, deux cents, mille : la même loi s'observera. Sans doute il y aura un moment de bruit, de mouvement, de tumulte, de cris, de flux, de reflux, d'ondulations; c'est le moment où chacun ne pense qu'à soi, et cherche à se sacrifier la république entière. Mais on ne tardera pas à sentir l'absurdité de sa prétention et l'inutilité de ses efforts. Peu à peu chacun se résoudra à se départir d'une portion de son intérêt; et la masse se composera.

Jetez les yeux sur cette masse, dans le moment tumultueux : l'énergie de chaque individu s'exerce dans toute sa violence ; et comme il n'y en a pas un seul qui en soit pourvu précisément au même dégré, c'est ici comme aux feuilles d'un arbre ; pas une qui soit du même verd ; pas un de ces individus qui soit le même d'action et de position.

Regardez ensuite la masse dans le moment du repos, celui où chacun a sacrifié le moins qu'il a paru de son avantage ; et comme la même diversité subsiste dans les sacrifices, même diversité d'actions et de positions. Et le moment du tumulte et le moment du repos ont cela de commun, que chacun s'y montre ce qu'il est.

Que l'artiste garde cette loi des énergies et des intérêts ; et quelqu'étendue que soit sa toile, sa composition sera vraie par-tout. Le seul contraste que le goût puisse approuver, celui qui résulte de la variété des énergies et des intérêts, s'y trouvera ; et il n'y en faut point d'autre.

Ce contraste d'étude, d'académie, d'école, de technique, est faux. Ce n'est plus une action qui se passe en nature, c'est une action apprêtée, compassée, qui se joue sur la toile. Le tableau n'est plus une rue, une place publique, un temple ; c'est un théâtre.

On n'a point encore fait, et l'on ne fera jamais un morceau de peinture supportable, d'après une scène théâtrale ; et c'est, ce me semble, une des plus cruelles satires de nos acteurs, de nos décorations, et peut-être dé nos poëtes.

Une autre chose, qui ne choque pas moins, ce sont les petits usages des peuples civilisés. La politesse, cette qualité si aimable, si douce, si estimable dans le monde, est maussade dans les arts d'imitation. Une femme ne peut plier les genoux, un homme ne peut déployer son bras, prendre son chapeau sur sa tête, et tirer un pied en arrière, que sur un écran. Je sais bien qu'on m'objectera les tableaux de Watteau ; mais je m'en moque, et je persiste.

Otez à Watteau ses sites, sa couleur, la grace de ses figures, de ses vêtemens ; ne voyez que la scène, et jugez. Il faut aux arts d'imitation quelque chose de sauvage, de brut, de frappant et d'énorme. Je permettrai bien à un Persan de porter la main à son front et de s'incliner ; mais voyez le caractère de cet homme incliné ; voyez son respect, son adoration ; voyez la grandeur de sa draperie, de son mouvement. Quel est celui qui mérite un hommage si profond ? Est-ce son dieu ? est-ce son père ?

Ajoutez à la platitude de nos révérences, celle de nos vêtemens : nos manches retroussées, nos culottes en fourreau, nos basques carrées et plissées, nos jarretières sous le genou, nos boucles en lacs d'amour, nos souliers pointus. Je défie le génie même de la peinture et de la sculpture, de tirer parti de ce système de mesquinerie. La belle chose, en marbre ou en bronze, qu'un François avec son juste-au-corps à boutons, son épée et son chapeau !

Mais revenons à l'ordonnance, à l'ensemble des personnages. On peut, on doit en sacrifier un peu au technique. Jusqu'où ? je n'en sais rien. Mais je ne veux pas qu'il en coûte la moindre chose à l'expression, à l'effet du sujet. Touche-moi, étonne-moi, déchire-moi, fais-moi tressaillir, pleurer, frémir, m'indigner d'abord ; tu récréeras mes yeux après, si tu peux.

Chaque action a plusieurs instans ; mais je l'ai dit, et je le répète, l'artiste n'en a qu'un, dont la durée est celle d'un coup-d'œil. Cependant, comme sur un visage où régnoit la douleur et où l'on a fait poindre la joie, je retrouverai la passion présente confondue parmi les vestiges de la passion qui passe ; il peut aussi rester, au moment que le peintre a choisi, soit dans les attitudes, soit dans les caractères, soit dans les actions, des traces subsistantes du moment qui a précédé.

Un système d'êtres un peu composé ne change pas tout à-la-fois ; c'est ce que n'ignore pas celui qui connoît la nature, et qui a le sentiment du vrai : mais ce qu'il sent aussi, c'est que ces figures partagées, ces personnages indécis, ne concourant qu'à moitié à l'effet général, il perd du côté de l'intérêt ce qu'il gagne du côté de la variété. Qu'est-ce qui entraîne mon imagination? C'est le concours de la multitude. Je ne saurois me refuser à tant de monde qui m'invite. Mes yeux, mes bras, mon ame, se portent malgré moi où je vois leurs yeux, leurs bras, leur ame attachés. J'aimerois donc mieux, s'il étoit possible, reculer le moment de l'action, pour être énergique, et me débarrasser des paresseux. Pour les oisifs, à-moins que le contraste n'en soit sublime, cas rare, je n'en veux point. Encore, lorsque ce contraste est sublime, la scène change; et l'oisif devient le sujet principal.

Je ne saurois souffrir, à-moins que ce ne soit dans une apothéose, ou quelque autre sujet de verve pure, le mélange des êtres allégoriques et réels. Je vois frémir d'ici tous les admirateurs de Rubens; mais, peu m'importe, pourvu que le bon goût et la vérité me sourient.

Le mélange des êtres allégoriques et réels donne à l'histoire l'air d'un conte; et, pour trancher le mot, ce défaut défigure pour moi la plûpart des compositions de Rubens. Je ne les entends pas. Qu'est-ce que cette figure qui tient un nid d'oiseaux, un Mercure, l'arc-en-ciel, le zodiaque, le sagittaire, dans la chambre et autour du lit d'une accouchée? Il faudroit faire sortir de la bouche de chacun de ces personnages, comme on le voit à nos vieilles tapisseries de château, une légende qui dit ce qu'ils veulent.

Je vous ai déjà dit mon avis sur le monument de Rheims, exécuté par Pigal; et mon sujet m'y ramène. Que signifie, à côté de ce porte-faix étendu sur des ballots, cette femme qui conduit un lion par la crinière ? La femme et l'animal s'en vont du côté du porte-faix endormi; et je suis sûr qu'un enfant s'écrieroit : Maman, cette femme va faire manger ce pauvre homme-là, qui dort, par sa bête. Je ne sais si c'est son dessein; mais cela arrivera, si cet homme ne s'éveille, et que cette femme fasse un pas de plus. Pigal, mon ami, prends ton marteau; brise-moi cette association d'êtres bizarres. Tu veux faire un roi protecteur; qu'il le soit de l'agriculture, du commerce et de la population. Ton porte-faix dormant sur ses ballots, voilà bien le Commerce. Abats; de l'autre côté de ton piédestal, un taureau; qu'un vigoureux habitant des champs se repose entre les cornes de l'animal; et tu auras l'Agriculture. Place entre l'un et l'autre une bonne grosse paysanne qui allaite un enfant; et je reconnoîtrai la Population. Est-ce que ce n'est pas une belle chose qu'un taureau abattu ? Est-ce que ce n'est pas une belle chose qu'un paysan nu qui se repose ? Est-ce que ce n'est pas une belle chose qu'une paysanne à grands traits et grandes mamelles ? Est-ce que cette composition n'offrira pas à ton ciseau toutes sortes de natures ? Est-ce que cela ne me touchera pas, ne m'intéressera pas plus que tes figures symboliques ? Tu m'auras montré le monarque protecteur des conditions subalternes, comme il le doit être; car ce sont elles qui forment le troupeau et la nation.

C'est qu'il faudroit méditer profondément son sujet. Il s'agit vraiment bien de meubler sa toile de figures ! Il faut que ces figures s'y placent d'elles-mêmes comme dans la nature. Il faut qu'elles concourent toutes à un effet commun, d'une manière forte, simple et claire ; sans quoi je dirai comme Fontenelle à la sonate : Figure, que me veux-tu ?

La peinture a cela de commun avec la poésie, et il semble qu'on ne s'en soit pas encore avisé, que toutes deux elles doivent être *bene moratæ*; il faut qu'elles ayent des mœurs. Boucher ne s'en doute pas ; il est toujours vicieux, et n'attache jamais. Greuze est toujours honnête ; et la foule se presse autour de ses tableaux. J'oserois dire à Boucher : Si tu ne t'adresses jamais qu'à un polisson de dix-huit ans, tu as raison, mon ami; continue à faire des culs, des tetons ; mais, pour les honnêtes gens et moi, on aura beau t'exposer à la grande lumière du Salon, nous t'y laisserons pour aller chercher dans un coin obscur, ce Russe charmant de Le Prince, et cette jeune, honnête, innocente marraine qui est debout à ses côtés. Ne t'y trompe pas; cette figure-là me fera plutôt faire un péché le matin que toutes tes impures. Je ne sais où tu vas les prendre ; mais il n'y a pas moyen de s'y arrêter, quand on fait quelque cas de sa santé.

Je ne suis pas scrupuleux. Je lis quelquefois mon Pétrone. La satyre d'Horace, *Ambubaiarum*, me plaît au-moins autant qu'une autre. Les petits madrigaux infâmes de Catulle, j'en sais les trois quarts par cœur. Quand je suis en pique-nique avec mes amis, et que la tête s'est un peu échauffée de vin blanc, je cite sans rougir une épigramme de Ferrand. Je pardonne au poëte, au peintre, au sculpteur, au philosophe même, un instant de verve et de folie ; mais je ne veux pas qu'on trempe toujours là son pinceau, et qu'on pervertisse le but des arts. Un des plus beaux vers de Virgile, et un des plus beaux principes de l'art imitatif, c'est celui-ci :

Sunt lacrimæ rerum, et mentem mortalia tangunt.

Il faudroit l'écrire sur la porte de son atelier : *Ici les malheureux trouvent des yeux qui les pleurent.*

Rendre la vertu aimable, le vice odieux, le ridicule saillant, voilà le projet de tout honnête homme qui prend la plume, le pinceau, ou le ciseau. Qu'un méchant soit en société, qu'il y porte la conscience de quelque infamie secrète, ici il en trouve le châtiment. Les gens de bien l'asséyent, à leur insçu, sur la sellette. Ils le jugent, ils l'interpellent lui-même. Il a beau s'embarrasser, pâlir, balbutier; il faut qu'il souscrive à sa propre sentence. Si ses pas le conduisent au Salon, qu'il craigne d'arrêter ses regards sur la toile sévère ! C'est à toi qu'il appartient aussi de célébrer, d'éterniser les grandes et belles actions, d'honorer la vertu malheureuse et flétrie, de flétrir le vice heureux et honoré, d'effrayer les tyrans. Montre-moi Commode abandonné aux bêtes ; que je le voye, sur ta toile, déchiré à coups de crocs. Fais-moi entendre les cris mêlés de la fureur et de la joie autour de son cadavre. Venge l'homme de bien du méchant, des dieux et du destin. Préviens, si tu l'oses, les jugemens de la postérité; ou, si tu n'en as pas le courage, peins-moi du-moins celui qu'elle a porté. Reverse sur les peuples fanatiques l'ignominie dont ils ont prétendu couvrir ceux qui les instruisoient et qui leur disoient la vérité. Étale-moi les scènes sanglantes du fanatisme. Apprends aux souverains et aux peuples ce qu'ils ont à espérer de ces prédicateurs sacrés du mensonge. Pourquoi ne veux-tu pas t'asseoir aussi parmi les précepteurs du genre-humain, les consolateurs des maux de la vie, les vengeurs du crime, les rémunérateurs de la vertu ? Est-ce que tu ne sais pas que,

> Segnius irritant animos demissa per aures,
> Quam quæ sunt oculis subjecta fidelibus, et quæ
> Ipse sibi tradit spectator?

Tes personnages sont muets, si tu veux ; mais ils font que je me parle, et que je m'entretiens avec moi-même.

On distingue la composition en pittoresque et en expressive. Je me soucie bien que l'artiste ait disposé ses figures pour les effets les plus piquans de lumière, si l'ensemble ne s'adresse point à mon ame ; si ces personnages y sont comme des particuliers qui s'ignorent dans une promenade publique, ou comme les animaux au pied des montagnes du paysagiste.

Toute composition expressive peut être en-même-temps pittoresque ; et quand elle a toute l'expression dont elle est susceptible, elle est suffisamment pittoresque ; et je félicite l'artiste de n'avoir pas immolé le sens-commun au plaisir de l'organe. S'il eût fait autrement, je me serois écrié, comme si j'avois entendu un beau parleur qui déraisonne : Tu dis très-bien, mais tu ne sais ce que tu dis.

Il y a sans-doute des sujets ingrats ; mais c'est pour l'artiste ordinaire, qu'ils sont communs. Tout est ingrat pour une tête stérile. A votre avis, étoit-ce un sujet bien intéressant qu'un prêtre qui dicte à son secrétaire des homélies ? Voyez cependant ce que Carles Vanloo en a fait. C'est, sans contredit, le sujet le plus simple, et la plus belle de ses esquisses.

On a prétendu que l'ordonnance étoit inséparable de l'expression. Il me semble qu'il peut y avoir de l'ordonnance sans expression, et que rien même n'est si commun. Pour de l'expression sans ordonnance, la chose me paroît plus rare ; sur-tout quand je considère que le moindre accessoire superflu nuit à l'expression, ne fût-ce qu'un chien, un cheval, un bout de colonne, une urne.

L'expression exige une imagination forte, une verve brûlante, l'art de susciter des fantômes, de les animer, de les agrandir ; l'ordonnance, en poésie ainsi qu'en peinture, suppose un certain tempérament de jugement et de verve, de chaleur et de sagesse, d'ivresse et de sens-froid, dont les exemples ne sont pas communs en nature. Sans cette balance rigoureuse, selon que l'enthousiasme ou la raison prédomine, l'artiste est extravagant ou froid.

La principale idée bien conçue doit exercer son despotisme sur toutes les autres. C'est la force motrice de la machine, qui, semblable à celle qui retient les corps célestes dans leurs orbes et les entraîne, agit en raison inverse de la distance.

L'artiste veut-il savoir s'il ne reste rien d'équivoque et d'indécis sur sa toile ? Qu'il appelle deux hommes instruits qui lui expliquent séparément et en détail toute sa composition. Je ne connois presqu'aucune composition moderne qui résistât à cet essai. De cinq à six figures, à-peine en resteroit-il deux ou trois, sur lesquelles il ne fallût pas passer la brosse. Ce n'est pas assez que tu ayes voulu que celui-ci fît telle chose, celui-là telle autre ; il faut encore que ton idée ait été juste et conséquente, et que tu l'ayes rendue si nettement que je ne m'y méprenne pas, ni moi, ni les autres, ni ceux qui sont à-présent, ni ceux qui viendront après.

Il y a dans presque tous nos tableaux une foiblesse de concept, une pauvreté d'idée, dont il est impossible de recevoir une secousse violente, une sensation profonde. On regarde ; on tourne la tête ; et l'on ne se rappelle rien de ce qu'on a vu. Nul fantôme qui vous obsède et qui vous suive. J'ose proposer au plus intrépide de nos artistes de nous effrayer autant par son pinceau que nous le sommes par le simple récit du gazetier, de cette foule d'Anglois expirans, étouffés dans un cachot trop étroit par les ordres d'un Nabab. Et à quoi sert donc que tu broyes tes couleurs, que tu prennes ton pinceau, que tu épuises toutes les ressources de ton art, si tu m'affectes moins qu'une gazette ? C'est que ces hommes sont sans imagination, sans verve : c'est qu'ils ne peuvent atteindre à aucune idée forte et grande.

Plus une composition est vaste, plus elle demande d'études d'après nature. Or, quel est celui d'entre eux qui aura la patience de la finir ? Qui est-ce qui y mettra le prix quand elle sera achevée ? Parcourez les ouvrages des grands maîtres, et vous y remarquerez en cent endroits l'indigence de l'artiste à côté de son talent ; parmi quelques vérités de nature, une infinité de choses exécutées de routine. Celles-ci blessent d'autant plus qu'elles sont à côté des autres ; c'est le mensonge rendu plus choquant par la présence de la vérité. Ah ! si un sacrifice, une bataille, un triomphe, une scène publique pouvoit être rendue avec la même vérité dans tous ses détails, qu'une scène domestique de Greuze ou de Chardin !

C'est sous ce point de vue sur-tout, que le travail du peintre d'histoire est infiniment plus difficile que celui du peintre de genre. Il y a une infinité de tableaux de genre qui défient notre critique. Quel est le tableau de bataille qui pût supporter le regard du roi de Prusse ? Le peintre de genre a sa scène sans cesse présente sous ses yeux ; le peintre d'histoire, ou n'a jamais vu, ou n'a vu qu'un instant la sienne. Et puis l'un est pur et simple imitateur, copiste d'une nature commune ; l'autre est, pour ainsi dire, le créateur d'une nature idéale et poétique. Il marche sur une ligne difficile à garder. D'un côté de cette ligne, il tombe dans le mesquin ; de l'autre, il tombe dans l'outré. On peut dire de l'un, *multa ex industriá, pauca ex animo* ; de l'autre, au contraire, *pauca ex industriá, plurima ex animo.*

L'immensité du travail rend le peintre d'histoire

négligent dans les détails. Où est celui de nos peintres, qui se soucie de faire des pieds et des mains ? Il vise, dit-il, à l'effet général ; et ces misères n'y font rien. Ce n'étoit pas l'avis de Paul Véronèse ; mais c'est le sien. Presque toutes les grandes compositions sont croquées. Cependant le pied et la main du soldat qui joue aux cartes dans son corps-de-garde, sont les mêmes dont il marche au combat, dont il frappe dans la mêlée.

Que voulez-vous que je vous dise du costume ? Il seroit choquant de le braver à un certain point ; il y auroit plus souvent de la pédanterie et du mauvais goût à s'y assujettir à la rigueur. Des figures nues dans un siècle, chez un peuple, au milieu d'une scène où c'est l'usage de se vêtir, ne nous offensent point. C'est que la chair est plus belle que la plus belle draperie ; c'est que le corps de l'homme, sa poitrine, ses bras, ses épaules ; c'est que les pieds, les mains, la gorge d'une femme sont plus beaux que toute la richesse des étoffes dont on les couvriroit ; c'est que l'exécution en est encore plus savante et plus difficile ; c'est que *major è longinquo reverentia,* et qu'en faisant nu on éloigne la scène, on rappelle un âge plus innocent et plus simple, des mœurs plus sauvages, plus analogues aux arts d'imitation ; c'est qu'on est mécontent du temps présent, et que ce retour vers les temps antiques ne nous déplaît pas ; c'est que si les nations sauvages se civilisent imperceptiblement, il n'en est pas tout-à-fait de même des individus ; qu'on voit bien des hommes se dépouiller et se faire sauvages, mais rarement des sauvages prendre des habits et se civiliser ; c'est que les figures à demi-nues, dans une composition, sont comme les forêts et la campagne transportés autour de nos maisons.

Græca res est nihil velare. C'étoit l'usage des Grecs, nos maîtres dans tous les beaux arts. Mais si nous avons permis à l'artiste de dépouiller ses figures, n'ayons pas la barbarie de l'asservir à un costume ridicule et gothique. Les yeux du goût ne sont pas ceux du pensionnaire de l'académie des inscriptions. Bouchardon a vêtu Louis XV à la romaine ; et il a bien fait. Toute-fois ne faisons pas un précepte d'une licence. *Licentia sumpta pudenter.* Comme ces gens-ci sont ignorans, et qu'ils ne savent point garder de mesure, si vous leur jetez la bride sur le col, je ne désespère pas qu'ils n'en viennent à mettre un plumet sur la tête d'un soldat romain.

Je ne connois guères de loix sur la manière de draper les figures ; elle est toute de poésie pour l'invention, toute de rigueur pour l'exécution. Point de petits plis chiffonnés les uns sur les autres. Celui qui aura jeté un morceau d'étoffe sur le bras tendu d'un homme, et qui, faisant seulement tourner ce bras sur lui-même, aura vu des muscles qui sailloient s'affaisser, des muscles affaissés devenir saillans, et l'étoffe dessiner ces mouvemens, prendra son mannequin, et le jettera dans le feu. Je ne puis souffrir qu'on me montre l'écorché sous la peau; mais on ne peut trop me montrer le nu sous la draperie.

On dit beaucoup de bien et beaucoup de mal de la manière de draper des anciens. Mon avis, qui est en ceci sans conséquence, est qu'elle étend la lumière des parties larges par l'opposition des ombres et des lumières des petites parties longues et étroites. Une autre manière de draper, sur-tout en sculpture, oppose des lumières larges à des lumières larges, et détruit l'effet des unes par les autres.

Il me semble qu'il y a autant de genres de peinture que de genres de poésie; mais c'est une division superflue. La peinture en portrait et l'art du buste doivent être honorés *chez un peuple républicain,* où il convient d'attacher sans cesse les regards des citoyens sur les défenseurs de leurs droits et de leur liberté. *Dans un état monarchique* c'est autre chose; il n'y a que Dieu et le Roi.

Cependant, s'il est vrai qu'un art ne se soutienne que par le premier principe qui lui donna naissance, la médecine par l'empyrisme, la peinture par le portrait, la sculpture par le buste; le mépris du portrait et du buste annonce la décadence des deux arts. Point de grands peintres qui n'ayent su faire le portrait : témoins Raphaël, Rubens, Le Sueur, Vandick. Point de grands sculpteurs qui n'ayent su faire le buste. Tout élève commence comme l'art a commencé. Pierre disoit un jour : Savez-vous pourquoi, nous autres peintres d'histoire, nous ne faisons pas le portrait ? c'est que cela est trop difficile.

Les peintres de genre et les peintres d'histoire n'avouent pas nettement le mépris qu'ils se portent réciproquement ; mais on le devine. Ceux-ci regardent les premiers comme des têtes étroites, sans idées, sans poésie, sans grandeur, sans élévation, sans génie, qui vont se traînant servilement d'après la nature qu'ils n'osent perdre un moment de vue. Pauvres copistes, qu'ils compareroient volontiers à notre artisan des Gobelins, qui va choisissant ses brins de laine les uns après les autres, pour en former la vraie nuance du tableau de l'homme sublime qu'il a derrière le dos. A les entendre, ce sont gens à petits sujets mesquins, à petites scènes domestiques prises du coin des rues, à qui l'on ne peut rien accorder au-delà du mécanique du métier, et qui ne sont rien quand ils n'ont pas porté ce mérite au dernier dégré. Le peintre de genre, de son côté, regarde la peinture historique comme un genre romanesque, où il n'y a ni vraisemblance ni vérité ; où tout est outré ; qui n'a rien de commun avec la nature ; où la fausseté se décèle ;

et dans les caractères exagérés, qui n'ont existé nulle part; et dans les incidens, qui sont tous d'imagination; et dans le sujet entier, que l'artiste n'a jamais vu hors de sa tête creuse; et dans les détails, qu'il a pris on ne sait où; et dans ce style qu'on appelle grand et sublime, et qui n'a point de modèle en nature; et dans les actions et les mouvemens des figures, si loin des actions et des mouvemens réels. Vous voyez bien, mon ami, que c'est la querelle de la prose et de la poésie, de l'histoire et du poëme épique, de la tragédie héroïque et de la tragédie bourgeoise, de la tragédie bourgeoise et de la comédie gaie.

Il me semble que la division de la peinture, en peinture de genre et peinture d'histoire, est sensée; mais je voudrois qu'on eût un peu plus consulté la nature des choses dans cette division. On appelle du nom de peintres de genre indistinctement, et ceux qui ne s'occupent que des fleurs, des fruits, des animaux, des bois, des forêts, des montagnes, et ceux qui empruntent leurs scènes de la vie commune et domestique; Téniers, Wouwermans, Greuze, Chardin, Loutherbourg, Vernet même sont des peintres de genre. Cependant je proteste que le père qui fait la lecture à sa famille, le fils ingrat, et les fiançailles, de Greuze; que les marines de Vernet, qui m'offrent toutes sortes d'incidens et de scènes, sont autant pour moi des tableaux d'histoire, que les sept sacremens du Poussin, la famille de Darius de Le Brun, ou la Suzanne de Vanloo.

Voici ce que c'est. La nature a diversifié les êtres en froids, immobiles, non vivans, non sentans, non pensans, et en êtres qui vivent, sentent et pensent. La ligne étoit tracée de toute éternité : il fallait appeler *peintres de genre*, les imitateurs de la nature brute et morte ; *peintres d'histoire*, les imitateurs de la nature sensible et vivante ; et la querelle étoit finie.

Mais, en laissant aux mots les acceptions reçues, je vois que la peinture de genre a presque toutes les difficultés de la peinture historique ; qu'elle exige autant d'esprit, d'imagination, de poésie même, égale science du dessin, de la perspective, de la couleur, des ombres, de la lumière, des caractères, des passions, des expressions, des draperies, de la composition, une imitation plus stricte de la nature, des détails plus soignés ; et que, nous montrant des choses plus connues et plus familières, elle a plus de juges et de meilleurs juges.

Homère est-il moins grand poëte, lorsqu'il range des grenouilles en bataille sur les bords d'une marre, que lorsqu'il ensanglante les flots du Simoïs et du Xante, et qu'il engorge le lit des deux fleuves de cadavres humains ? Ici seulement les objets sont plus grands, les scènes plus terribles. Qui est-ce qui ne se reconnoît pas dans Molière ? Et si l'on ressuscitoit les héros de nos tragédies, ils auroient bien de la peine à se reconnoître sur notre scène; et, placés devant nos tableaux historiques, Brutus, Catilina, César, Auguste, Caton, demanderoient infailliblement qui sont ces gens-là. Qu'est-ce que cela signifie, si-non que la peinture d'histoire demande plus d'élévation, d'imagination peut-être, une autre poésie plus étrange? la peinture de genre, plus de vérité? et que cette dernière peinture, même réduite au vase et à la corbeille de fleurs, ne se pratiqueroit pas sans toute la ressource de l'art et quelqu'étincelle de génie, si ceux dont elle décore les appartemens avoient autant de goût que d'argent?

Pourquoi me placer sur ce buffet nos maussades ustensiles de ménage? Est-ce que ces fleurs seront plus brillantes dans un pot de la manufacture de Nevers, que dans un vase de meilleure forme? Et pourquoi ne verrois-je pas, autour de ce vase, une danse d'enfans, les joies du temps de la vendange, une bacchanale? Pourquoi, si ce vase a des anses, ne les pas former de deux serpens entrelacés? Pourquoi la queue de ces serpens n'iroit-elle pas faire quelques circonvolutions à la partie inférieure? Et pourquoi leurs têtes penchées sur l'orifice, ne sembleroient-elles pas y chercher l'eau pour se désaltérer? Mais il faudroit savoir animer les choses mortes; et le nombre de ceux qui savent conserver la vie aux choses qui l'ont reçue, est facile à compter.

Un mot encore, avant que de finir, sur les peintres en portrait et sur les sculpteurs.

Un portrait peut avoir l'air triste, sombre, mélancolique, serein, parce que ces états sont permanens; mais un portrait qui rit est sans noblesse, sans caractère, souvent même sans vérité, et par conséquent une sottise. Le ris est passager. On rit par occasion; mais on n'est pas rieur par état.

Je ne saurois m'empêcher de croire qu'en sculpture une figure qui fait bien ce qu'elle fait, ne fasse bien ce qu'elle fait, et par conséquent ne soit belle de tous côtés. La vouloir également belle de tous côtés, c'est une sottise. Chercher entre ses membres des oppositions purement techniques, y sacrifier la vérité rigoureuse de son action, voilà l'origine du style antithétique et petit. Toute scène a un aspect, un point de vue plus intéressant qu'aucun autre; c'est de-là qu'il faut la voir. Sacrifiez à cet aspect, à ce point de vue, tous les aspects, ou points de vue subordonnés; c'est le mieux.

Quel grouppe plus simple, plus beau que celui du Laocoon et de ses enfans? Quel grouppe plus maussade, si on le regarde par la gauche, de l'endroit où la tête du père se voit à-peine, et où l'un des enfans est projeté sur l'autre? Cependant le Laocoon est jusqu'à-présent le plus beau morceau de sculpture connu.

CHAPITRE VI.

Mon mot sur l'Architecture.

Il ne s'agit point ici, mon ami, d'examiner le caractère des différens ordres d'architecture ; encore moins de balancer les avantages de l'architecture grecque et romaine avec les prérogatives de l'architecture gothique ; de vous montrer celle-ci étendant l'espace au-dedans par la hauteur de ses voûtes et la légéreté de ses colonnes, détruisant au-dehors l'imposant de la masse par la multitude et le mauvais goût des ornemens ; de faire valoir l'analogie de l'obscurité des vitraux colorés, avec la nature incompréhensible de l'être adoré et les idées sombres de l'adorateur : mais de vous convaincre que, sans architecture, il n'y a ni peinture ni sculpture ; et que c'est à l'art, qui n'a point de modèle subsistant sous le ciel, que les deux arts imitateurs de la nature doivent leur origine et leur progrès.

Transportez-vous dans la Grèce, au temps où une énorme poutre de bois, soutenue sur deux troncs d'arbres équarris, formoit la magnifique et superbe entrée de la tente d'Agamemnon ; ou, sans remonter si loin dans les âges, établissez-vous entre les sept collines, lorsqu'elles n'éloient couvertes que de chaumières, et ces chaumières habitées par les brigands, ayeux des fastueux maîtres du monde.

Croyez-vous que dans toutes ces chaumières il y eût un seul morceau de peinture, bonne ou mauvaise ? Certainement vous ne le croyez pas.

Et les dieux, mieux révérés peut-être que quand ils sortirent de dessous le ciseau des plus grands maîtres, comment les y voyez-vous ? Fort inférieurs, beaucoup plus mal taillés, sans-doute, que ces buches de bois informes, auxquelles le charpentier a fait à-peu-près un nez, des yeux, une bouche, des pieds et des mains, et devant lesquelles l'habitant de nos hameaux fait sa prière.

Eh bien ! mon ami, comptez que les temples, les chaumières et les dieux resteront dans cet état misérable, jusqu'à ce qu'il arrive quelque grande calamité publique, une guerre, une famine, une peste, un vœu public, en conséquence duquel vous voyiez un arc de triomphe élevé au vainqueur, une grande fabrique de pierre consacrée au dieu.

D'abord, l'arc de triomphe et le temple ne se feront remarquer que par la masse ; et je ne crois pas que la statue qu'on y placera, ait d'autre avantage sur l'ancienne que d'être plus grande. Pour plus grande, elle le sera certainement ; car il faudra proportionner l'hôte à son nouveau domicile.

De tous temps, les souverains ont été les émules des dieux. Lorsque le dieu aura une vaste demeure, le souverain exhaussera la sienne ; les grands, émules des souverains, exhausseront les leurs : les premiers citoyens, émules des grands, en feront autant ; et, dans l'intervalle de moins d'un siècle, il faudra sortir de l'enceinte des sept collines, pour retrouver une chaumière.

Mais les murs des temples, du palais du maître, des hôtels des premiers hommes de l'état, des maisons des citoyens opulens, offriront de toutes parts de grandes surfaces nues qu'il faudra couvrir.

Les chétifs dieux domestiques ne répondront plus à l'espace qu'on leur aura accordé ; il en faudra tailler d'autres.

On les taillera du mieux qu'on pourra ; on revêtira les murs de toiles plus ou moins mal barbouillées.

Mais le goût s'accroissant avec la richesse et le luxe, bientôt l'architecture des temples, des palais, des hôtels, des maisons, deviendra meilleure ; et la sculpture et la peinture suivront ses progrès.

J'en appelle à-présent de ces idées à l'expérience.

Citez-moi un peuple qui ait des statues et des tableaux, des peintres et des sculpteurs, sans palais ni temples, ou avec des temples d'où la nature du culte ait banni la toile coloriée et la pierre sculptée.

Mais, si c'est l'architecture qui a donné naissance à la peinture et à la sculpture, c'est en revanche à ces deux arts que l'architecture doit sa grande perfection ; et je vous conseille de vous méfier du talent d'un architecte, qui n'est pas un grand dessinateur. Où cet homme se seroit-il formé l'œil ? Où auroit-il pris le sentiment exquis des proportions ? Où auroit-il puisé les idées du grand, du simple, du noble, du lourd, du léger, du svelte, du grave, de l'élégant, du sérieux ? Michel-Ange étoit grand dessinateur, lorsqu'il conçut le plan de la façade et du dôme de Saint-Pierre de Rome ; et notre Perrault dessinoit supérieurement, lorsqu'il imagina la colonnade du Louvre.

Je terminerai ici mon chapitre sur l'architecture. Tout l'art est compris sous ces trois mots : solidité ou sécurité, convenance et symmétrie.

D'où l'on doit conclure que ce système de mesures d'ordres vitruviennes et rigoureuses, semble n'avoir été inventé que pour conduire à la monotonie et étouffer le génie.

Cependant je ne finirai point ce paragraphe, sans vous proposer un petit problème à résoudre.

On dit de Saint-Pierre de Rome, que les proportions y sont si parfaitement gardées, que l'édifice perd au premier coup-d'œil tout l'effet de sa grandeur et de son étendue ; en sorte qu'on peut en dire : *Magnus esse, sentiri parvus.*

Là-dessus, voici comment on raisonne. A quoi donc ont servi toutes ces admirables proportions ? A rendre petite et commune une grande chose ? Il semble qu'il eût mieux valu s'en écarter, et qu'il y auroit eu plus d'habileté à produire l'effet contraire, et à donner de la grandeur à une chose ordinaire et commune.

On répond qu'à-la-vérité l'édifice auroit paru plus grand au premier coup-d'œil, si l'on eût sacrifié avec art les proportions ; mais on demande lequel étoit préférable, ou de produire une admiration grande et subite, ou d'en créer une qui commençât foible, s'accrût peu-à-peu, et devînt enfin grande et permanente, par un examen réfléchi et détaillé ?

On accorde que, tout étant égal d'ailleurs, un homme mince et élancé paroîtra plus grand qu'un homme bien proportionné ; mais on demande encore quel est, de ces deux hommes, celui qu'on admirera davantage ; et si le premier ne consentiroit pas à être réduit aux proportions les plus rigoureuses de l'antique, au hasard de perdre quelque chose de sa grandeur apparente ?

On ajoute que l'édifice étroit que l'art a agrandi, finit par être conçu tel qu'il est ; au-lieu que le grand édifice, que l'art et ses proportions ont réduit à une apparence ordinaire et commune, finit par être conçu grand, le prestige défavorable des proportions s'évanouissant par la comparaison nécessaire du spectateur avec quelques-unes des parties de l'édifice.

On réplique qu'il n'est pas étonnant que l'homme consente à perdre de sa grandeur apparente, en acceptant des proportions rigoureuses, parce qu'il n'ignore pas que c'est de cette exactitude rigoureuse dans la proportion de ses membres, qu'il obtiendra l'avantage de satisfaire, le plus parfaitement qu'il est possible, aux différentes fonctions de la vie ; que c'est d'elle que dépendront la force, la dignité, la grace, en un mot la beauté dont l'utilité est toujours la base ; mais qu'il n'en est pas ainsi d'un édifice qui n'a qu'un seul objet, qu'un seul but.

On nie que la comparaison du spectateur avec une des parties de l'édifice produise l'effet qu'on en attend, et répare l'illusion défavorable du premier coup-d'œil. En s'approchant de cette statue, qui devient tout-à-coup colossale, sans-doute on est étonné : on conçoit l'édifice beaucoup plus grand qu'on ne l'avoit d'abord apprécié ; mais le dos tourné à la statue, la puissance générale de toutes les autres parties de l'édifice reprend son empire, et restitue l'édifice, grand en lui-même, à une apparence ordinaire et commune ; en sorte que, d'un côté, chaque détail paroît grand, tandis que le tout reste petit et commun ; au-lieu que dans le systéme contraire d'irrégularité, chaque détail paroît petit, tandis que le tout reste extraordinaire, imposant et grand.

Le talent d'aggrandir les objets par la magie de l'art, celui d'en dérober l'énormité par l'intelligence des proportions, sont assurément deux grands talens ; mais quel est le plus grand des deux ? Quel est celui que l'architecte doit préférer ? Comment falloit-il faire Saint-Pierre de Rome ? Valoit-il mieux réduire cet édifice à un effet ordinaire et commun, par l'observation rigoureuse des proportions, que de lui donner un aspect étonnant par une ordonnance moins sévère et moins régulière ?

Et que l'on ne se presse pas de choisir ; car enfin, Saint-Pierre de Rome, graces à ses proportions si vantées, ou n'obtient jamais, ou n'acquiert qu'à la longue ce qu'on lui auroit accordé constamment et subitement dans un autre système. Qu'est-ce qu'un accord qui empêche l'effet général ? Qu'est-ce qu'un défaut qui fait valoir le tout ?

Voilà la querelle de l'architecture gothique et de l'architecture grecque ou romaine, proposée dans toute sa force.

Mais la peinture n'offre-t-elle pas la même question à résoudre ? Quel est le grand peintre, ou de Raphaël que vous allez chercher en Italie, et devant lequel vous passeriez sans le reconnoître, si l'on ne vous tiroit pas par la manche, et qu'on ne vous dît pas, le voilà ; ou de Rembrandt, du Titien, de Rubens, de Vandick, et de tel autre grand coloriste, qui vous appelle de loin, et vous attache par une si forte, si frappante imitation de la nature, que vous ne pouvez plus en arracher les yeux ?

Si nous rencontrions dans la rue une seule des figures de femmes de Raphaël, elle nous arrêteroit tout-à-coup ; nous tomberions dans l'admiration la plus profonde ; nous nous attacherions à ses pas ; et nous la suivrions jusqu'à ce qu'elle nous fût dérobée. Et il y a sur la toile du peintre, deux, trois, quatre figures semblables ; elles y sont environnées d'une foule d'autres figures d'hommes d'un aussi beau caractère : toutes concourent de la manière la plus grande, la plus simple, la plus vraie, à une action extraordinaire, intéressante ; et rien ne m'appelle, rien ne me parle, rien ne m'arrête ! Il faut qu'on m'avertisse de regarder, qu'on me donne un petit coup sur l'épaule ; tandis que, savans et ignorans, grands et petits, se précipitent d'eux-mêmes vers les bamboches de Téniers !

J'oserois dire à Raphaël : *Oportuit hæc facere, et alia non omittere*. J'oserois dire qu'il n'y eut peut-être pas un plus grand poëte que Raphaël : pour un plus grand peintre, je le demande ; mais qu'on commence d'abord par bien définir la peinture.

Autre question. Si l'on a appauvri l'architecture, en l'assujettissant à des mesures, à des modules; elle qui ne doit reconnoître de loi que celle de la variété infinie des convenances, n'auroit-on pas aussi appauvri la peinture, la sculpture, et tous les arts, enfans du dessin, en soumettant les figures à des hauteurs de têtes, les têtes à des longueurs de nez ? N'auroit-on pas fait de la science des conditions, des caractères, des passions, des organisations diverses, une petite affaire de règle et de compas ? Qu'on me montre sur toute la surface de la terre, je ne dis pas une seule figure entière, mais la plus petite partie d'une figure, un ongle, que l'artiste puisse imiter rigoureusement. Mais, laissant de côté les difformités naturelles, pour ne s'attacher qu'à celles qui sont nécessairement occasionnées par les fonctions habituelles, il me semble qu'il n'y a que les dieux et l'homme sauvage, dans la représentation desquels on puisse s'assujettir à la rigueur des proportions; ensuite les héros, les prêtres, les magistrats, mais avec moins de sévérité. Dans les ordres inférieurs, il faut choisir l'individu le plus rare, ou celui qui représente le mieux son état, et se soumettre ensuite à toutes les altérations qui le caractérisent. La figure sera sublime, non pas quand j'y remarquerai l'exactitude des proportions; mais quand j'y verrai, tout au contraire, un système de difformités bien liées et bien nécessaires.

En effet, si nous connoissions bien comment tout s'enchaîne dans la nature, que deviendroient toutes les conventions symmétriques ? Un bossu est bossu de la tête aux pieds. Le plus petit défaut particulier a son influence générale sur toute la masse. Cette influence peut devenir imperceptible; mais elle n'en est pas moins réelle. Combien de règles et de productions, qui ne doivent notre aveu qu'à notre paresse, notre expérience, notre ignorance et nos mauvais yeux !

Et puis, pour en revenir à la peinture, d'où nous sommes partis, souvenons-nous sans cesse de la règle d'Horace :

.... Pictoribus atque poetis
Quidlibet audendi semper fuit æqua potestas.
Sed non ut placidis coeant immitia ; non ut
Serpentes avibus geminentur.

C'est-à-dire, vous imaginerez, vous peindrez, célèbre Rubens, tout ce qu'il vous plaira; mais à condition que je ne verrai point dans l'appartement d'une accouchée, le zodiaque, le sagittaire, etc. Savez-vous ce que c'est que cela ? Des serpens accouplés avec des oiseaux.

Si vous tentez l'apothéose du grand Henri, exaltez votre tête; osez, jetez, tracez, entassez tant de figures allégoriques que votre génie fécond et chaud vous en fournira ; j'y consens. Mais, si c'est le portrait de la lingère du coin, que vous ayez fait ; un comptoir, des pièces de toile dépliées, une aune, à ses côtés quelques jeunes apprenties, un serin avec sa cage ; voilà tout. Mais il vous vient en tête de transformer votre lingère en Hébé. Faites, je ne m'y oppose pas ; et je ne serai plus choqué de voir autour d'elle Jupiter avec son aigle, Pallas, Vénus, Hercule, tous les dieux d'Homère et de Virgile. Ce ne sera plus la boutique d'une petite bourgeoise ; ce sera l'assemblée des dieux ; ce sera l'Olympe : et que m'importe, pourvu que tout soit un ?

Denique sit quodvis simplex dumtaxat et unum.

CHAPITRE VII.

Un petit corollaire de ce qui précède.

Mais que signifient tous ces principes, si le goût est une chose de caprice, et s'il n'y a aucune règle éternelle, immuable, du beau ?

Si le goût est une chose de caprice, s'il n'y a aucune règle du beau, d'où viennent donc ces émotions délicieuses qui s'élèvent si subitement, si involontairement, si tumultueusement au fond de nos ames, qui les dilatent ou qui les serrent, et qui forcent de nos yeux les pleurs de la joie, de la douleur, de l'admiration, soit à l'aspect de quelque grand phénomène physique, soit au récit de quelque grand trait moral ? *Apage, Sophista!* tu ne persuaderas jamais à mon cœur qu'il a tort de frémir; à mes entrailles, qu'elles ont tort de s'émouvoir.

Le vrai, le bon et le beau se tiennent de bien près. Ajoutez à l'une des deux premières qualités quelque circonstance rare, éclatante ; et le vrai sera beau, et le bon sera beau. Si la solution du problême des trois corps n'est que le mouvement de trois points donnés sur un chiffon de papier ; ce n'est rien, c'est une vérité purement spéculative. Mais si l'un de ces trois corps est l'astre qui nous éclaire pendant le jour ; l'autre, l'astre qui nous luit pendant la nuit ; et le troisième, le globe que nous habitons : tout-à-coup la vérité devient grande et belle.

Un poëte disoit d'un autre poëte : *Il n'ira pas loin ; il n'a pas le secret.* Quel secret ? celui de présenter des objets d'un grand intérêt, des pères, des mères, des époux, des femmes, des enfans.

Je vois une haute montagne couverte d'une obscure, antique et profonde forêt. J'en vois, j'en entends descendre à grand bruit un torrent, dont les eaux vont se briser contre les pointes escarpées d'un rocher. Le soleil penche à son couchant; il transforme en autant de diamans, les gouttes d'eau qui pendent attachées aux extrémités inégales des pierres. Cependant, les eaux, après avoir franchi les obstacles qui les retardoient, vont se rassembler dans un vaste et large canal, qui les conduit à une certaine distance vers une machine. C'est là que, sous des masses énormes, se broye et se prépare la subsistance la plus générale de l'homme. J'entrevois la machine; j'entrevois ses roues, que l'écume des eaux blanchit; j'entrevois au travers de quelques saules le haut de la chaumière du propriétaire : je rentre en moi-même, et je rêve.

Sans-doute la forêt qui me ramène à l'origine du monde est une belle chose; sans-doute ce rocher, image de la constance et de la durée, est une belle chose; sans-doute, ces gouttes d'eau transformées par les rayons du soleil, brisées et décomposées en autant de diamans étincelans et liquides, sont une belle chose; sans-doute, le bruit, le fracas d'un torrent qui brise le vaste silence de la montagne et de sa solitude, et porte à mon ame une secousse violente, une terreur secrète, est une belle chose !

Mais ces saules, cette chaumière, ces animaux qui paissent aux environs; tout ce spectacle d'utilité n'ajoute-t-il rien à mon plaisir ? Et quelle différence encore de la sensation de l'homme ordinaire à celle du philosophe ! C'est lui qui réfléchit et qui voit, dans l'arbre de la forêt, le mât qui doit un jour opposer sa tête altière à la tempête et aux vents ; dans les entrailles de la montagne, le métal brut qui bouillonnera un jour au fond des fourneaux ardens, et prendra la forme et des machines qui fécondent la terre, et de celles qui en détruisent les habitans ; dans le rocher, les masses de pierre dont on élévera des palais aux rois et des temples aux dieux ; dans les eaux du torrent, tantôt la fertilité, tantôt le ravage de la campagne, la formation des rivières, des fleuves, le commerce, les habitans de l'univers liés, leurs trésors portés de rivage en rivage, et de-là dispersés dans toute la profondeur des continens ; et son ame mobile passera subitement de la douce et voluptueuse émotion du plaisir au sentiment de la terreur, si son imagination vient à soulever les flots de l'Océan.

C'est ainsi que le plaisir s'accroîtra à proportion de l'imagination, de la sensibilité et des connoissances. La nature ni l'art qui la copie ne disent rien à l'homme stupide ou froid ; peu de chose à l'homme ignorant.

Qu'est-ce donc que le goût ? une facilité acquise, par des expériences réitérées, à saisir le vrai ou le bon, avec la circonstance qui le rend beau, et d'en être promptement et vivement touché.

Si les expériences qui déterminent le jugement sont présentes à la mémoire ; on aura le goût éclairé : si la mémoire en est passée, et qu'il n'en reste que l'impression ; on aura le tact, l'instinct.

Michel-Ange donne au dôme de Saint-Pierre de Rome la plus belle forme possible. Le géomètre de la Hire, frappé de cette forme, en trace l'épure, et trouve que cette épure est la courbe de la plus grande résistance. Qui est-ce qui inspira cette courbe à Michel-Ange, entre une infinité d'autres qu'il pouvoit choisir ? L'expérience journalière de la vie. C'est elle qui suggère au maître charpentier, aussi sûrement qu'au sublime Euler, l'angle de l'étai avec le mur qui menace ruine ; c'est elle qui lui a appris à donner à l'aîle du moulin l'inclinaison la plus favorable au mouvement de rotation ; c'est elle qui fait souvent entrer dans son calcul subtil, des élémens que la géométrie de l'académie ne sauroit saisir.

De l'expérience et de l'étude ; voilà les préliminaires, et de celui qui fait, et de celui qui juge. J'exige ensuite de la sensibilité. Mais comme on voit des hommes qui pratiquent la justice, la bienfaisance, la vertu, par le seul intérêt bien entendu, par l'esprit et le goût de l'ordre, sans en éprouver le délice et la volupté ; il peut y avoir aussi du goût sans sensibilité, de même que de la sensibilité sans goût. La sensibilité, quand elle est extrême, ne discerne plus ; tout l'émeut indistinctement. L'un vous dira froidement : cela est beau ! L'autre sera ému, transporté, ivre. *Saliet; tundet pede terram, ex oculis stillabit amicis rorem.* Il balbutiera ; il ne trouvera point d'expressions qui rendent l'état de son ame.

Le plus heureux est, sans contredit, ce dernier. Le meilleur juge ? c'est autre chose. Les hommes froids, sévères et tranquilles observateurs de la nature, connoissent souvent mieux les cordes délicates qu'il faut pincer : ils font des enthousiastes, sans l'être ; c'est l'homme et l'animal.

La raison rectifie quelquefois le jugement rapide de la sensibilité ; elle en appelle. De-là, tant de productions presqu'aussi-tôt oubliées qu'applaudies ; tant d'autres, ou inapperçues, ou dédaignées, qui reçoivent du temps, du progrès de l'esprit et de l'art, d'une attention plus rassise, le tribut qu'elles méritoient.

De-là, l'incertitude du succès de tout ouvrage de génie. Il est seul. On ne l'apprécie, qu'en le rapportant immédiatement à la nature. Et qui est-ce qui sait remonter jusques-là ? Un autre homme de génie.

TABLE DU TOME XIII.

Avertissement de l'Editeur. . . . . . page v

LE SALON DE 1765.

Carles Vanloo. 10
Michel Vanloo. 37
Boucher. 38
Hallé. 52
Vien. 61
La Grénée. 65
Deshays. 80
Bachelier. 93
Challe. 101
Chardin. 107
Servandoni. 115
Millet-Francisque. 121
Nonnotte. . . . . *ibid.*
Boizot. 122
Le Bel. . . . . *ibid.*
Perroneau. 123
Vernet. . . . . *ibid.*
Roslin. 131
Valade. 138
Desportes, neveu. 139
Madame Vien. 140
De Machy. 141
Drouais, portraitiste. 143
Juliart. 145
Casanove. . . . . *ibid.*

TABLE.

Baudouin. . . . . page 154
Rolland de la Porte. 164
Descamp 166
Bellengé. 167
Parocel. 168
Greuze. . . . . *ibid.*
Guerin 195
Briard. 196
Brenet. 200
Loutherbourg. 204
Le Prince. 217
Deshays le jeune. 235
L'Epicié. 237
Amand. 246
Fragonard. 250
Monnet. 271
Taraval. 272

LES SCULPTEURS 292
Le Moine 293
Falconet. 296
Vassé. 307
Pajou. . . . . *ibid*
Adam. 309
Caffieri . . . . *ibid.*
Challe . . . . *ibid.*
D'Huès 310
Mignot 311
Bridan . . . . *ibid*
Berruer 312

LES GRAVEURS. 317
Cochin 325
Le Bas 327

Wille. . . . . page 327
Roettiers. 328
Flipart. . . . . *ibid*
Moitte. . . . . *ibid*
Beauvarlet. . . . . *ibid.*
L'Empereur, Molini, Alliamet. 329
Duvivier. . . . . *ibid.*
Strange. . . . . *ibid.*
Cozzette. . . . . *ibid.*

Avertissement de l'Editeur. 333
Essai sur la Peinture. 337
Chapitre I. Mes pensées bizarres sur le dessin. *ibid.*
Chapitre II. Mes petites idées sur la couleur. 348
Chapitre III. Tout ce que j'ai compris de ma vie
   du clair-obscur. 358
Suite du chapitre précédent. Examen du clair-
   obscur. 368
Chapitre IV. Ce que tout le monde sait sur l'ex-
   pression, et quelque chose que tout le monde
   ne sait pas. 375
Chapitre V. Paragraphe sur la composition, où
   j'espère que j'en parlerai. 395
Chapitre VI. Mon mot sur l'architecture. . . 418
Chapitre VII. Un petit corollaire de ce qui précède. 428

FIN DU TOME TREIZIÈME.

www.ingramcontent.com/pod-product-compliance
Lightning Source LLC
Chambersburg PA
CBHW071109230426
43666CB00009B/1892